板書で見る 算数
全単元・全時間の授業のすべて

小学校 4年 上

田中博史 監修
大野桂 著
筑波大学附属小学校算数部 企画・編集

東洋館出版社

算数好きを増やしたいと願う教師のために

―プロの授業人集団の叡智を結集した『板書で見る全単元・全時間の授業のすべて』―

本書は『板書で見る全単元・全時間の授業のすべて』のシリーズの第３期になります。

このシリーズは読者の先生方の厚い支持をいただき累計100万部となる，教育書としてはベストセラーと言えるシリーズとなりました。読者の皆様にあらためて感謝申し上げます。その後，本シリーズのヒットをきっかけに類似の本がたくさん世に出版されましたが，この算数の板書の本は今のブームの先駆けとなった文字通り元祖と言える書だと自負しています。

板書という言葉は，教育の世界特有の言葉です。文字通り授業で教師が黒板に書くという行為をさしているのですが，日本の初等教育においては，一枚の板書に45分の授業展開を構造的におさめることで，児童の理解を助けることを意識して行っています。

小学校の先生の間では当たり前になっているこの板書の技術が，実は諸外国の授業においては当たり前ではありません。いや日本においても中等教育以上ではやや価値観が異なる方も見かけます。内容が多いので仕方がないことも理解していますが，黒板に入りきらなくなったら前半の内容を簡単に消してしまったり，思いついたことをそのままただ空いているところに書き加えていったり……。

これでは，少し目を離しただけでついていけなくなる子どもが出てきてしまいます。子どもの発達段階を考えると小学校では，意識的な板書の計画の役割は大きいと考えます。

また教師にとっても，45分の展開を板書を用いて計画をたて準備することは，具体的なイメージがわきやすいためよい方法だと考えます。昔から達人と言われる諸先輩方はみんな取り入れていました。その代表が故坪田耕三先生（前青山学院大学，元筑波大学附属小学校副校長）だったと思います。坪田氏の板書は芸術的でさえありました。その後，若い先生たちはこぞって坪田先生の板書を真似し，子どもの言葉を吹き出しを用いて書きこんだり，中心課題をあえて黒板の真ん中に書くなどの方法も取り入れられていきました。

単なる知識や技能の習得のための板書だけではなく，新学習指導要領の視点として強調されている数学的な見方・考え方の育成の視点から板書をつくることも意識していくことが大切です。すると活動の中でのめあての変化や，それに対する見方・考え方の変化，さらには友達との考え方の比較なども行いやすいように板書していくことも心掛けることが必要になります。子どもたちの理解を助ける板書の文化は，本来は中等教育以上でも，さらには今後は，諸外国においても大切にしていくことが求められるようになると考えます。本書がそうした広がりにも一翼を担うことができれば素晴らしいと考えます。

本シリーズの第一作目は，この板書を明日の授業設計にも役立てようという趣旨で2003年に東洋館出版社から発刊されました。事の始まりは田中博史と柳瀬泰（玉川大学，元東京都算数教育研究会会長)，髙橋昭彦（米国デュポール大学，元東京学芸大学附属世田谷小学校）の三人で1996年に始めたビジュアル授業プランのデータベース化計画に遡ります。当時から日本の板書の文化，技術を授業づくりの大切な要素として考え，これを用いた「明日の授業づくりの計画」に役立てていくことを考えていたわけです。互いの板書を共有化すること，それを文字や表組という分かりにくい指導案の形式ではなく，ビジュアルな板書という形式で保存をしていくことを考えたのです。残念ながら当時は一部分のみで完成にはいたりませんでしたが，時を経て，2003年の東洋館出版社の本シリーズの第一作目では１年から６年までの算数の全単元，全時間のすべてを全国の力のある実践家にお願いしておさめることに成功しました。全単元，全時間のすべてを板書を軸にしておさめることに取り組んだ書籍は，当時は他になかったと記憶しています。

今回のシリーズも執筆者集団には，文字通り算数授業の達人と言われる面々を揃えました。子どもの姿を通して検証された本物の実践がここに結集されていると思います。

特に，上巻では筑波大学附属小学校の算数部の面々が単著として担当した書もあります。２年は山本良和氏，３年は夏坂哲志氏，４年は大野桂氏，５年は盛山隆雄氏が一冊すべてを執筆しました。さらに６年は関西算数教育界の第一人者である尾﨑正彦氏（関西大学初等部）が書き上げています。他に類を見ない質の高さが実現できました。

１年は，下巻で予定している共著の見本となることを意識し，筑波大学附属小学校の中田寿幸氏，森本隆史氏，さらに永田美奈子氏（雙葉小学校)，小松信哉氏（福島大学）に分担執筆をしていただきました。総合企画監修は田中がさせていただいております。

本シリーズの下巻は，この上巻の１年の書のように全国算数授業研究会や各地域の研究団体で活躍している，力のある授業人の叡智を結集したシリーズとなっています。

さらに今回は，各巻には具体的な授業のイメージをより実感できるように，実際の授業シーンを板書に焦点を当て編集した授業映像DVDも付け加えました。

明日の算数授業で，算数好きを増やすことに必ず役立つシリーズとなったと自負しています。

最後になりましたが，本シリーズの企画の段階から東洋館出版社の畑中潤氏，石川夏樹氏には大変お世話になりました。この場を借りて厚くお礼を申し上げる次第です。

令和２年２月

板書シリーズ算数　総合企画監修

「授業・人」塾　代表　田中　博史

前筑波大学附属小学校副校長・前全国算数授業研究会会長

板書で見る
全単元・全時間の授業のすべて
算数 4年上

目　次

板書で見る全単元・全時間の授業のすべて
算数 小学校４年上
目次

5　2桁でわるわり算　11時間

6　倍の見方　２時間

7　垂直・平行と四角形　13時間

本書活用のポイント

本書は読者の先生方が，日々の授業を行うときに，そのまま開いて教卓の上に置いて使えるようにと考えて作成されたものです。１年間の算数授業の全単元・全時間の授業について，板書のイメージを中心に，展開例などを見開きで構成しています。各項目における活用のポイントは次のとおりです。

題　名

本時で行う内容を分かりやすく紹介しています。

目　標

本時の目標を端的に記述しています。

本時の板書例

45分の授業の流れが一目で分かるように構成されています。単なる知識や技能の習得のためだけではなく，数学的な見方・考え方の育成の視点からつくられており，活動の中でのめあての変化や，それに対する見方・考え方の変化，さらには友達との考え方の比較なども書かれています。

また，吹き出しは本時の数学的な見方・考え方につながる子どもの言葉となっており，これをもとに授業を展開していくと効果的です。

授業の流れ

授業をどのように展開していくのかを，４～５コマに分けて紹介しています。

学習活動のステップとなるメインの吹き出しは，子どもが主体的になったり，数学的な見方・考え方を引き出すための発問，または子どもの言葉となっており，その下に各留意点や手立てを記述しています。

青字のところは，授業をうまく展開するためのポイントとなっています。予想される子どもの発言例は，イラストにして掲載しています。

本時案　授業DVD

差で比べる？
倍で比べる？①

1/2

本時の目標

・はじめと２週間後の成長したタケノコを比べる必要性を見出すことができ，比べ方には「差」と「倍」の２つの方法があることを見出すことができる。

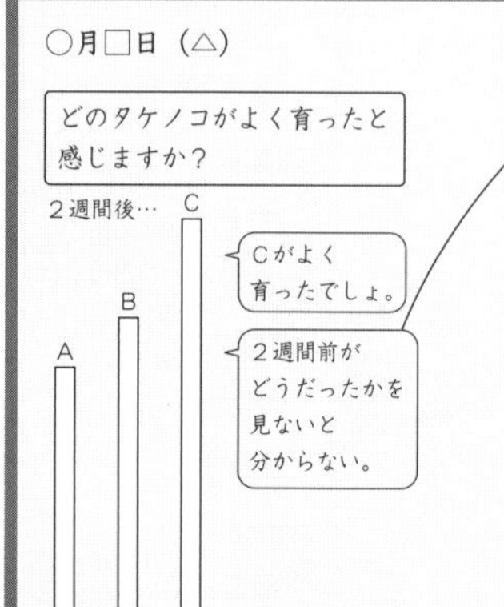
○月□日（△）
どのタケノコがよく育ったと感じますか？
２週間後…
A
B
C
Cがよく育ったでしょ。
２週間前がどうだったかを見ないと分からない。

授業の流れ

1 どのタケノコがよく育ったと感じますか？

これは２週間後の成長したタケノコです
C。一番長い
でも，はじめどうだったかを見ないと分からない

差と倍の比べ方を考える授業である。まずは，２週間後（成長後）のタケノコの画像を見せ，「どのタケノコがよく育ったと感じるか」を問う。見た目でCを選ぶ子どもがいると想定されるが，はじめがどうだったかが分からないと判断できないという子どもも現れるだろう。その理由を聞きながら，動画でどのように成長したかを見せるようにする。

2 Bがよく育ってたように感じる！

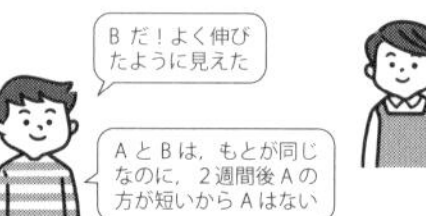
Bだ！よく伸びたように見えた
AとBは，もとが同じなのに，２週間後Aの方が短いからAはない

長さは示さず，はじめの状態からどのように２週間後の姿になったのかの映像を見せる。すると，感覚的に倍の見方でよく成長したBを選ぶ子どもが多数現れる。また，「Aはない」「BとCは決めかねている」という子どもも現れる。

3 はじめと２週間後を並べたい

並べて何を見たいの？
差が見たい
BとCは，どちらも40cm伸びているから同じだ

「並べて何を見たいの？」と問うと，差が見たいという反応が返ってくる。そうしたら，実寸大の紙テープとタケノコの長さを提示し，比べさせる。BとCは差が同じであることに気付き，同じ成長であると意見が変わる。

差で比べる？　倍で比べる？①
128

実際の板書

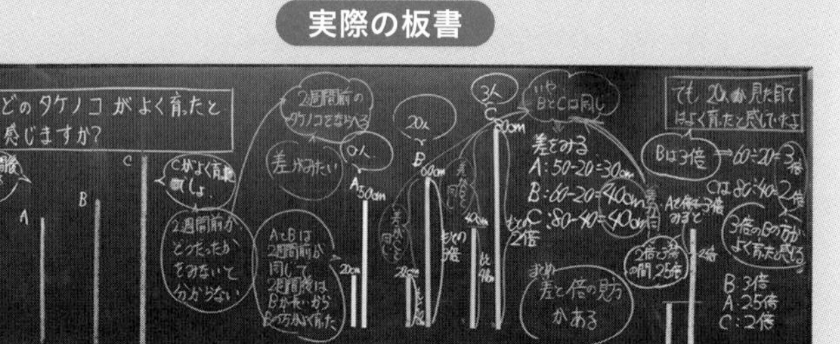

- はじめと２週間後の成長したタケノコを比べる必要性を見出すことができたか。
- 比べ方には「差」と「倍」の２つの方法があることを見出すことができたか。

準備物

- スクールプレゼンター（内田洋行）で作成したタコノコの画像と動画
タケノコ実寸大の紙テープ

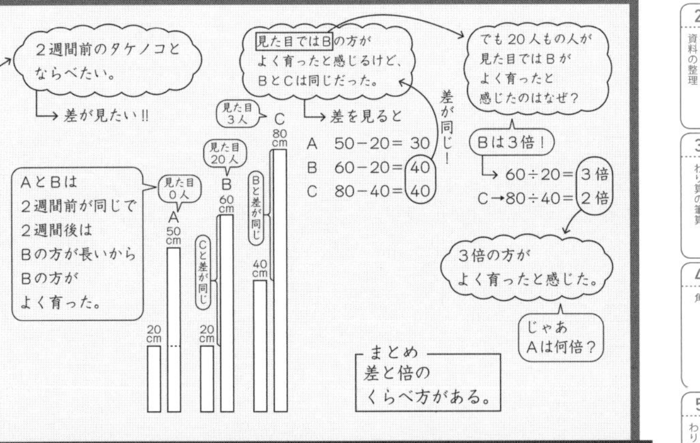

２週間前のタケノコとならべたい。
→差が見たい!!
見た目ではBの方がよく育ったと感じるけど、BとCは同じだった。
でも20人もの人が見た目ではBがよく育ったと感じたのはなぜ？
AとBは２週間前が同じで２週間後はBの方が長いからBの方がよく育った。
→差を見ると
A 50−20＝30
B 60−20＝40
C 80−40＝40
差が同じ！
Bは３倍！
→60÷20＝３倍
C→80÷40＝２倍
３倍の方がよく育ったと感じた。
じゃあAは何倍？
まとめ
差と倍のくらべ方がある。

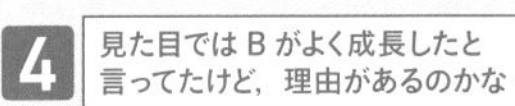

4 見た目ではＢがよく成長したと言ってたけど，理由があるのかな

はじめ短くて，すごく長くなったから
Ｂは３倍に伸びている！
Ｃは２倍だ！

最初はなかなか倍には気付かない。それでも，見た目でＢが成長したと感じた理由を語らせていくと，徐々に倍に関わる気付きが出てくる。その気付きを取り上げながら，倍を見出させていくようにする。

まとめ 差と倍の比べ方がある

本実践では，差と倍のどちらの比べ方が適切かの吟味はしない。あくまでも，比べ方には「差」と「倍」の２つの方法があるということを，本時の学習を振り返って，まとめるようにすればよい。

また，Ａのタケノコについては，2.5倍に伸びている「小数倍」である。子どもの実態に応じて発展として扱うとよいだろう。

第１時
129

1 大きな数
2 折れ線グラフ・資料の整理
3 わり算の筆算
4 角
5 ２桁でわるわり算
6 倍の見方
7 垂直・平行と四角形
8 概数

評価

本時の評価について２〜３項目に分けて記述しています。

準備物

本時で必要な教具及び掲示物等を記載しています。

まとめ

本時の学習内容で大切なところを解説しています。授業の終末，あるいはその途中で子どもから引き出したい考えとなります。

特典 DVD

具体的な授業のイメージをより実感できるように，実際の授業を収録したDVD（１時間分）がついています（本書は左の事例）。

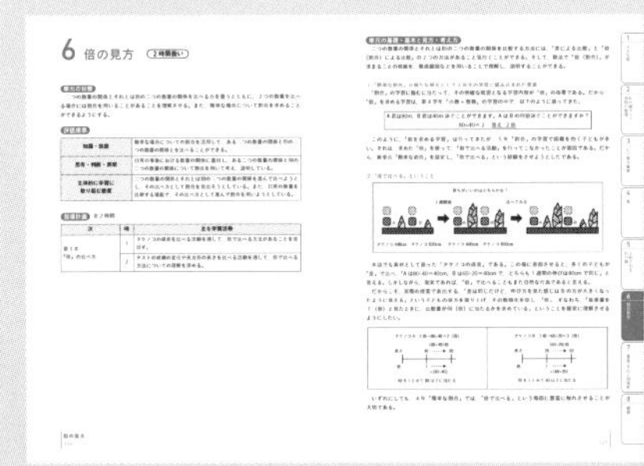

単元冒頭頁

各単元の冒頭には，「単元の目標」「評価規準」「指導計画」を記載した頁があります。右側の頁には，単元の「基礎・基本」と育てたい「数学的な見方・考え方」についての解説を掲載。さらには，取り入れたい「数学的活動」についても触れています。

本書の単元配列／４年上

単元（時間）	指導内容	時間
1　大きな数 (8)	第１次　大きい数の仕組み 第２次　十進位取り記数法の仕組み 第３次　大きな数の積	４時間 ３時間 １時間
2　折れ線グラフ・資料の整理　(8)	第１次　折れ線グラフ 第２次　資料の整理	６時間 ２時間
3　わり算の筆算 (11)	第１次　２桁÷１桁のわり算 第２次　３桁÷１桁のわり算	８時間 ３時間
4　角 (9)	第１次　回転の大きさ「角」の理解 第２次　分度器についての理解 第３次　分度器・三角定規を用いた作図で角の大きさの理解を深める	３時間 ３時間 ３時間
5　２桁でわるわり算 (11)	第１次　２位数÷２位数 第２次　３位数÷２位数 第３次　わり算のきまり	６時間 ３時間 ２時間
6　倍の見方　(2)	第１次　「倍」の比べ方	２時間
7　垂直・平行と四角形　(13)	第１次　垂直と平行 第２次　いろいろな四角形	５時間 ８時間
8　概数 (7)	第１次　概数・四捨五入の意味や方法 第２次　概数を使った計算「概算」	４時間 ３時間

I

第 4 学年の
授業づくりのポイント

第４学年の授業づくりのポイント

1 第４学年上巻の内容

第４学年の上巻に収められている内容は，以下の８単元である。

1 大きい数のしくみ	2 折れ線グラフと表	3 わり算の筆算(1)	4 角の大きさ
5 わり算の筆算(2)	6 簡単な場合についての割合	7 概数の使い方と表し方	
8 垂直，平行と四角形			

これらの単元に関する内容を，学習指導要領をもとに概観すると次のようになる。

〈数と計算〉

1 大きい数のしくみ

○整数が十進位取り記数法によって表されていることについての理解を深める。

・億や兆の単位

3 わり算の筆算(1)　5 わり算の筆算(2)

○整数の除法についての理解を深め，その計算が確実にできるようにし，それを適切に用いる能力を伸ばす。

・除数が１位数や２位数で，被除数が２位数や３位数の場合の計算

・筆算の仕方

・（被除数）＝（除数）×（商）＋（あまり）

・除法に関して成り立つ性質の理解と活用

7 概数の使い方と表し方

○概数について理解し，目的に応じて概数を用いることができるようにする。

・目的を明確にしながら，概数の用い方を理解すること

・四捨五入による概数のつくり方

・目的に応じて計算結果の見積りをすること

〈図形〉

4 角の大きさ

○角の大きさについて単位と測定の意味を理解し，測定できるようにする。

・回転の大きさとしての角の大きさ　・角の大きさの単位「°（度）」　・角の大きさの感覚

・分度器の用い方の理解と角の大きさの測定及び作図

8 垂直，平行と四角形

○図形を構成する要素及びそれらの位置関係に着目し，図形についての理解を深める。

・直線の平行や垂直の関係　　・平行四辺形，ひし形，台形

〈変化と関係〉

6 簡単な場合についての割合

○ある二つの数量の関係と別の二つの数量の関係とを比べる場合に割合を用いる場合があることについて理解し，いろいろな場面について，図や式などを用いて二つの数量の関係を簡単な割合で比べられるようにする。

・簡単な場合についての割合

〈データの活用〉

2 折れ線グラフと表

○変化の様子を，折れ線グラフを用いて表したり，変化の様子を読み取ったりする。また，目的に応じて資料を集め，分類整理し，表を用いて分かりやすく表したり，特徴を調べたりする。

・折れ線グラフ　　・二次元表

2 「単元の基礎・基本と見方・考え方」について

1 では，それぞれの単元の学習内容について記したが，各単元における「単元の基礎・基本と見方・考え方」の詳細については，それぞれの単元の冒頭の見開きページ右に記述している。

例えば，単元「折れ線グラフと表」では，次のように記述してある（P.41を参照）。

〈資料の整理〉

2つの観点に着目して，資料を落ちや重なりがないように分類整理できる。二次元表の整理の仕方や読み取り方を理解し，目的に応じてデータを集め，分類整理することができる。

本単元では，ある事柄について集めた資料から，その特徴や傾向を調べるために二次元表を活用することを学習する。その活動は，例えば以下に示すように，はじめはばらばらになっている資料を見て「こんな傾向がありそうだ」と感じることから始まる。そして，傾向が予想通りかどうかを明らかにするために，資料を分類整理した結果が，二次元表の形へとなっていく過程を経験させたい。

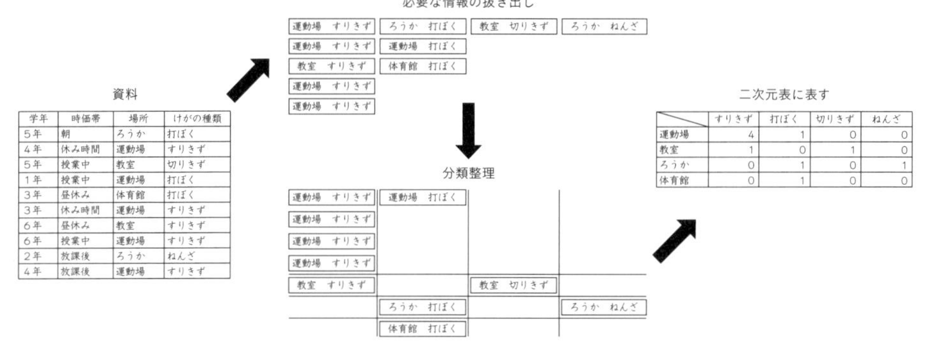
資料
必要な情報の抜き出し
運動場　すりきず
ろうか　打ぼく
教室　切りきず
ろうか　ねんざ
運動場　すりきず
運動場　打ぼく
教室　すりきず
体育館　打ぼく
運動場　すりきず
運動場　すりきず
分類整理
運動場　すりきず
運動場　打ぼく
運動場　すりきず
運動場　すりきず
運動場　すりきず
教室　すりきず
教室　切りきず
ろうか　打ぼく
ろうか　ねんざ
体育館　打ぼく
二次元表に表す

学年	時価帯	場所	けがの種類
5年	朝	ろうか	打ぼく
4年	休み時間	運動場	すりきず
5年	授業中	教室	切りきず
1年	授業中	運動場	打ぼく
3年	昼休み	体育館	打ぼく
3年	休み時間	運動場	すりきず
6年	昼休み	教室	すりきず
6年	授業中	運動場	すりきず
2年	放課後	ろうか	ねんざ
4年	放課後	運動場	すりきず

	すりきず	打ぼく	切りきず	ねんざ
運動場	4	1	0	0
教室	1	0	1	0
ろうか	0	1	0	1
体育館	0	1	0	0

ここで記述した内容は，筑波大学附属小学校算数教育研究部編著『初等教育学 算数科基礎基本講座―子どもの実態に合った算数授業のための84講座―』（東洋館出版社，2019）（以降，「算数科基礎基本講座」と呼ぶ）を引用・参考したものである。

「算数科基礎基本講座」では，算数科の全指導内容を振り返り，基礎・基本として大事にしなければならない内容を84の項目に絞って提案している。その内容は，筑波大学附属小学校算数研究部教員が，小学校現場で目の前にいる子どもたちと日々の算数授業を行いながら授業者として実践研究を継続的に積み上げてきた事実と，その授業研究の継続によって得た，子どもの具体的な発達特性や認知特性から見える授業づくりの基礎・基本が記されている。「算数科基礎基本講座」についても，ぜひお手に取り，ご一読いただければ幸いである。

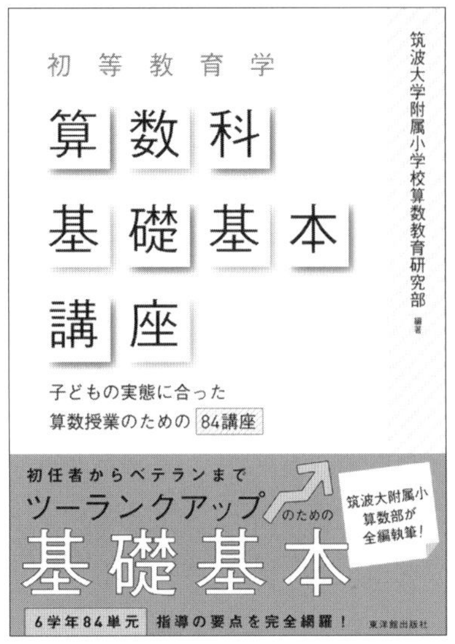
初等教育学
算数科
基礎基本
講座
筑波大学附属小学校算数教育研究部 編著
子どもの実態に合った
算数授業のための 84講座
初任者からベテランまで
ツーランクアップのための
基礎基本
筑波大附属小
算数部が
全編執筆！
6学年84単元 指導の要点を完全網羅！
東洋館出版社

3 本書に見る，数学的活動の具体例

〈本書の特徴〉：全単元，算数を「発見・創造」する過程を重視した授業

本書で示した授業内容は，そのどれもが「子どもが算数を発見・創造する」ことを目的とした数学的活動に重点を置いて記されている。「発見・想像」を学習過程で捉えると，「発見」とは「子どもたちの純粋で多様な発想から未知の事柄やきまりを見つける」，「創造」とは「子どもたちの既知の素朴な方法や考えをより洗練された形式的な方法や考えへと創り上げていく」ということである。

そして何より，こうした「発見と創造」を重視した数学的活動によって，子どもたちによりよい算数学習観が育まれるとともに，算数の内容理解を促進し，さらには数学的な見方・考え方を身に付けさせることができると考えている。

そのことからも，本書に示した授業の最大の特徴として，単元の導入授業から２～３時間（単元によって異なる）は，１授業１内容の単発の授業ではなく，学習内容が「発見・創造」されていき，子どもが単元の本質をつかむことができるまでの連続授業として構成されていることが挙げられる。

その連続授業の例を，3 わり算の筆算(1)と 7 概数の使い方と表し方で以下に示す。

3 わり算の筆算(1)

「わり算の筆算(1)」では，第３時～第５時の３時間が，わり算の筆算を創造していく過程を重視した連続授業となっている（※その意図と詳細については，P.64～69を参照）。

〈第３時：操作活動から同数累減を見出す〉

具体場面に応じた具体操作活動から，操作の不合理さによって同数累減の式を見出す。

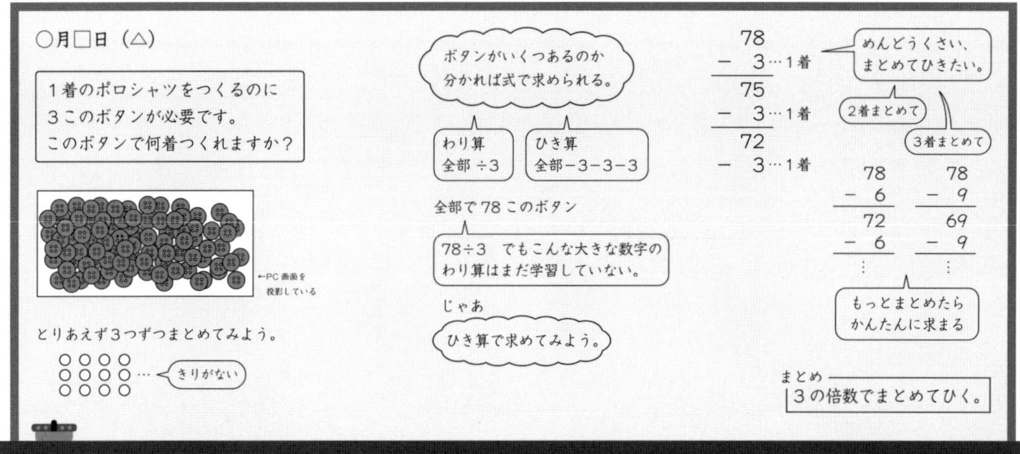

○月□日（△）
1着のポロシャツをつくるのに
3このボタンが必要です。
このボタンで何着つくれますか？
←PC画面を投影している
とりあえず3つずつまとめてみよう。
きりがない
ボタンがいくつあるのか
分かれば式で求められる。
わり算
全部÷3
ひき算
全部－3－3－3
全部で78このボタン
78÷3 でもこんな大きな数字の
わり算はまだ学習していない。
じゃあ
ひき算で求めてみよう。
78
－ 3…1着
75
－ 3…1着
72
－ 3…1着
めんどうくさい、
まとめてひきたい。
2着まとめて
3着まとめて
78
－ 6
72
－ 6
78
－ 9
69
－ 9
もっとまとめたら
かんたんに求まる
まとめ
3の倍数でまとめてひく。

〈第４時：同数累減を「より簡潔，より明確，より統合」された形へ洗練する〉

同数累減の洗練を通して，わり算の筆算の形式にまで創り上げる。

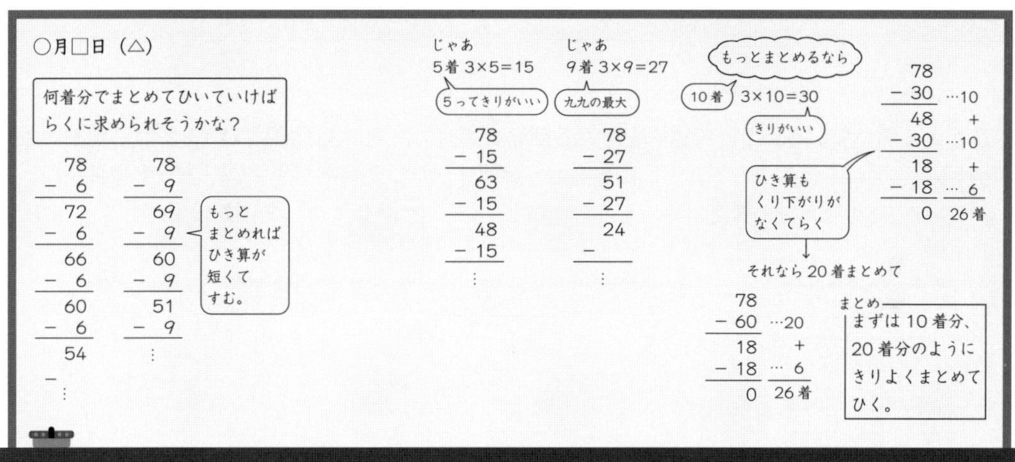

○月□日（△）
何着分でまとめてひいていけば
らくに求められそうかな？
78
－ 6
72
－ 6
66
－ 6
60
－ 6
54
－
78
－ 9
69
－ 9
60
－ 9
51
－ 9
もっと
まとめれば
ひき算が
短くて
すむ。
じゃあ
5着 3×5=15
5ってきりがいい
78
－ 15
63
－ 15
48
－ 15
じゃあ
9着 3×9=27
九九の最大
78
－ 27
51
－ 27
24
－
もっとまとめるなら
10着 3×10=30
きりがいい
ひき算も
くり下がりが
なくてらく
それなら20着まとめて
78
－ 60 …20
18 ＋
－ 18 … 6
0 26着
78
－ 30 …10
48 ＋
－ 30 …10
18 ＋
－ 18 … 6
0 26着
まとめ
まずは10着分、
20着分のように
きりよくまとめて
ひく。

〈第５時：除法の筆算の形式へと創り上げる〉

教科書上のわり算の筆算を比較し，自分たちで創り上げた方法をわり算の筆算形式にまで創り上げる。

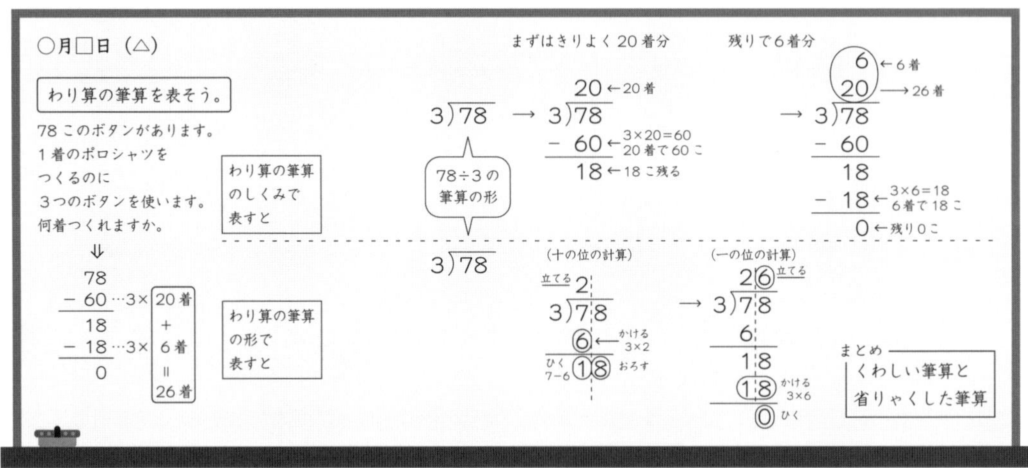
○月□日（△）
わり算の筆算を表そう。
78このボタンがあります。
１着のポロシャツを
つくるのに
３つのボタンを使います。
何着つくれますか。
わり算の筆算のしくみで表すと
78÷3の筆算の形
まずはきりよく20着分
3×20=60
20着で60こ
18こ残る
残りで６着分
3×6=18
6着で18こ
残り０こ
わり算の筆算の形で表すと
(十の位の計算)
(一の位の計算)
立てる
かける
ひく
おろす
まとめ
くわしい筆算と
省りゃくした筆算

4 角の大きさ

「角の大きさ」では，第１時〜第３時の３時間が，角の大きさの概念と測定方法の創造を重視した連続授業となっている（※その意図と詳細については，P.84〜89を参照）。

〈第１時：角の大きさの意味について考える〉

「脚がよく開いている」ことの意味を考える活動を通して，脚がよく開いているとは「脚先の距離で比べることでは不自然である」と，脚の長さとは関係がないと理解しやすい「真っ平に脚が開いている状態」の脚の開き方の捉えから感じる。

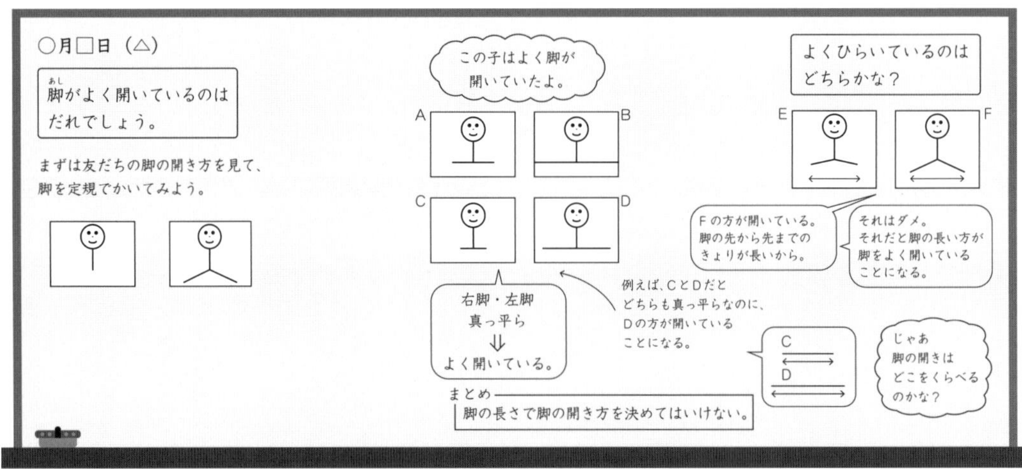
○月□日（△）
脚がよく開いているのはだれでしょう。
まずは友だちの脚の開き方を見て、
脚を定規でかいてみよう。
この子はよく脚が開いていたよ。
A
B
C
D
右脚・左脚
真っ平ら
⇓
よく開いている。
例えば、CとDだと
どちらも真っ平らなのに、
Dの方が開いている
ことになる。
よくひらいているのはどちらかな？
E
F
Fの方が開いている。
脚の先から先までのきょりが長いから。
それはダメ。
それだと脚の長い方が脚をよく開いていることになる。
じゃあ
脚の開きは
どこをくらべるのかな？
まとめ
脚の長さで脚の開き方を決めてはいけない。

〈第２時：角の大きさの概念を獲得する〉

脚の開きを「ピザの中心の大きさのようなもの」などと，生活上の様々なものに置き換えてイメージして捉え，その脚の開き方を「中心を合わせて重ねることで比べられる」ことを見出す。

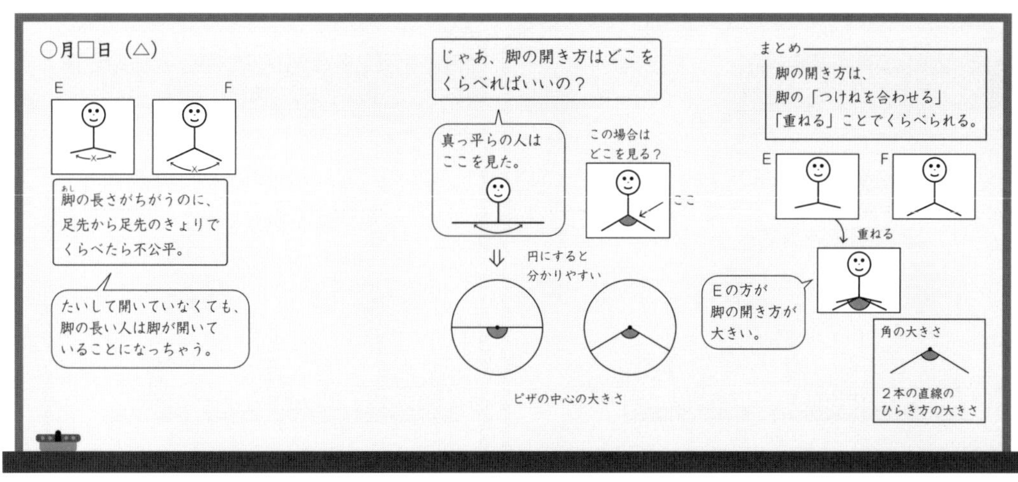

○月□日（△）
E
F
脚の長さがちがうのに、足先から足先のきょりでくらべたら不公平。
たいして開いていなくても、脚の長い人は脚が開いていることになっちゃう。
じゃあ、脚の開き方はどこをくらべればいいの？
真っ平らの人はここを見た。
この場合はどこを見る？
ここ
円にすると分かりやすい
ピザの中心の大きさ
まとめ
脚の開き方は、脚の「つけねを合わせる」「重ねる」ことでくらべられる。
E
F
重ねる
Eの方が脚の開き方が大きい。
角の大きさ
２本の直線のひらき方の大きさ

〈第３時：角の大きさの測定の意味と測定方法を創造する〉

実際に角を重ねてみることで，「もととなる角の大きさ」を決める必要性を見出し，様々な大きさの角を「もとのいくつ分として捉えればよい」という測定の意味と測定方法を創造する。

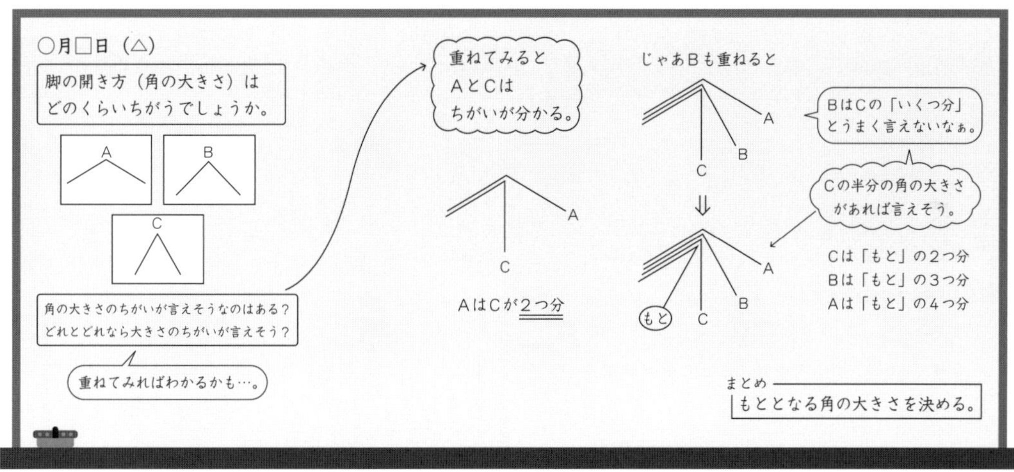

○月□日（△）
脚の開き方（角の大きさ）はどのくらいちがうでしょうか。
A
B
C
角の大きさのちがいが言えそうなのはある？どれとどれなら大きさのちがいが言えそう？
重ねてみればわかるかも…。
重ねてみるとAとCはちがいが分かる。
A
C
AはCが２つ分
じゃあBも重ねると
A
B
C
もと
BはCの「いくつ分」とうまく言えないなぁ。
Cの半分の角の大きさがあれば言えそう。
Cは「もと」の２つ分
Bは「もと」の３つ分
Aは「もと」の４つ分
まとめ
もととなる角の大きさを決める。

この他にも 7　概数の使い方と表し方では，第１時と第２時の２時間が「概数と四捨五入を発見していくことを重視した連続授業」といったように，全ての単元が「発見・創造」を重視した授業構成となっている。ぜひ，子どもと算数を「発見・創造」することを愉しんでいただければ幸いである。

6 簡単な場合についての割合

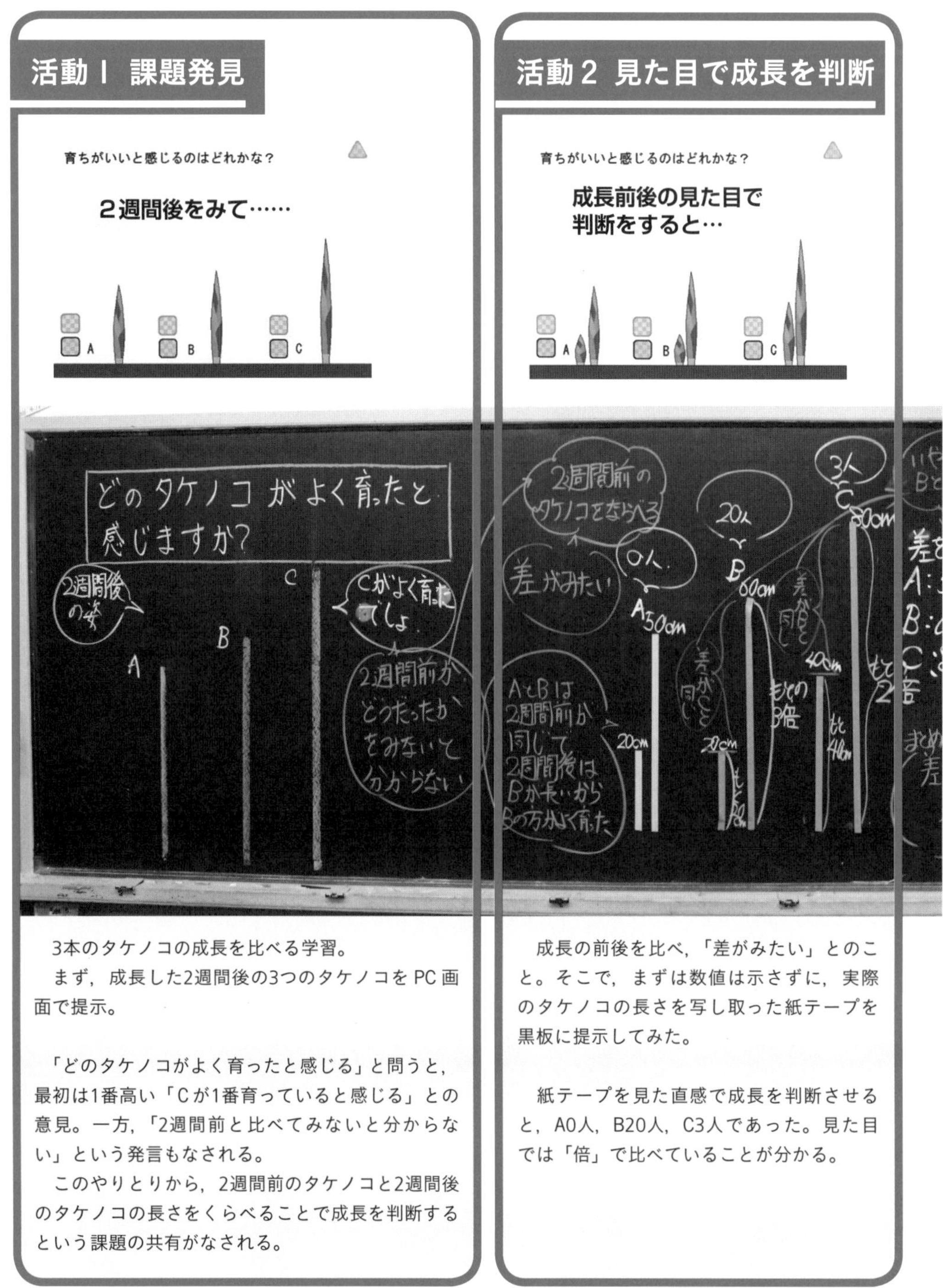
活動１ 課題発見
育ちがいいと感じるのはどれかな？
２週間後をみて……
活動２ 見た目で成長を判断
育ちがいいと感じるのはどれかな？
成長前後の見た目で
判断をすると…
どのタケノコがよく育ったと感じますか？
2週間後の姿
Cがよく育ったでしょ
2週間前がどうだったかをみないと分からない
2週間前のタケノコをならべる
差がみたい
AとBは2週間前が同じで2週間後はBが長いからBの方がよく育った
0人
20人
3人
A 50cm
B 60cm
C 80cm
20cm
40cm
差が同じ
もとの2倍

活動１　課題発見

3本のタケノコの成長を比べる学習。

まず，成長した2週間後の3つのタケノコをPC画面で提示。

「どのタケノコがよく育ったと感じる」と問うと，最初は1番高い「Cが1番育っていると感じる」との意見。一方，「2週間前と比べてみないと分からない」という発言もなされる。

このやりとりから，2週間前のタケノコと2週間後のタケノコの長さをくらべることで成長を判断するという課題の共有がなされる。

活動２　見た目で成長を判断

成長の前後を比べ，「差がみたい」とのこと。そこで，まずは数値は示さずに，実際のタケノコの長さを写し取った紙テープを黒板に提示してみた。

紙テープを見た直感で成長を判断させると，A0人，B20人，C3人であった。見た目では「倍」で比べていることが分かる。

活動3 差で比べる

育ちがいいと感じるのはどれかな？

成長を差で判断

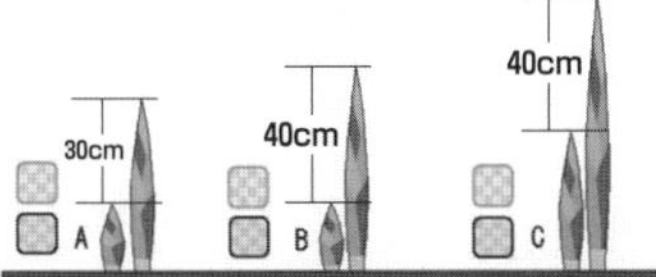
30cm
40cm
40cm
A
B
C

見た目では「倍」で比べていた子どもたちだが，数値を示すと，途端に「ＢとＣはどちらも差が40cm だから同じ」と多くの子どもが意見に変えた。

このことから，子どもにとって「差」でみることが通常であることが分かる。

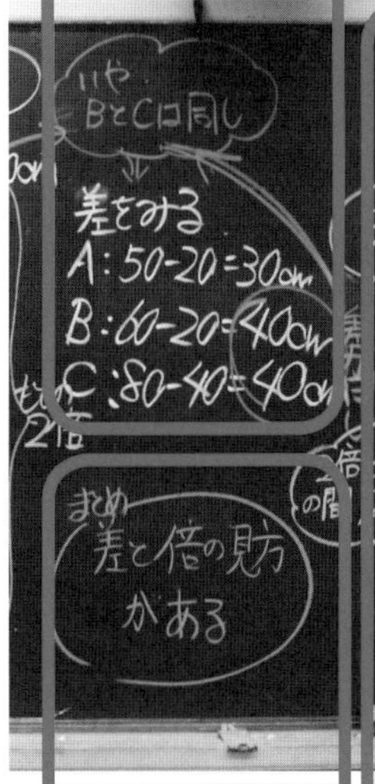
いや，
BとCは同じ
差をみる
A：50-20=30cm
B：60-20=40cm
C：80-40=40cm
まとめ
差と倍の見方
かある

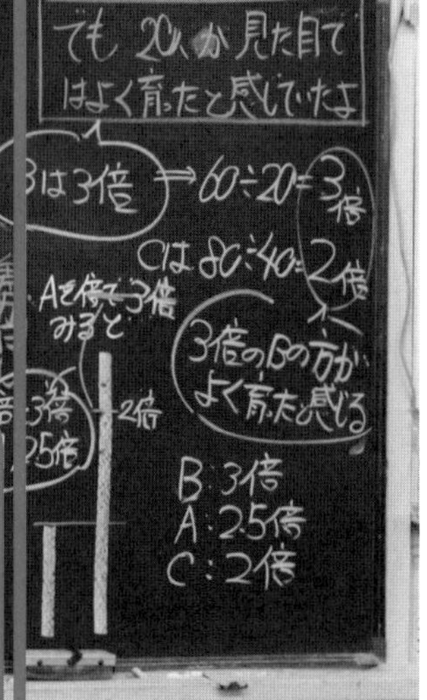
でも 20人か見た目で
はよく育ったと感じていたよ
Bは3倍 → 60÷20=3倍
Cは 80÷40=2倍
3倍のBの方か
よく育ったと感じる
B：3倍
A：2.5倍
C：2倍

活動4 倍で比べる

成長を倍で判断

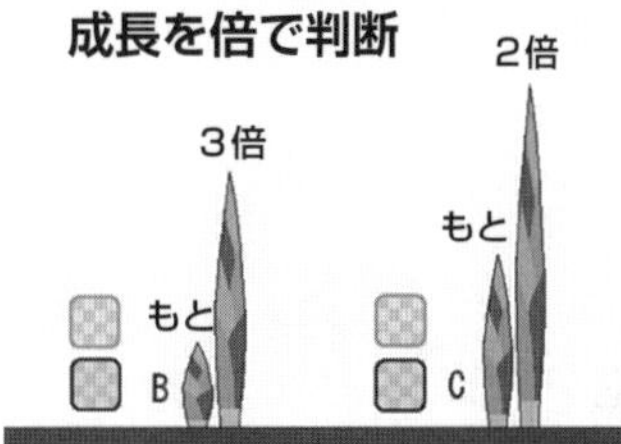
2倍
3倍
もと
もと
B
C

「差でくらべる」で妥当と決めかけた子どもたち。

ここで，「でも20人もの人が見た目ではＢが最も成長したと決めたのはどうしてだろうね」と揺さぶりをかけてみる。

すると，「2週間前と比べると，大きくなったように見えたから」という発言がなされ，それをきっかけに，「Ｃは2週間前の2倍で，Ｂは2週間前の3倍になったから，よく育ったように感じた」という，「倍で比べる」ことの妥当性も感じ取っていった。

活動5 まとめの活動

最後に，まとめをどうするか子どもに聞くと，「比べ方には差と倍の見方の2つがある」という意見が出され授業終了となる。

II

第 4 学年の算数
全単元・全時間の板書

1 大きな数 8時間扱い

単元の目標

億や兆の単位について知り，十進位取り記数法や４桁区切りによる命数法（万進法）に基づき大きな数の読み方や計算の仕方を考えるとともに，整数の表し方に関わる数学的表現を用いて考えた過程を振り返り，そのよさに気付き，今後の学習や日常生活に活用しようとする態度を養う。

評価規準

知識・技能	億や兆の単位を知り，十進位取り記数法についての理解を深めるとともに，10倍や$\frac{1}{10}$にした数，被乗数と乗数が３位数の整数の乗法計算をすることができる。
思考・判断・表現	整数の仕組みや表し方に着目し，億や兆の単位を用いた整数の仕組みについて類推して考え，大きな数同士の大きさの比べ方や表し方を統合的に捉え説明している。
主体的に学習に取り組む態度	億や兆の仕組みや表し方について，３年生までの学習を踏まえて，統合的に理解しようとしている。さらに，学習したことが日常に使われていることを進んで調べたり，さらに大きな単位に活用しようとしたりしている。

指導計画 全８時間

次	時	主な学習活動
第１次 大きい数の仕組み	1	1000万より大きな数の読み方について考える活動を通して，万の次の単位である「億」の必要性を見出す。
	2	1000億より大きな数の読み方について考える活動を通して，億の次の単位である「兆」の必要性を見出す。
	3	数の大小を比べる活動を通して，上位の桁の数値と桁数に着目する必要があることを見出す。
	4	数直線上の数値を読む活動を通して，数の合成分解，数の相対的な見方を養う。
第２次 十進位取り記数法の仕組み	5	10倍，$\frac{1}{10}$倍することの意味と処理方法について考える。
	6	０から９の10個の数値を使って，大きな数をつくる活動を通して，十進位取り記数法についての理解を深める。
	7	０から９の10個の数値を使って，小さなをつくる活動を通して，十進位取り記数法についての理解を深める。
第３次 大きな数の積	8	大きな数についての積の意味と計算の仕方について考える。

単元の基礎・基本と見方・考え方

億や兆といった新しい単位の学習を通して，４桁ごとに新たな単位を取り入れていることを知り，整数についての表し方や読み方について統合的に理解するとともに，十進位取り記数法についての理解を深めるようにする。そして，ここで育成される資質・能力は，数学や日常生活で数の大きさを捉えたり，計算したりするなどの考察に生かされる。

⑴億・兆について

億や兆の単位の意味は次のように捉えさせるようにする。

億…1000万の10倍の数の表し方
兆…1000億の10倍の数の表し方

その際に，我が国の命数法（一，十，百，千，万などの数詞を用いて数を表す方法）について，次のことに気付かせるようにする。

一，十，百，千をそのまま繰り返して用い，
４桁ごとに，万，億，兆という新しい単位を取り入れている。

整数は，十進位取り記数法によって表されているが，これは，次の事柄を基本的な原理としていることにも気付かせたい。

・十進法の考え…それぞれの単位の個数が10になると新しい単位の１に置き換える。
・位取りの考え…それぞれの単位を異なる記号を用いて表す代わりに，位の位置の違いで示す。

そして，この記数法の仕組みによって，どんな大きな数でも，用いる数字は０，１，２，３，４，５，６，７，８，９の10個で表すことができることを理解し，０から９の９個の数字を使って大きな数（小さな数）をつくらせる活動などを通して，その考えのよさについても味わえるように指導する。

⑵授業の導入の仕方について

億・兆の授業の導入に際しては，国の人口や予算といった具体場面を取り上げ，学習を展開することが大切である。本書では，地球から他の星までの距離を素材として扱った。

授業を展開する際には，「億」「兆」について知識伝達として教えるのではなく，これまで学習した「万」までの単位では表現が困難であることに直面させ，新しい単位の必要性を感じさせながら学習を展開していくようにしたい。新しい単位をすでに知っている子どもには，その単位を使わないで表現してみるよう，あらかじめ伝えておくとよいだろう。

⑶大きな数と日常生活

新聞や社会科の資料などから，算数で学習した億や兆といった単位を用いた大きな数を探してみる活動がある。どんな内容について大きな数が使われているのかを整理してみると面白い。億や兆よりも，大きな単位を使わなければ読めない数に出合うことがあると，自ら単位を調べるなど，大きな数に興味・関心を持つことになる。この単元での学習を生活や学習に活かそうとする態度を育成したい。

本時案

「万万」はおかしい

1/8

本時の目標

・「万万」という表現の不自然さを感じることができる。
・一十百千を繰り返す規則性に着目し，次の単位の必要性を感じることができる。

授業の流れ

1 距離を読んでみよう

じゃあ，火星までの距離は？
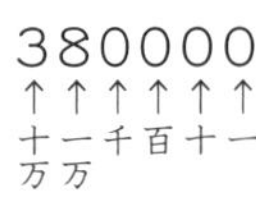
月 380000
↑↑↑↑↑↑
十万 一万 千 百 十 一

一，十，百，千，万，十万だから38万km！

大きな数の導入授業である。２時間にわたって地球から他の星までの距離で新しい数の単位を学習する。

本時は，新しい単位「億」の学習である。これまで学習した「万」までの単位では表現が困難であることに直面させ，新しい単位の必要性を感じさせながら学習を展開していく。

○月□日（△）

地球からのきょり

月 380000km
火星 230000000km
土星 1500000000km

きょりを読んでみよう

月 380000km ⇒ 38万km
↑↑↑↑↑↑
十万 一万 千 百 十 一

一の位から順番に読むと

2 火星までの距離の２は何の位と言えそう？

そうすると，土星は？
千万の次の位だから…「万万」の位だとすると，2万3000万km
230000000km
↑↑↑↑↑↑↑↑
千万万 百万万 十万万 一万万 千 百 十 一

これまでのルールから言えば，千万の上は「万万」となる。このように表現できるのは可能だが，表現の不自由さや分かりにくさを感じさせるように展開していく。

3 土星は15万万 km

「1万万」「10万万」という読み方はどう感じますか？

「万万」はおかしいし，同じ単位を続けるのは読みにくい

「１万万」「10万万」と万を続けて表現することについての感覚を問い，その不自由さと分かりにくさについて話させるようにする。

本時の評価

・知っている単位を用いて「万万」と表現することができ，その不自然さを感じることができたか。
・一十百千を繰り返す規則性に着目し，次の単位の必要性を感じることができたか。
・「億」を用いて，適切に表現することができたか。

じゃあ火星までのきょりは何 km ？

230000000km

千万 百万 十万 一万 千 百 十 一

2は何の位と言えそう？

千万の次だから「万万」の位？

2万 3000 万 km（23000 万 km）

そうすると土星は？

1500000000km

十万万 一万万 千万

15 万万 km

1万万、10 万万って読み方はどう感じる？

万万はおかしい

読みにくい

一、十、百、千がくり返して万も一万、十万、百万、千万と千まできてるから万はおしまい。

次の一、十、百、千は新しい言い方にする。

まとめ

次の一、十、百、千は「億（おく）」

2万3000 万

→2億 3000 万

4 一，十，百，千ときて，「万」も一，十，百，千ときたから万はもうおしまい

確かに「万」では不都合ですね。実は，「万」の次の一十百千には，次の単位「億」があります。だから，２万 3000 万 km ではなく，２億 3000 万 km になりますよ

一十百千が繰り返されていることに着目させ，万も一十百千で終わりと感じさせることができたら，教師から「億」の単位を提示するようにする。

まとめ 次の一，十，百，千は「億」

知っている単位で表現しようとすると，「２万 3000万」や「15万万」という読み方になってしまう不都合さや，「万」でも一十百千が繰り返されたのだから「万」の単位はおしまいであるという規則性を振り返り，それらをまとめ，板書していくようにする。

本時案

次の一十百千は？ 2/8

本時の目標

・「万億」という表現の不自然さを感じることができる。
・一十百千を繰り返す規則性に着目し，次の単位の必要性を感じることができる。

○月□日（△）

地球からのきょりは何 km と読む？

千百十一がくり返す

	億				万							
	千	百	十	一	千	百	十	一	千	百	十	一
土星			1	5	0	0	0	0	0	0	0	0
海王星			4	7	0	0	0	0	0	0	0	0

土星　15 億（十五億）km
海王星　47 億（四十七億）km

授業の流れ

1 地球からの距離は何 km と読むことができますか?

土星は 15 万万 km じゃなくて，15 億 km だね
海王星は 47 億 km

大きな数の導入授業 2 時間目である。

本時も，地球から他の星までの距離の読み方の学習で，新しい数の単位「兆」を導入する。前時同様，「億」までの単位では表現が困難であることに直面させ，新しい単位の必要性を感じさせながら学習を展開していく。

2 もっと遠いシリウスまでの距離は何 km と読む?

億
万
800000000000
十一千百十一千百十一千百十一
万万
億より上の単位がないなら，80 万億 km。読めなくはないね

「もし億を用いて読むとするなら」と促し，読ませてみることで，不都合さや規則性の不自然さを感じさせる。

3 読めるけど，これまで一十百千を繰り返して次の位が出てきた

億の上の 80 には新しい単位にした方がいい

一十百千が繰り返されてきた規則性に着目させることで，億も一十百千で終わりと感じさせ，次の一十百千には新しい単位を用いた方がよいと見出させるようにする。

本時の評価

・知っている単位を用いて「80万億」と表現することができ，その不自然さを感じることができたか。
・一十百千を繰り返す規則性に着目し，次の単位の必要性を感じることができたか。
・「兆」を用いて，適切に表現することができたか。

もっと地球から遠い星までのきょりは何 km と読む？

	億	万	
シリウス 8 0 0 0 0 0	0 0 0 0	0 0 0 0	
十万 一万 千 百 十 一	千 百 十 一	千 百 十 一	

もし億を使って読むとしたら

80 万億 km

これでも読めるけど、これまで一十百千をくり返して次の位が出てきた。

80 は億より上の次の位があるはず。

兆	億	万	
8 0	0 0 0 0	0 0 0 0	0 0 0 0
十 一	千 百 十 一	千 百 十 一	千 百 十 一

「兆（ちょう）」の位

まとめ
億の上の一十百千は「兆」、
シリウスまで
80 兆（八十兆）km

4 「億」の上には「兆」という単位があります

兆 億 万
80 0000 0000 0000
十一 千百十一 千百十一 千百十一

シリウスまでは 80 兆 km ということだね

子どもたちが新しい単位の必要性を感じたら，教師から「兆」の単位を提示し，指導する。

まとめ 「億」の上の一十百千は「兆」

既習の単位で表現しようとすると，「80万億 km」という読み方になってしまう不都合さや，「億」まで一十百千が繰り返されたのだから「億」の単位はおしまいであるという規則性を振り返り，それらをまとめ，板書していくようにする。

本時案

桁の数を数えよう

3/8

本時の目標

・数の大小を判断するときには上の桁に着目すればよいことが分かる。
・数の大小を判断するには，桁数に目を向ける必要があることが分かる。

○月□日（△）

数を一目見て一番人口が多いと感じるのはどこの国？

127202000 人 （日本）
1427648000 人 （中国）
145734000 人（ロシア）

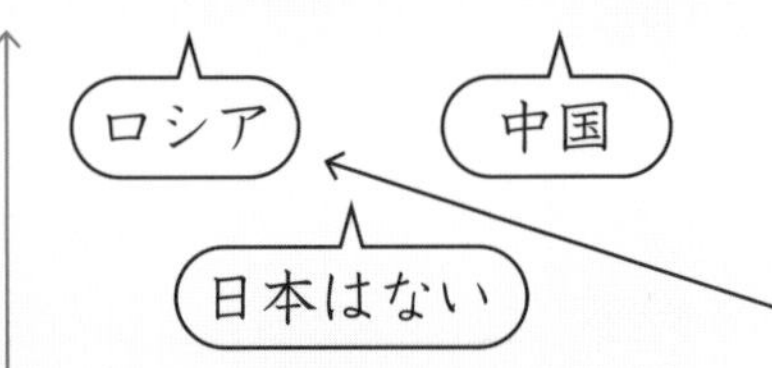
ロシア
中国
日本はない

わざと幅をそろえて同じ桁数に見えるように板書する。

授業の流れ

1 数を一目見て，一番人口が多いと感じるのはどこの国かな？

一目見てなら
ロシア
日本はない

数の大きさ比べの学習である。3か国の人口を比べる活動を行うが，中国の人口が多いと知っている子どもは少なくない。そこでポイントとなるのが「数を一目見て」という発問。または，「数を一目見て，勘違いするならばどの国の人口が多いと言ってしまう」と発問してもいい。これによって，上の桁で大小関係を判断する考えを引き出し授業を展開していく。

2 どうして日本は一番じゃないと感じたのかな？

1②……人（日本）
1④……人（中国）
1④……人（ロシア）

上から2桁目が2だから。
他の国は4

「日本はない」と数を一目見て感じた理由を問うことで，上から2桁目までに着目して数の大小を比べた考えを引き出す。

3 上から3桁目で比べてロシアが多いと感じた

142……人（中国）
145……人（ロシア）

じゃあ，ロシアが
多いってことだね

考えは分かるけど，でも
違う。中国の方が多い。
桁が1つ違う

中国とロシアは上から3桁目まで大小比べをした考えを引き出しつつ，「ロシアが多い」と決定づける発問をし，子どもを揺さぶる。

本時の評価

・「数を一目見て」と言われたときに，数の大小を瞬時に判断するときには上の桁に着目すればよいことが分かったか。
・数の大小を判断するには，桁数にも目を向ける必要があることが分かったか。

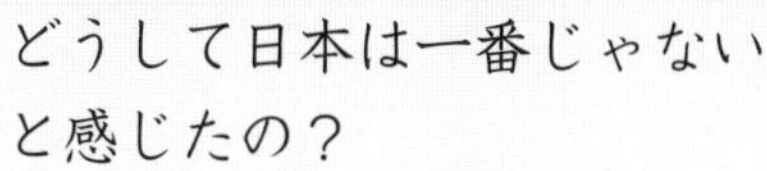

どうして日本は一番じゃないと感じたの？

上から２けた目が２で他の２つの国は４だから

1②………人（日本）
1④………人（中国）
1④………人（ロシア）

1②＜1④

一番上のけたは１で同じ。だから２けた目でくらべた。

だからロシアが一番多いと感じた!!

上から２けたまで 14 と同じだから、３けた目でくらべて…

142………人（中国）
145………人（ロシア）

ちがう、中国の方が多い。

けたが１つちがう。

ちゃんと位をそろえてならべれば分かる。

	億		万							
	十	一	千	百	十	一	千	百	十	一
中国	1	4	2	7	6	4	8	0	0	0
ロシア		1	4	5	7	3	4	0	0	0

10倍

14 億と 1.4 億で 10 倍もちがう。
（１億４千万）

まとめ
大きさくらべは、上からの位同士だけではなく、まずはけたに気をつける。

4 位をそろえて並べれば分かる

	億		万							
	十	一	千	百	十	一	千	百	十	一
中国	1	4	2	7	6	4	8	0	0	0
ロシア		1	4	5	7	3	4	0	0	0

10倍

14 億と 1.4 億で 10 倍も違うんだね

揺さぶりをかけたことによって，気付いている子どもは「桁数に着目する」発言をするだろう。その意味の解釈を全員でしながら，桁数を数える必要性を捉えさせる。その際に中国とロシアは10倍違うことも確認する。

まとめ 大きさ比べは，上からの位同士だけではなく，まずは桁に気を付ける

	億		万							
	十	一	千	百	十	一	千	百	十	一
中国	1	4	2	7	6	4	8	0	0	0
ロシア		1	4	5	7	3	4	0	0	0

10倍

「数を一目見て大小を判断するときには上の桁に着目したこと」「桁数にも目を向ける必要があること」を子どもとともに振り返り，それをまとめとして板書するようにする。

本時案

「13億」の目盛りはどこ？

4/8

本時の目標

・13億には「10億と３億」「１億が13個」という２通りの見方があることが分かる。
・13億を様々な数をもとにして，「もとにする数がいくつ分」とみることができる。

授業の流れ

1 13億の目盛りはどこかな？

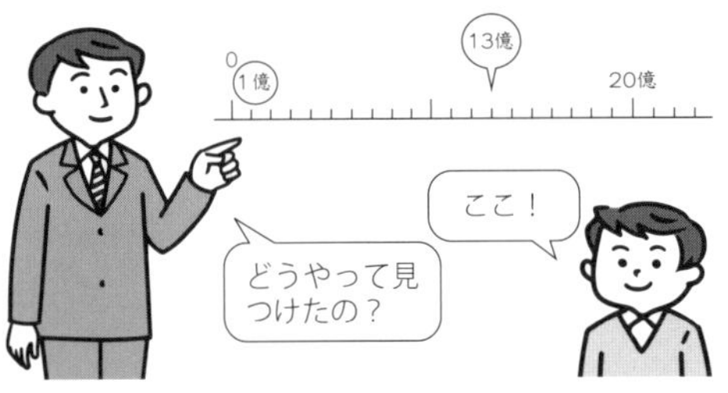

0
1億
13億
20億
ここ！
どうやって見つけたの？

数の見方の学習である。具体的には，13億を「10億と３億」という数の合成・分解の見方と，「１億が13個」という数の相対的な見方を指導する。

本時は，数直線の目盛りの中から13億を探させる活動を仕組んだ。なぜなら目盛りを探す行為の中に数の見方が存在するからである。

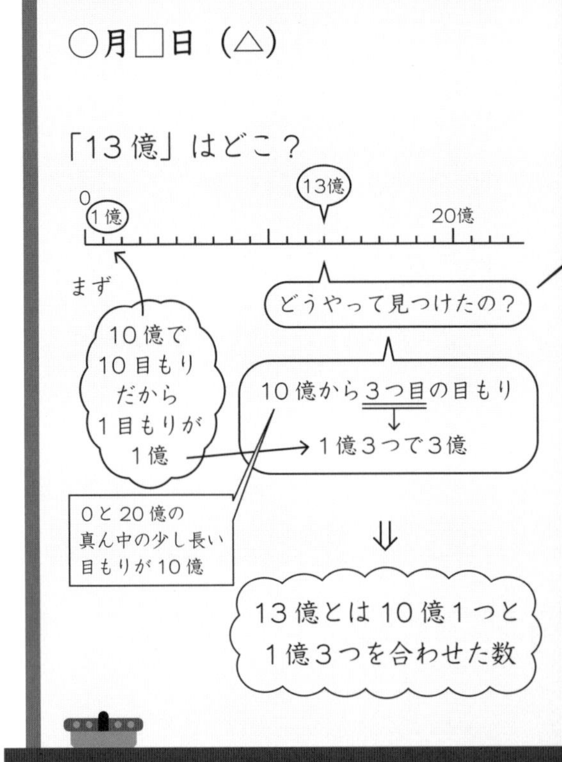

○月□日（△）
「13億」はどこ？
0
1億
13億
20億
まず
10億で
10目もり
だから
1目もりが
1億
どうやって見つけたの？
10億から3つ目の目もり
1億3つで3億
0と20億の
真ん中の少し長い
目もりが10億
⇓
13億とは10億1つと
1億3つを合わせた数

2 どうやって見つけたの？

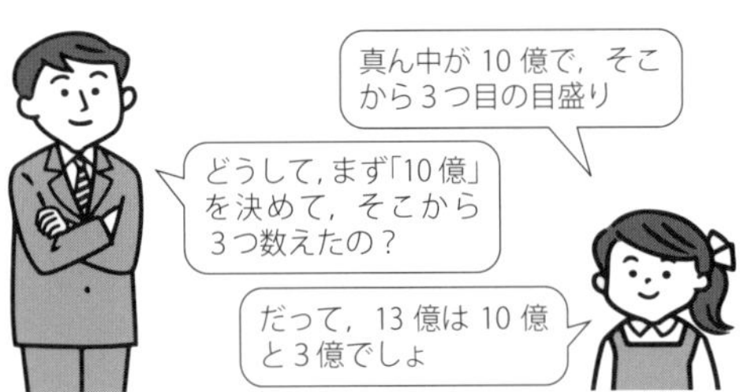

真ん中が10億で，そこから3つ目の目盛り
どうして，まず「10億」を決めて，そこから3つ数えたの？
だって，13億は10億と3億でしょ

10億の数は数直線に書き入れなかった。それは，「まず10億を探す」という行為が生まれると想定したからである。「10億を探そうとした意味」を問えば，その説明に数の合成・分解の見方が表出するので，価値づける。

3 13個目の目盛りの場所にした

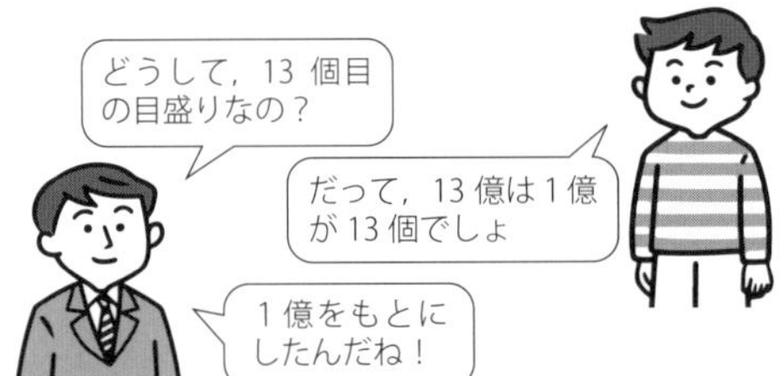

どうして，13個目の目盛りなの？
だって，13億は1億が13個でしょ
1億をもとにしたんだね！

10億の数は数直線に書き入れなかったことで，13個目盛りを数える行為が生まれるだろう。「13個数えた意味」を問えば，その説明に「１億が13個」，すなわち数の相対的な見方が表出するので，価値づけるようにする。

本時の評価

・「13億の目盛り」を探した方法を説明することができたか。
・13億の目盛りを探す方法は，「10億と 3 億」「1 億が13個」という 2 通りの方法があることを理解できたか。
・13億を様々な数をもとにして「もとにする数がいくつ分」とみることができたか。

13こ目の目もりの場所

13億とは１億を13こ集めた数

1億をもとにした。

「もとにする数」を変えて、13億は何をいくつ集めた数なのかを表してみよう。

1000万を130こ集めた数
100万を1300こ集めた数
10万を13000こ集めた数
⋮

階だんみたい

まとめ
数の見方
・それぞれの位を合わせる
・「もとにする数」がいくつ分

4 13億は何をいくつ集めた数？

「もとにする数」を変えて調べてみよう

100 万を 1300 個集めた数。

1000 万を 130 個集めた数

数の「相対的な見方」の理解を確かなものにするために，「もとにする数」を変えて，「13億は何がいくつ分」なのかを考える課題を与えるようにする。

まとめ

・それぞれの位を合わせる
・「もとにする数」がいくつ分

「13億の目盛り」を探す方法は，「10億と 3 億」「1 億が13個」という 2 通りの方法があったことを子どもとともに振り返る。そしてそれは，数を「それぞれの位の数を合わせるという見方」と「もとにする数がいくつ分という見方」をしていたということとまとめをし，板書するようにする。

本時案

位がずれる

5/8

本時の目標

- 10倍は「０をつける」ではなく，「位がずれる」ということが分かる。
- $\frac{1}{10}$は「０を取る」のではなく，「一の位の０が小数第一位にずれる」ということが分かる。

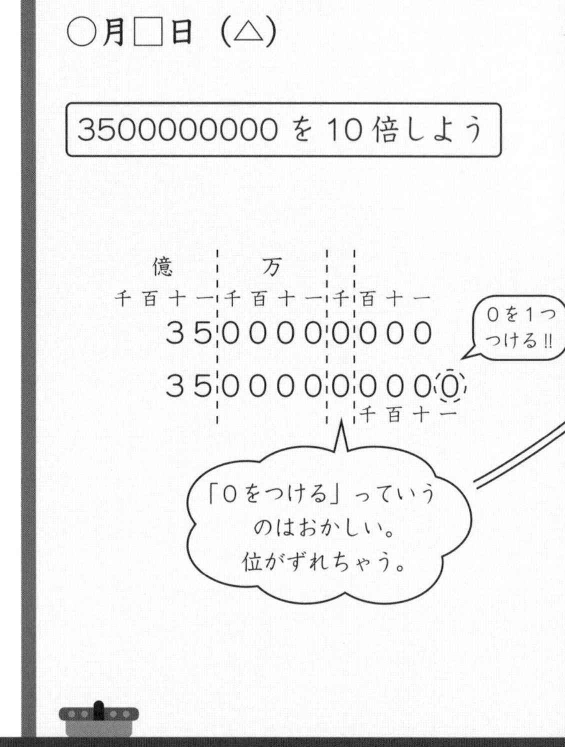
○月□日（△）
3500000000 を 10 倍しよう
億 万
千 百 十 一 千 百 十 一 千 百 十 一
3500000000
35000000000
千 百 十 一
0を1つ つける!!
「０をつける」っていうのはおかしい。位がずれちゃう。

授業の流れ

1 3500000000を10倍しよう

3500000000
35000000000
０を１つつければいい！

「10倍」「$\frac{1}{10}$（倍）」の学習である。

本時は，「3500000000」の数値を提示し，10倍しようと課題を与えることから始める。10倍は「０をつける」と答えることが想定される。まずはその方法を取り上げ，それだと，数を縦に並べて表現する際，位がずれて不都合になることを感じさせ，そこから本質をつかませていく。

2 それぞれ何桁の数なのか，上に一十百千と位を書いてみてくれる？

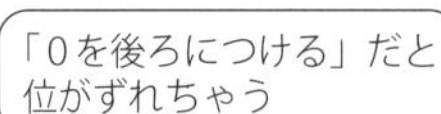

億 万
十 一 千 百 十 一 千 百 十 一
3500000000
35000000000
千 百 十 一
「0を後ろにつける」だと位がずれちゃう

10倍する前の数と，10倍して「０をつけた数」を並べ，それぞれ何桁の数なのかを書かせることで位がずれてしまう不都合さに直面させる。

3 「０をつける」じゃなくて，「位をずらす」ならいいんじゃない？

億 万
千 百 十 一 千 百 十 一 千 百 十 一 小数第一位
3500000000.0
35000000000.0
一の位の０は，小数第一位からずれてきたんだね

何桁の数かを並列して表現するには，「位がずれた」ことに気付かせる。そして，「つけた０」は，本当は，小数第一位が10倍されたものであることを確認する。

本時の評価

・10倍する前の数と，10倍して「０をつけた数」を縦に並べ，それぞれ何桁の数なのかを書く際に位がずれる不都合さを感じ，10倍は「０をつける」ではなく，「位がずれる」ということが分かったか。
・$\frac{1}{10}$も「０を取る」のではなく，「一の位の０が小数第一位にずれる」ということを理解することできたか。

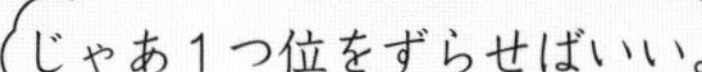

じゃあ１つ位をずらせばいい。

億　万
千 百 十 一 | 千 百 十 一 | 千 百 十 一 | 小数第一位

35|0000|0000.0
350|0000|0000.
35|0000|0000.⓪

小数第一位の０が一の位にずれたってことだ

「$\frac{1}{10}$すると０を１つとる」のではなく、一の位の０が小数第一位にずれたから書かなくてよくなった。

「$\frac{1}{10}$ すると、０を１つ取る」のはどうして？

まとめ

10倍する→位を１つ上にずらす→小数第一位があらわれる。（~~０をつける~~）
$\frac{1}{10}$する　→位を１つ下にずらす→小数第一位に一の位の０がずれた。（~~０をとる~~）

4 $\frac{1}{10}$は「０を取る」ということ？

350|0000|0000.
35|0000|0000.⓪

一の位の０は，「取った」のではなくて，「小数第一位にずれて」，見た目から消えたということ

「位がずれる」ことの理解を確かにするため，「$\frac{1}{10}$は，『０を取る』ということ」を問うことで，「取る」ではなく「小数第一位にずれた」ことを押さえる。

まとめ　10倍は０をつけるではなく，小数第一位の０がずれてくる

「10倍は０をつけるではなく，小数第一位の０がずれてくる」「$\frac{1}{10}$も０を取るのではなく，一の位の０が小数第一位にずれる」ということを子どもとともに振り返り，板書にまとめるようにする。

本時案

差を小さくするにはどの桁を入れ替える？

本時の目標

・最も大きな数をつくることができる。
・徐々に数を小さくしていくには，その数との差を小さくする必要があることが分かる。
・数を徐々に小さくしていくことができる。

授業の流れ

1 一番大きな数になるように数字を並べよう

⑨876543210

一番上の位を最も大きな数の9にする
あとは上の桁から順に小さな数にしていけばいい

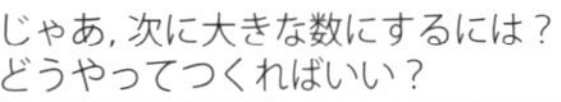
じゃあ，次に大きな数にするには？どうやってつくればいい？

本時は，「0から9の10個の数を並べ替えて大きな数」をつくる学習である。まずは，「上の桁を大きな数字すれば大きな数になる」「上1桁を一番大きな数の9にする」という気付きを取り上げ，その意味を全員で解釈しながら，確かに理解させるようにする。

○月□日（△）

0から9までの数字を1回ずつ使って10けたの数をつくります。

まずは

一番大きな数になるように数字をならべよう。

⑨876543210

一番上のけたの数をもっとも大きくする。

あとは順番に小さくしていく。

じゃあ次に大きな数をつくろう。

どうやってつくるの？

上でつくった数の2つの数字を入れかえればいい。

2 上2桁の数を入れ替えればいい！

(89)76543210

一番上を8にすれば9の次で2番目に大きい

最も大きな数をつくった際，「上の桁を一番大きい9にする」とした。そのことから，「上の桁を2番目に大きな8にすればいい」と考える子どもがいると想定される。まずはその考えを取り上げ議論する。もしいなければ，教師が提示してもいいだろう。

3 気持ちは分かるけど違う。一番大きな数と差を小さくするには…

98765432(10)
↕
98765432(01)

下2桁を入れ替えれば，一番大きな数と差が一番小さいから2番目に大きなことになる

「上の桁を8にする」という考えに共感を示しつつ，「差を小さくする」「下2桁を入れ替える」という見方をしている子の考えを取り上げ，全員でその意味の解釈をする。

本時の評価

・大きな数をつくるには上の桁ほど大きな数にすることに気付いたか。
・徐々に数を小さくしていくには，その数との差を小さくする必要があることが分かったか。
・下の桁を入れ替えることで，数を徐々に小さくしていくことができたか。

どこの数字を入れかえる？

上２けたを
入れかえる。

⑧⑨76543210

一番上のけた
を２番目に
大きくする。

やろうとした気持ちは分かる！
でもちがう。

98765432⑩ 下２けたを入れかえる

↕ 差が９

98765432⓪①

これがもっとも大きな数と差が
一番小さいから、２番目に大きい。

じゃあ３番目に大きな数は？

下３けたを
入れかえればいい。

9876543(120)

↕ その次は

9876543(102)

まとめ

大きな数をつくるには、
・上のけたほど大きな数にする。
・差を小さくするため下のけたから入れかえる。

4 ３番目に大きな数にするには，どこを入れ替える？

9876543(120)
↕
9876543(102)

差を小さくするから，下３桁を入れ替えればいい！じゃあ，その次は…

「差を小さくする」ことの意味理解が広がったら，３番目に小さい数をつくるように促し，再度，「差を小さくする数の入れ替え方」を確認するようにする。

まとめ 差が小さくなるように，下の桁を入れ替える

「大きな数をつくるには上の桁ほど大きな数にする」「２番目に大きな数をつくるには，一番大きな数と差を小さくする必要があるために下の桁を入れ替える」といった学びを全員で振り返り，板書するようにする。

本時案

「0」は どこの桁に使う？

7/8

本時の目標

・小さな数をつくるには上の桁ほど小さな数にすることが分かる。
・0は一番上の桁には使えないが，2番目の桁なら使えることに気付くことができる。

○月□日（△）

0から9までの数字を1回ずつ使って10けたの数をつくります。

一番小さい数になるように数字をならべかえよう。

一番上のけたを一番小さくする。

でも0は使えない、だから1だ。

じゃあ

1234567890

1から順に大きくしていけばいいね。

授業の流れ

1 一番小さな数になるように数字を並べよう

どうやって並べ替える？
上の位を一番小さい数にする
でも0は使えないから1

前時に続いて，0から9の10個の数を並べ替えて数をつくる学習である。本時は，小さな数をつくるが，まずは前時から類推的に考え，「上の桁を小さな数にすれば小さな数になる」という気付きを取り上げ，その意味を全員で解釈しながら，授業を進めていく。その際に，「上の桁に0は使えない」ということも確実に理解させるようにする。

2 あとは，上の位から段々大きくしていけばいいから…

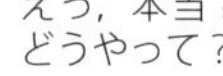
えっ，本当？
どうやって？

1234567890

気持ちは分かるけど，もっと小さくできる

段々大きくなる順序に並べ，0を最後の桁につけてわざと間違えて提示する。小さい数から順に並べたことを強調することで，反論を促すようにする。

3 0の使い方がポイント！

0が一番小さい数なのに，なんで最後の桁にあるの？

0は一番上の桁には使えなくても，2番目の桁には使えるでしょ

1⓪23456789

0の使い方に対する気付きが表出したら，その考えを取り上げる。そして，意味を全員で解釈しながら理解を確かなものにする。

本時の評価

- 小さな数をつくるには上の桁ほど小さな数にすることに気付くことができたか。
- 2番目に小さな数をつくるには，前時同様，一番小さい数と差を小さくする必要があるため，下の桁を入れ替えればよいことに気付くことができたか。
- 0は一番上の桁には使えないが，2番目の桁なら使えることが分かったか。

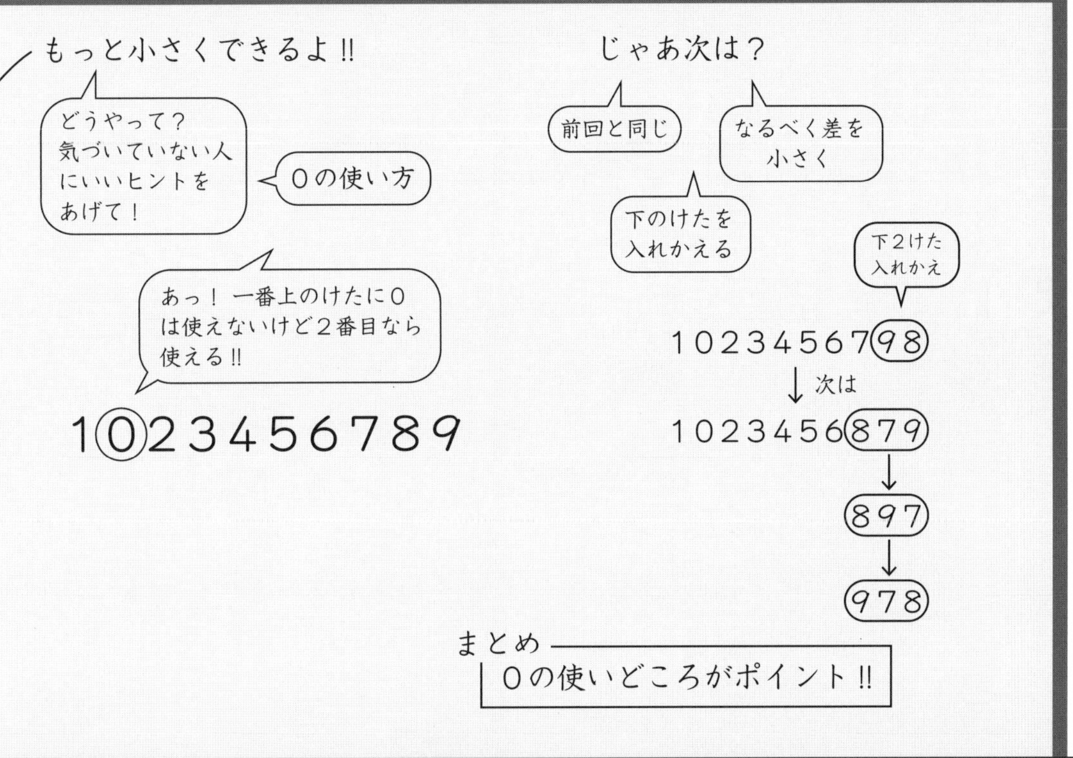
もっと小さくできるよ!!
どうやって？
気づいていない人にいいヒントをあげて！
0の使い方
あっ！ 一番上のけたに0は使えないけど2番目なら使える!!
1023456789
じゃあ次は？
前回と同じ
なるべく差を小さく
下のけたを入れかえる
下2けた入れかえ
1023456798
次は
1023456879
897
978
まとめ
0の使いどころがポイント!!

4 じゃあ次に小さな数にするにはどうしたらいい？

前回と同じで，なるべく差を小さくするために下の桁を入れ替える

1023456798

「差を小さくするために下の桁を入れ替える」という，前時と同様の考えで行えばよいことを子どもに説明させ，再度，理解を促すようにする。

まとめ 0の使いどころがポイント！

「小さな数を作るには上の桁ほど小さな数にする」「2番目に小さな数をつくるには，前時同様，一番小さい数と差を小さくする必要があるため，下の桁を入れ替える」，そして「0は一番上の桁には使えないが，2番目の桁なら使える」といった学びを全員で振り返り，板書するようにする。

本時案

0のところは あとからかける！

8/8

本時の目標

・「0を取る」「あとから0をつける」という形式的な手続きの根拠は，3200000を32×100000とみて，あとから×100000していたことを見出し，理解することができる。

授業の流れ

1 1ヵ月の給食費は3200000円です。1年間ではいくらでしょうか？

12ヵ月だから，12をかければいい
3200000×12
随分大きな数のかけ算だねぇ

大きな数のかけ算の学習である。

大きな数のままかけ算するのではなく，3200000を32×100000とみて，100000はあとからかけることを見出すことが目的となる。もちろん手続きとして「0を取る」「0をつける」ではなく，意味の理解を大切に授業を展開していく。

○月□日（△）

学校全員の1ヶ月の給食ひは3200000円です。
1年間ではいくらでしょうか。

12ヶ月だから12をかければいい。

3200000×12

大きな数の計算で
大変だけどがんばって
筆算してみよう!!

2 大きな数で大変だけど，頑張って筆算してみよう

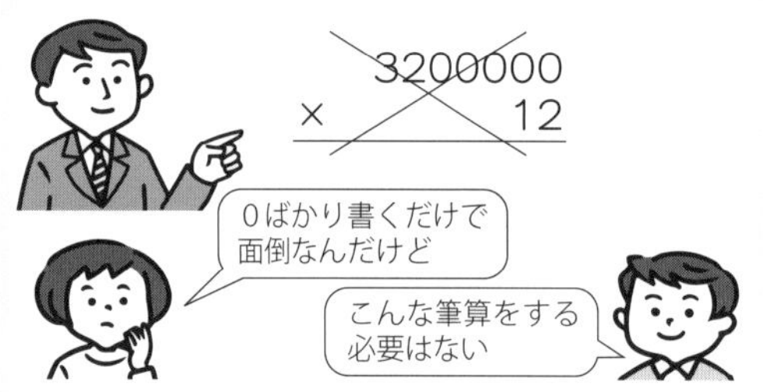
3200000
× 12
0ばかり書くだけで
面倒なんだけど
こんな筆算をする
必要はない

教師が「筆算でやってみよう」と促すことで，子どもから反対意見を引き出すようにする。実際に0が並ぶ面倒さを味わわせるために，一度は筆算をさせてみるのもよい。

3 0を取って，32×12をすればいい

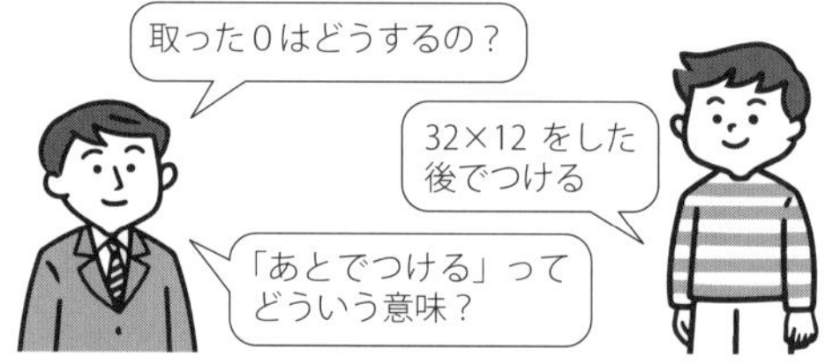
取った0はどうするの？
32×12をした
後でつける
「あとでつける」って
どういう意味？

「0をとる」「あとから0をつける」という形式的な手続きを述べる子どもがいると想定される。そのときは，その意味を問うようにし，手続きの根拠を明確にするよう促す。

本時の評価

・3200000×12の筆算の面倒さを感じることができたか。
・「0を取る」「あとから0をつける」という形式的な手続きの根拠は，3200000を32×100000とみて，あとから×100000していたことを見出し，理解することができたか。

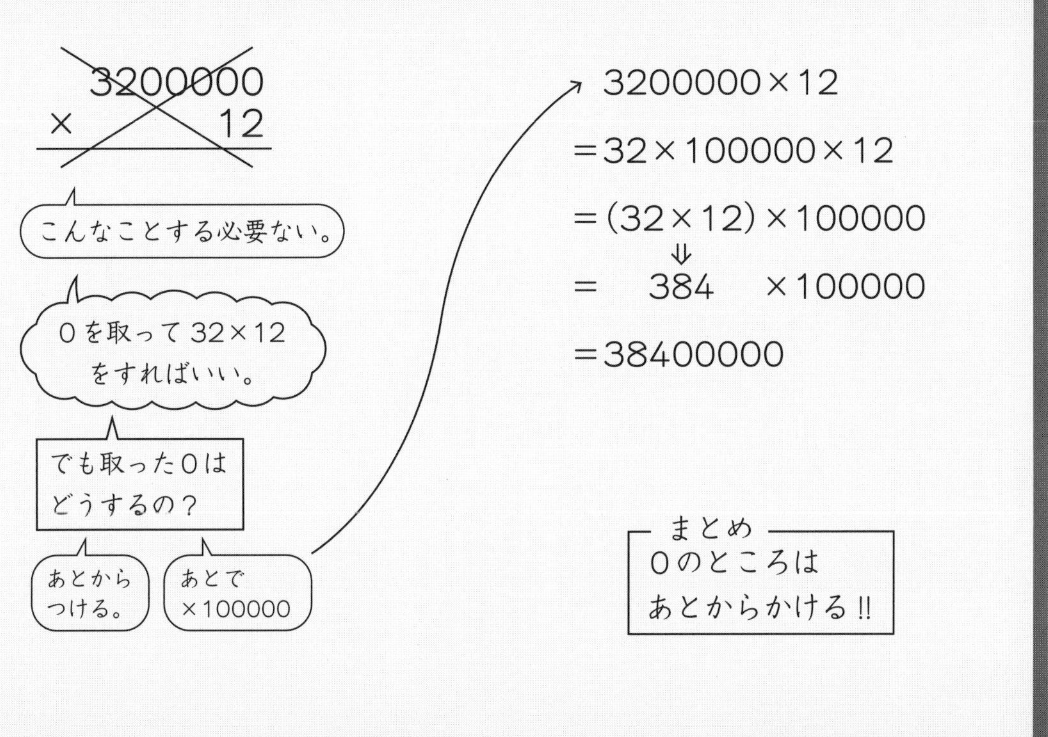

3200000
× 12
こんなことする必要ない。
0を取って32×12をすればいい。
でも取った0はどうするの？
あとからつける。
あとで×100000
3200000×12
＝32×100000×12
＝(32×12)×100000
＝ 384 ×100000
＝38400000
まとめ
0のところはあとからかける!!

4 あとで ×100000するってこと

3200000は32×100000だから，この 100000 は 32×12 をしたあとかけるってこと

3200000×12
＝32×100000×12
＝(32×12)×100000

丁寧に，手続きの理由を説明させていきながら，×100000が根拠になっていることを理解させていく。

まとめ 0のところはあとからかける!!

「0をとる」「あとから0をつける」という形式的な手続きの根拠は，3200000を32×100000とみてあとから，×100000していたことの学習を振り返り，まとめとして板書するようにする。

2 折れ線グラフ・資料の整理 8時間扱い

単元の目標

折れ線グラフの特徴や用い方，分類整理の方法について理解し，それらを活用して資料を折れ線グラフに表したり読み取ったりすることができる。また，資料の特徴や傾向に着目し，問題解決のためのグラフを選択・判断し，結論について考察する力を養うとともに，進んで日常生活に生かそうとする態度を養う。

評価規準

知識・技能	折れ線グラフの特徴や用い方，資料を二次元表による分類整理をすることを理解し，それらを活用して資料を折れ線グラフに表したり，それを読み取ったりすることができる。
思考・判断・表現	資料を目的に応じて分類整理したり，資料の特徴や傾向に着目して問題解決に適切なグラフを選択して判断し，結論について考え，説明している。
主体的に学習に取り組む態度	資料を二次元表を用いて分類整理する方法，資料を明確に折れ線グラフに表現する方法を粘り強く考えたり，学んだことのよさを進んで活用しようとしたりしている。

指導計画 全8時間

次	時	主な学習活動
第1次 折れ線グラフ	1	身長を表す棒グラフから，身長の変化を表すグラフの表現方法を考える。
	2	身長の変化から折れ線グラフのかき方を考える。折れ線グラフの特徴を見出す。
	3	身長の伸びた分の変化から折れ線グラフのかき方を考える。折れ線グラフの特徴を見出す。
	4	3都市の気温の変化を折れ線グラフに表す活動を通して，1目盛りの大きさによる折れ線グラフの見え方の違いを理解する。
	5	3都市の気温の変化を折れ線グラフに表す活動を通して，1目盛りの大きさによる折れ線グラフの見え方の違いの理解を深め，そのグラフの特徴を見出す。
	6	体温の変化を折れ線グラフに表す活動を通して，目的に応じた1目盛りの大きさの設定の仕方を考える。省略の波線について知る。
第2次 資料の整理	7	ケガの資料を分類整理する活動を通して，二次元表のつくり方を考え，理解する。
	8	2つの観点「いる」「いない」を二次元表で表現する方法を考える。

単元の基礎・基本と見方・考え方

〈折れ線グラフ〉

時間経過に伴う変化を表す折れ線グラフの特徴と用い方を理解する。また，目的に応じて適切なグラフを選んだり，複数のグラフを組み合わせてデータを読み取ったりし，結論の考察ができる。

(1)変化の様子を表す折れ線グラフ

折れ線グラフを扱う場面では，第３学年で学習した，大小の比較をしやすい数量の大きさを棒の長さで表現した棒グラフと比較しながら，折れ線グラフの特徴を理解させるようにしていきたい。そのために本書では「年齢ごとの身長とその伸び方」を素材に扱い，最初，身長自体は棒グラフで表現していたものを，年齢が上がるにつれての身長の変化に目を向けさせることで，折れ線グラフへと形を変えていかせている。

(2)全体的な変化の傾向，部分的な変化の傾向

変化の傾向を捉える折れ線グラフは，グラフの基線との間に波線を入れて途中を省略することができる。例えば，右の２つの折れ線グラフは同じ体温を表しているが，省略していない左のグラフはでは全体の大まかな変化の傾向が見ることができる。一方，右のグラフは36℃より下の部分を省略して１目盛りが表す数の大きさを小さくしているので，部分的な変化が強調される。授業では，目盛りの違いによってグラフの緩急が変わることに着目させて，グラフの読み取りをさせるようにしたい。

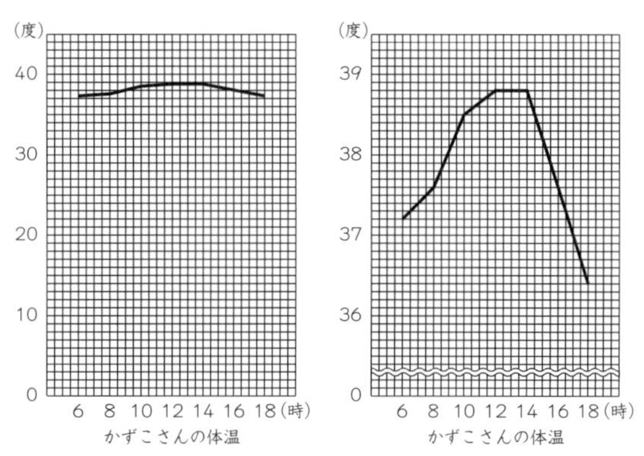
(度)
40
30
20
10
0
6 8 10 12 14 16 18 (時)
かずこさんの体温
(度)
39
38
37
36
0
6 8 10 12 14 16 18 (時)
かずこさんの体温

〈資料の整理〉

２つの観点に着目して，資料を落ちや重なりがないように分類整理できる。二次元表の整理の仕方や読み取り方を理解し，目的に応じてデータを集め，分類整理することができる。

本単元では，ある事柄について集めた資料から，その特徴や傾向を調べるために二次元表を活用することを学習する。その活動は，例えば以下に示すように，はじめはばらばらになっている資料を見て「こんな傾向がありそうだ」と感じることから始まる。そして，傾向が予想通りかどうかを明らかにするために，資料を分類整理した結果が，二次元表の形へとなっていく過程を経験させたい。

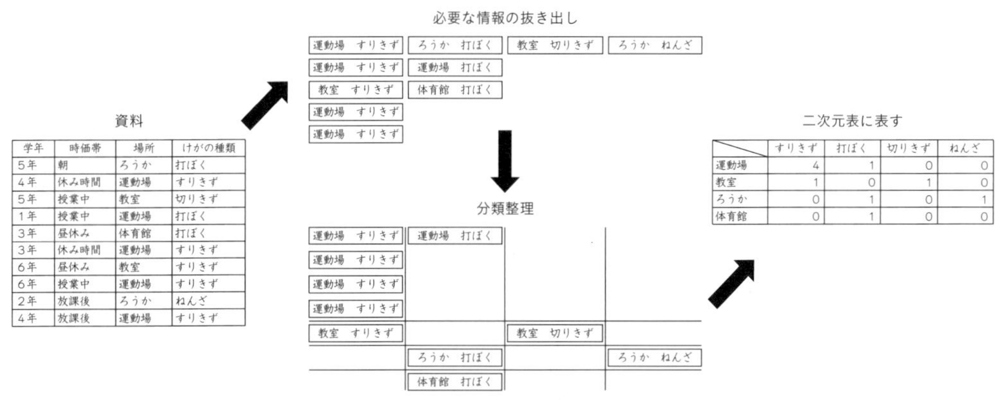
必要な情報の抜き出し
運動場 すりきず
ろうか 打ぼく
教室 切りきず
ろうか ねんざ
運動場 すりきず
運動場 打ぼく
教室 すりきず
体育館 打ぼく
運動場 すりきず
運動場 すりきず
分類整理
二次元表に表す

資料

学年	時価帯	場所	けがの種類
5年	朝	ろうか	打ぼく
4年	休み時間	運動場	すりきず
5年	授業中	教室	切りきず
1年	授業中	運動場	打ぼく
3年	昼休み	体育館	打ぼく
3年	休み時間	運動場	すりきず
6年	昼休み	教室	すりきず
6年	授業中	運動場	すりきず
2年	放課後	ろうか	ねんざ
4年	放課後	運動場	すりきず

二次元表に表す

	すりきず	打ぼく	切りきず	ねんざ
運動場	4	1	0	0
教室	1	0	1	0
ろうか	0	1	0	1
体育館	0	1	0	0

本時案

変化の様子が分かるグラフをつくろう

1/8

本時の目標

・棒グラフの上（頭の●）を直線でつなぐことで，その直線の傾きで変化の様子を捉えられることが分かる。
・直線の傾きで変化の様子を捉えることができる。

授業の流れ

1 Kさんの7，13，19歳の身長を半分に表した絵を並べました

背の伸び方を見てどう感じますか？

7歳から13歳と13歳から19歳の伸び方が同じに見える

真っすぐきれいに伸びてる

「折れ線グラフ」の導入授業である。7歳から19歳までの身長の伸び方を素材とした。材料として，各年齢の身長を半分のサイズに表した太さ10cm程度の帯状の紙を用意した。この帯を並べただけでは棒グラフだが，短冊の上部にかかれた頭の絵の●をつなぐと，折れ線グラフになるという仕掛けである。まずは7，13，19歳の短冊を並べて提示し，その変化に着目させることから始める。

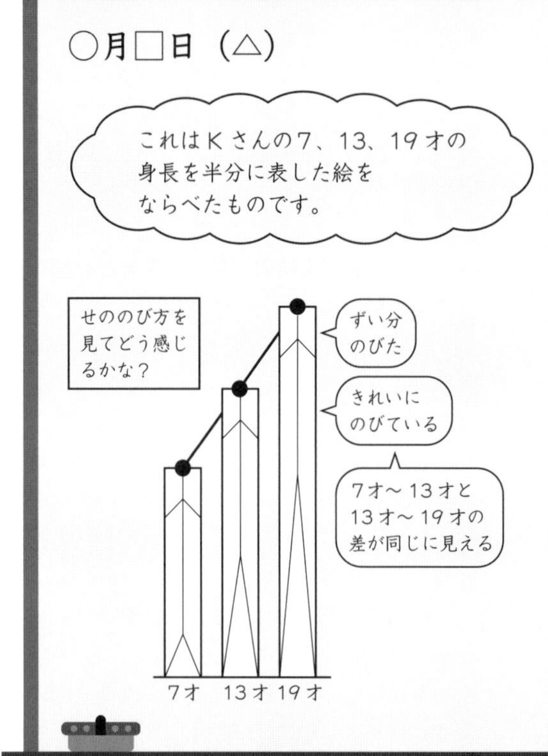
○月□日（△）
これはKさんの7、13、19才の身長を半分に表した絵をならべたものです。
せののび方を見てどう感じるかな？
ずい分のびた
きれいにのびている
7才～13才と13才～19才の差が同じに見える
7才
13才
19才

2 ここに7歳～19歳までそれぞれの身長を表した絵の紙があるけど…

全部を年齢順に並べたい
並べて何を見たいの？
どんなふうに身長が伸びていったのか見たい

全年齢の身長を表した帯状の紙を提示する。「並べたい」という反応が想定されるので，その反応を捉え「並べて何を見たいのか」を問う。そこから「変化」に着目した言葉を引き出し，捉えていく。

3 年齢順に並びましたね。身長の伸び方に感じることはありますか？

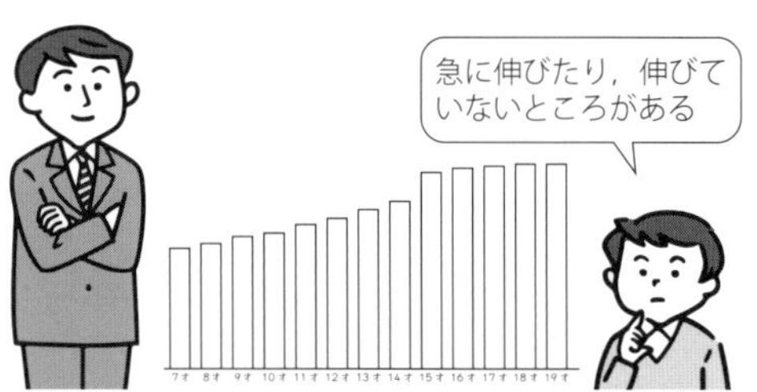
急に伸びたり，伸びていないところがある

帯状の紙を並べて棒グラフのようになったら，まずは眺めさせる。そして，変化の特徴を捉えさせていく。

本時の評価

・棒グラフの上（頭の●）を直線でつなぐことで，その直線の傾きで変化の様子を捉えられることが分かったか。
・直線の傾きから，変化の様子を捉えることができたか。

準備物

・７歳から19歳まで各年齢の身長を半分の長さで表した帯状の紙（帯の太さは10cm 程度で，棒人間の絵を描き，一番上に頭の●を記しておく。

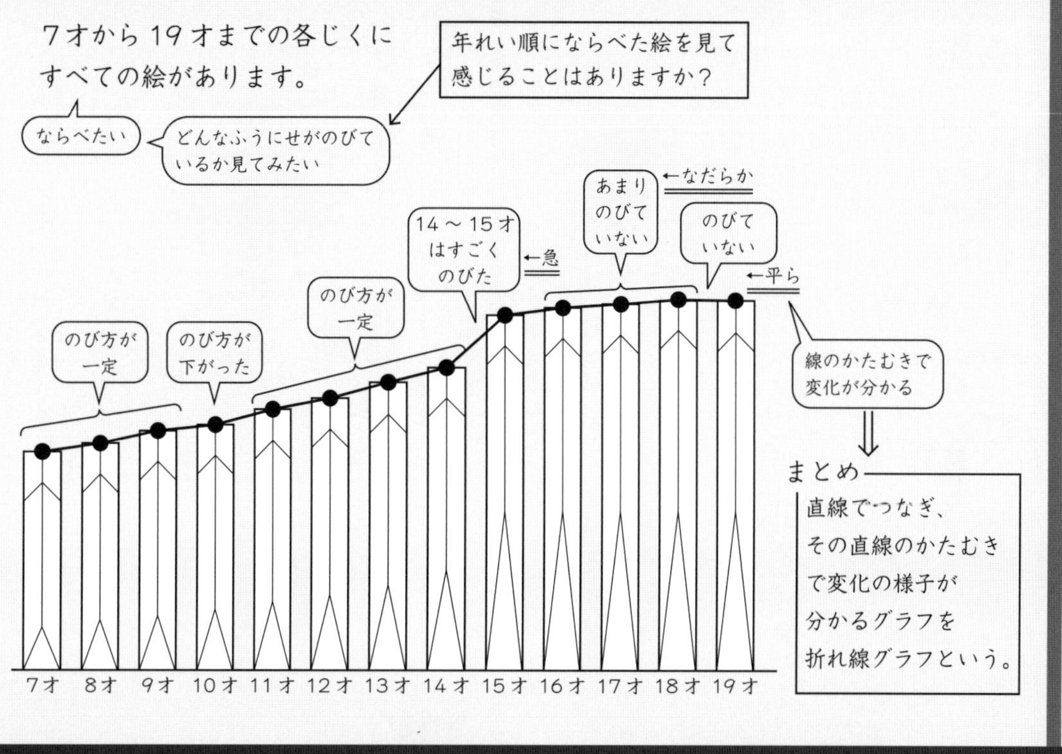

7才から 19 才までの各じくにすべての絵があります。
年れい順にならべた絵を見て感じることはありますか？
ならべたい
どんなふうにせがのびているか見てみたい
のび方が一定
のび方が下がった
のび方が一定
14 ～ 15 才はすごくのびた
←急
あまりのびていない
←なだらか
のびていない
←平ら
線のかたむきで変化が分かる
7才
8才
9才
10才
11才
12才
13才
14才
15才
16才
17才
18才
19才
まとめ
直線でつなぎ、その直線のかたむきで変化の様子が分かるグラフを折れ線グラフという。

4 14歳から15歳が急に伸びている

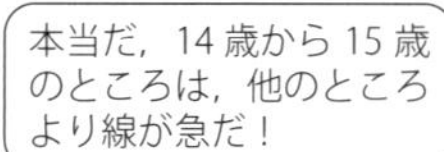

（指さしながら）頭が急に上がってる！

頭を線で結ぶと変化が見やすいかもしれないよ

本当だ，14 歳から 15 歳のところは，他のところより線が急だ！

変化を見た発言を捉え，その部分の頭を直線でつなぐよう促し，折れ線グラフとしていく。そしてまた，グラフの読み取りをさせる。

まとめ 直線の傾きで変化が分かるグラフを折れ線グラフという

「身長の変化を見るために帯状の紙を並べ，棒グラフのようにしたこと」「変化をよく見るために棒グラフの上（頭の○）を直線でつないだこと」「直線の傾きで変化の様子が分かること」「直線でつないだ変化の様子が分かるグラフを折れ線グラフということ」という一連の学びを振り返り，まとめるようにする。

本時案

グラフをかいて，読もう！

2/8

本時の目標

・折れ線グラフを正しくかくことができる。
・表と関連付けながら，折れ線グラフの変化の特徴を見出すことができる。
・折れ線グラフの特徴を見出すことができる。

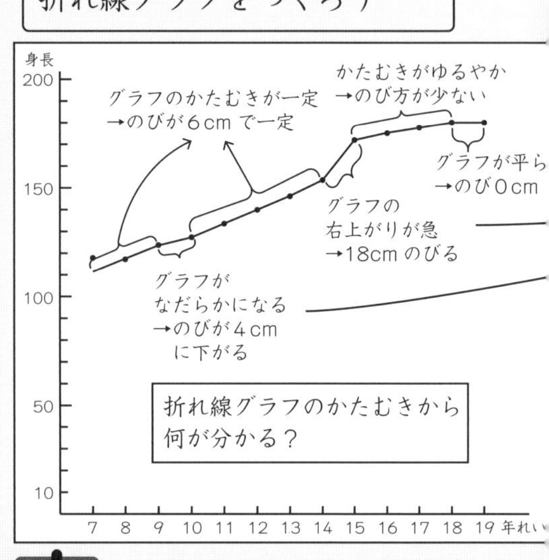

○月□日（△）
Kさんの身長ののび方を表す折れ線グラフをつくろう
身長
200
150
100
50
10
7 8 9 10 11 12 13 14 15 16 17 18 19 年れい
グラフのかたむきが一定
→のびが6cmで一定
かたむきがゆるやか
→のび方が少ない
グラフが平ら
→のび0cm
グラフの
右上がりが急
→18cmのびる
グラフが
なだらかになる
→のびが4cm
に下がる
折れ線グラフのかたむきから
何が分かる？

授業の流れ

1 Kさんの身長の伸び方の様子を表す折れ線グラフをつくろう

まず，グラフの縦軸と横軸をつくります。
方眼紙の左下角に0と書いて，まず横に線を引いて1cm間隔で年齢を7歳から入れていって…

50
10
0 7 8

前時の学習でつくった折れ線グラフを正しくつくり直し，グラフを読み取ることで，折れ線グラフの特徴を見出す授業である。

まずは，方眼紙を配り，軸のつくり方の指導を行う。

2 表の数値をドットでかき込み，丁寧にドットを定規でつなぎます

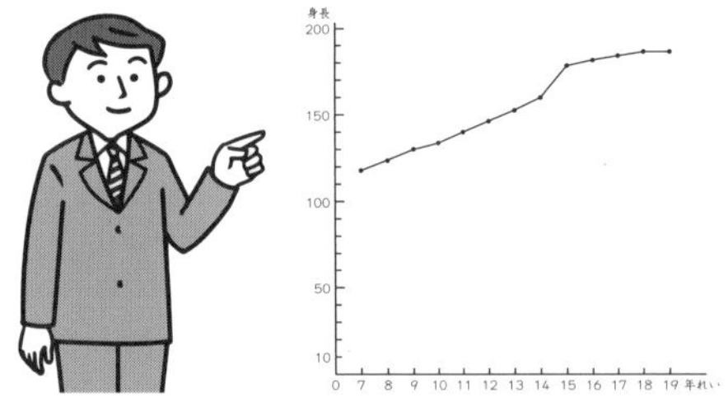

身長
200
150
100
50
10
0 7 8 9 10 11 12 13 14 15 16 17 18 19 年れい

縦軸と横軸に注視し，ドットがずれないように気を付けさせる。また，ドットを結ばせる際は，定規で丁寧に結ばせるようにする。

3 折れ線グラフを見て身長の伸び方で気付くことはありますか？

14歳から15歳が急に上がってて，表を見ると 18cm も伸びている

7歳から14歳までは傾きが一定。表を見ると，毎年6cmずつ同じように伸びてる

グラフの傾きと表の数値の変化を対応させて読み取らせながら，折れ線グラフの特徴をつかませていく。

本時の評価

・折れ線グラフを適切にかくことができたか。
・折れ線グラフの傾きから変化の特徴を表と関連付けながら見出すことができたか。
・一般的な折れ線グラフの特徴を見出し，また，理解することができたか。

準備物

・方眼紙

Kさんの身長

年れい(才)	7	8	9	10	11	12	13	14	15	16	17	18	19
身長(cm)	118	124	130	134	140	146	152	160	178	182	184	186	186

6cm　6cm　4cm　6cm　6cm　6cm　8cm　18cm　4cm　2cm　2cm　0cm

のびた身長

まとめ

表とグラフを対おうさせて分かったこと
かたむきが一定　→数ちの変化が一定
右上がりが急　→数ちの変化が大きく上がる
右上がりがなだらか　→数ちの変化が小さい
かたむきがない（平ら）　→数ちの変化がない

のびた分だけの折れ線グラフをつくったらのび方の変化がわかりやすいかも。

4 折れ線グラフの傾きの特徴から分かることは何ですか？

急に数値が上がったときは，グラフの右上がりが急になる

数値の変化がないときは，グラフは平らになる

グラフから読み取った身長の伸び方に関する具体的な特徴を，折れ線グラフの一般的な変化の特徴としてまとめていくようにする。

まとめ 傾き一定→数値の変化が一定，右上がりが急→数値の変化が大きい，傾きがない→数値の変化がない

折れ線グラフのかき方と折れ線グラフの一般的な特徴を振り返り，それらをまとめとして板書するようにする。

また，板書に示したように，伸びた分の数値の変化を表に書き入れているので，次回はそれを折れ線グラフにする課題として残す。

本時案

グラフを読んで，まとめよう！

3/8

本時の目標

・「身長の伸び方」を表と折れ線グラフに表し，グラフの傾きの意味が理解できる。
・折れ線グラフを読み取り，身長の伸び方をまとめることができる。

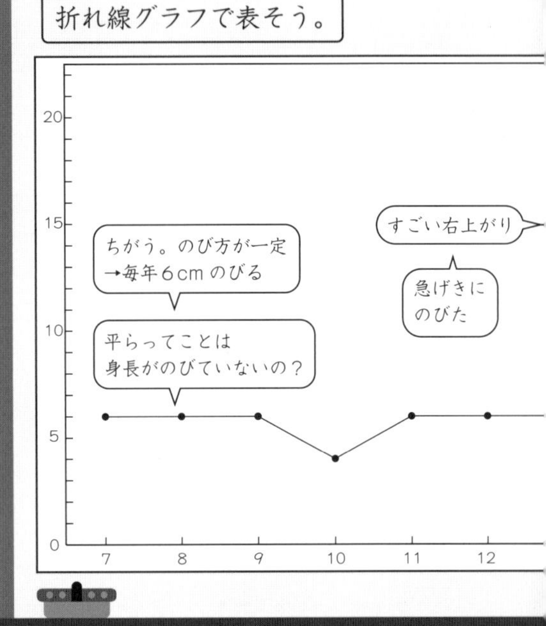
○月□日（△）
身長がのびた分を
折れ線グラフで表そう。
ちがう。のび方が一定
→毎年6cmのびる
平らってことは
身長がのびていないの？
すごい右上がり
急げきに
のびた
20
15
10
5
0
7
8
9
10
11
12

授業の流れ

1 「身長が伸びた分」を折れ線グラフで表してみよう

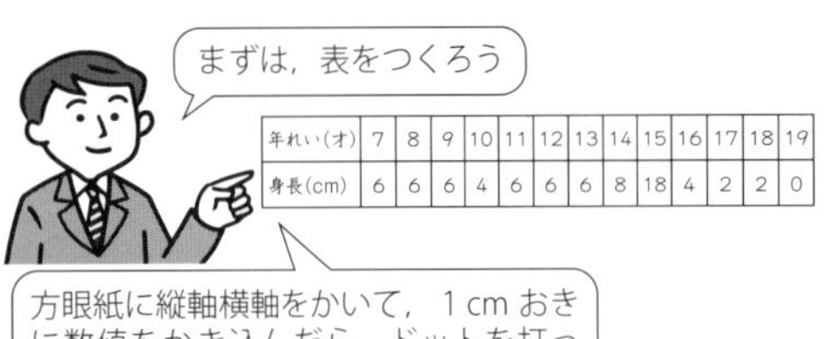
まずは，表をつくろう

年れい(才)	7	8	9	10	11	12	13	14	15	16	17	18	19
身長(cm)	6	6	6	4	6	6	6	8	18	4	2	2	0

方眼紙に縦軸横軸をかいて，1cm おきに数値をかき込んだら，ドットを打っていきましょう

本時も，折れ線グラフのかき方と折れ線グラフの読みの学習である。ただし，本時の折れ線グラフは，前時にはなかった「右下がり」がある。右下がりの意味の読み取りが勘違いしやすいので，丁寧にグラフの傾きの意味を表と関連付けさせながら読み取らせていくようにする。

2 折れ線グラフの傾きの意味を読み取ろう

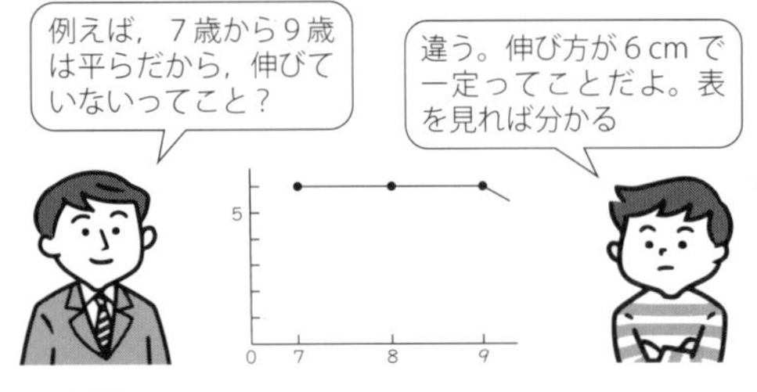
例えば，7歳から9歳は平らだから，伸びていないってこと？
違う。伸び方が6cmで一定ってことだよ。表を見れば分かる
5
0
7
8
9

このように，前回の折れ線グラフは，「平ら」は変化がなかったが，今回は変化が一定である。勘違いしやすいので，表と関連付けさせながら丁寧に読み取らせていく。

3 15～16歳で右下がりが急だね

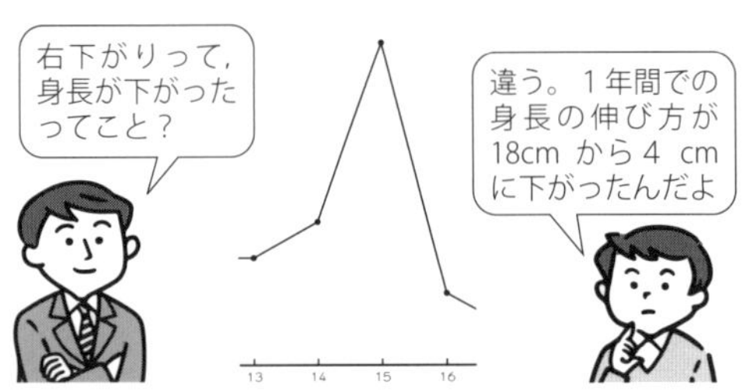
右下がりって，身長が下がったってこと？
違う。1年間での身長の伸び方が18cm から4 cm に下がったんだよ
13
14
15
16

グラフの「右下がり」を身長が下がったと勘違いする子どもは少なくないので，上記のような揺さぶりをかける発問で考える機会を与え，確実に読み取れるようにする。

本時の評価

・「身長の伸び方」を表と折れ線グラフに表すことができたか。
・折れ線グラフの傾きの意味を理解することができたか。
・折れ線グラフを読み取り，身長の伸び方をまとめることができたか。

準備物

・方眼紙

年れい(才)	7	8	9	10	11	12	13	14	15	16	17	18	19
のびた長さ(cm)	6	6	6	4	6	6	6	8	18	4	2	2	0

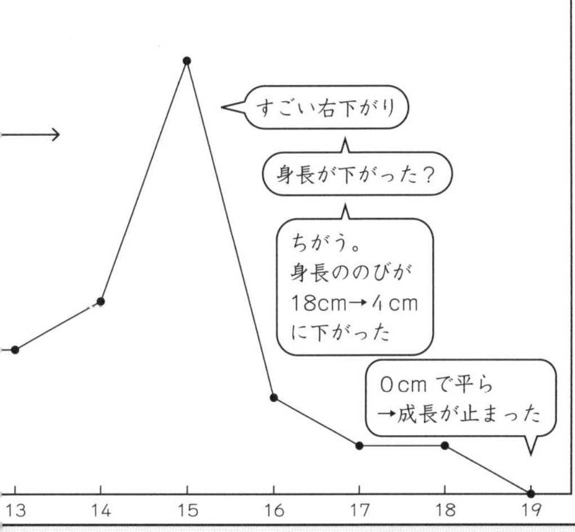
すごい右下がり
身長が下がった？
ちがう。
身長ののびが
18cm→4cm
に下がった
0cm で平ら
→成長が止まった
13
14
15
16
17
18
19

〈グラフから読み取れる身長ののび方〉

・7～13 才くらいまでは
6cm くらいずつ一定にのびる。
・14 才ごろ急げきにのびる。
・それをさかいに急げきにのび方が下がる。
・その後はゆるやかにのび方が下がりながら、
18 才で身長ののびが止まる。

まとめ
グラフのかたむきで、成長の仕方が分かる。

4 グラフから読み取れる身長の伸び方についてまとめよう

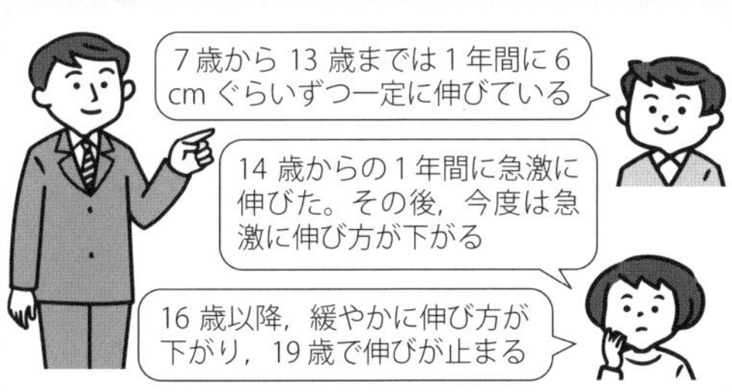
7 歳から 13 歳までは 1 年間に 6 cm ぐらいずつ一定に伸びている
14 歳からの 1 年間に急激に伸びた。その後，今度は急激に伸び方が下がる
16 歳以降，緩やかに伸び方が下がり，19 歳で伸びが止まる

折れ線グラフから読み取れる「身長の伸び方」について，全体的にまとめさせることで，確実にグラフが読めるようにする。

まとめ 折れ線グラフの傾きで成長の仕方が分かる

「平ら」は伸びが一定，「右下がり」は伸び方が下がるといった，折れ線グラフが表している意味を振り返り，それらを適切に読むことができることで，「成長の仕方」が明らかになることを確認し，それらをまとめとして板書するようにする。

本時案

1目盛りの大きさが違うグラフ

4/8

本時の目標

・1目盛りの大きさの取り方によってグラフの見え方が変わることを理解することができる。

授業の流れ

1 私が指示した市区の表のデータを折れ線グラフにしてください

他のグループには，どこのデータを折れ線グラフにしたのか内緒だよ。あとで折れ線グラフを見て当ててもらうからね！

A グループは，○○のデータね。軸と目盛りは先生が書いといたからね。この方眼紙に折れ線グラフをかいて

本時は，「縦軸の1目盛りの取り方を変えることで，折れ線グラフの見え方が変わる」ことを経験する学習である。

クラスを3グループに分け，それぞれのグループに教師が渡した方眼紙に，指示した市区の「平均気温」のデータをグラフにかかせる。

○月□日（△）

どこの年間月別平きん気温を表す折れ線グラフなのかを当てよう。

〈流れ〉

・3グループに分かれ、配られた方がん紙に先生から指じされた市区のグラフをかく。

・他のグループにはどこのをかいているかはヒミツ!!

・黒板にはられたグラフを見て、各グループがどこの市区のをかいたのかを当てる!!

3つのグループに渡した方眼紙は，板書に示したように縦軸の1目盛りの数値の大きさをそれぞれ変えてある。そして，どのグループも文京区をかくよう指示した。ただし，このことをまだ子どもたちは知らない。

2 3グループのかいたグラフは，それぞれどの市区のか予想しましょう

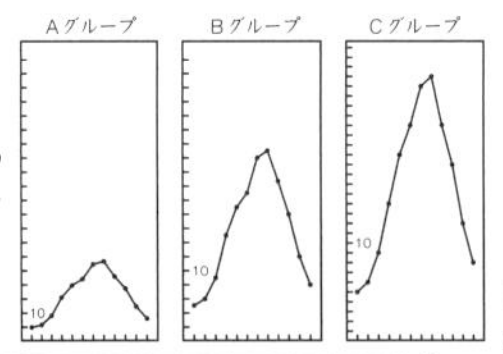
Aグループ
Bグループ
Cグループ
10
10
10

A は気温が低いから八戸で，C は気温が高いから那覇。だから B が文京区

かけたグラフを黒板に提示し，それぞれの折れ線グラフが，どの市区の平均気温を表したものかを予想させる。

3 えっ，違う。A グループは文京区をかいたよ

えっ，Cも文京区だよ。どういうこと？

全部文京区なの？
でも，グラフが全部違う？ どうしてそんなことが起こるの……？

どのグラフも文京区であったこと知れば，「でも，どうして異なるグラフなのか？」という疑問が生まれるだろう。まずは，じっとグラフを眺めさせるようにする。

本時の評価

・1目盛りの大きさの取り方によってグラフの見え方が変わることを理解することができたか。

準備物

・縦軸の目盛りの取り方が異なる3種類の方眼紙

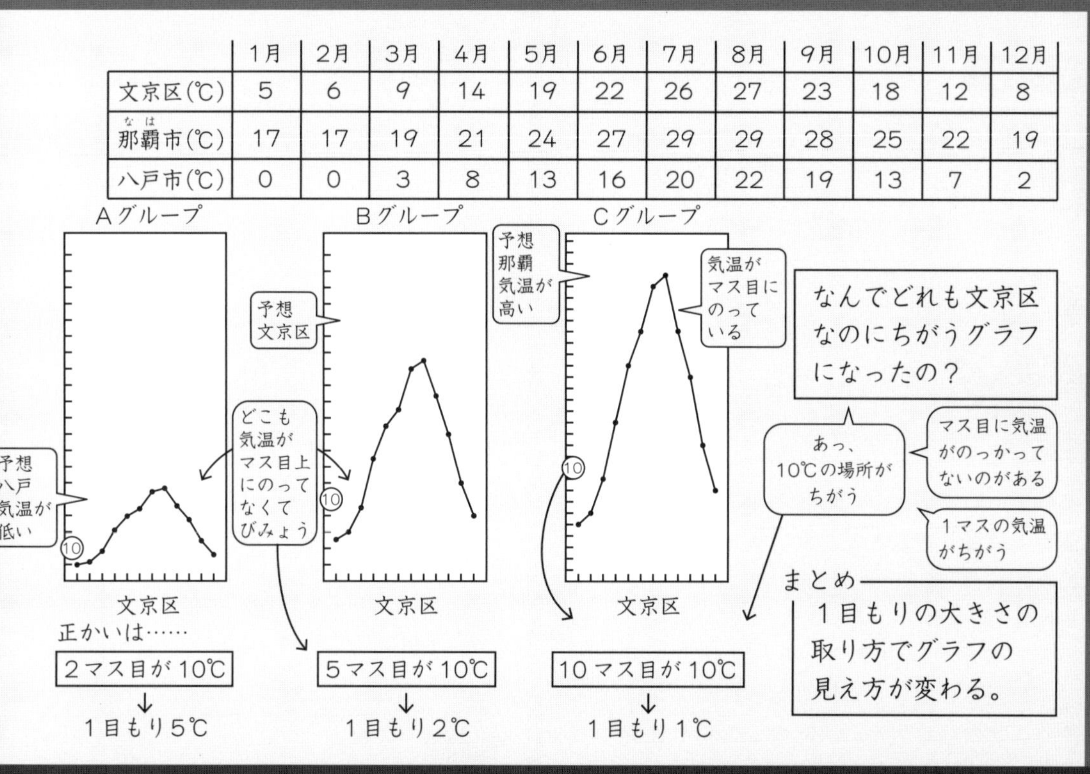

	1月	2月	3月	4月	5月	6月	7月	8月	9月	10月	11月	12月
文京区(℃)	5	6	9	14	19	22	26	27	23	18	12	8
那覇(なは)市(℃)	17	17	19	21	24	27	29	29	28	25	22	19
八戸市(℃)	0	0	3	8	13	16	20	22	19	13	7	2

Aグループ
Bグループ
Cグループ
予想 八戸 気温が 低い
10
文京区
正かいは……
2マス目が10℃
1目もり5℃
予想 文京区
どこも 気温が マス目上 にのって なくて びみょう
10
文京区
5マス目が10℃
1目もり2℃
予想 那覇 気温が 高い
気温が マス目に のって いる
10
文京区
10マス目が10℃
1目もり1℃
なんでどれも文京区なのにちがうグラフになったの？
あっ、10℃の場所がちがう
マス目に気温がのっかってないのがある
1マスの気温がちがう
まとめ
1目もりの大きさの取り方でグラフの見え方が変わる。

4 あっ，グラフ10℃と書かれた目盛りの位置が違うじゃん！

そういうことかぁ。気温の1目盛りの大きさが違うんだ

1目盛りの大きさが違うと，随分グラフの見え方が変わるね

10℃の数値だけ，あらかじめ目盛りに書き入れておいたので，10℃の位置の違いに気付く子どもが現れるだろう。その反応を捉え，話題にすることで，目盛りの違いでグラフの見え方が変わってくることを理解させる。

まとめ 1目盛りの大きさの取り方でグラフの見え方が変わる

「同じ文京区の年間月別平均気温を表したグラフであったのに，違うグラフになっているのは，1目盛りの大きさの取り方が違ったことから」という一連の学習を子どもと振り返り，それらをまとめとして板書するようにする。

本時案

1目盛りの大小で見え方が変わる？

5/8

本時の目標

・1目盛りの数値の大小による折れ線グラフの見え方の変化を見出すことができる。
・3市区の平均気温の変化の特徴を読み取ることができる。

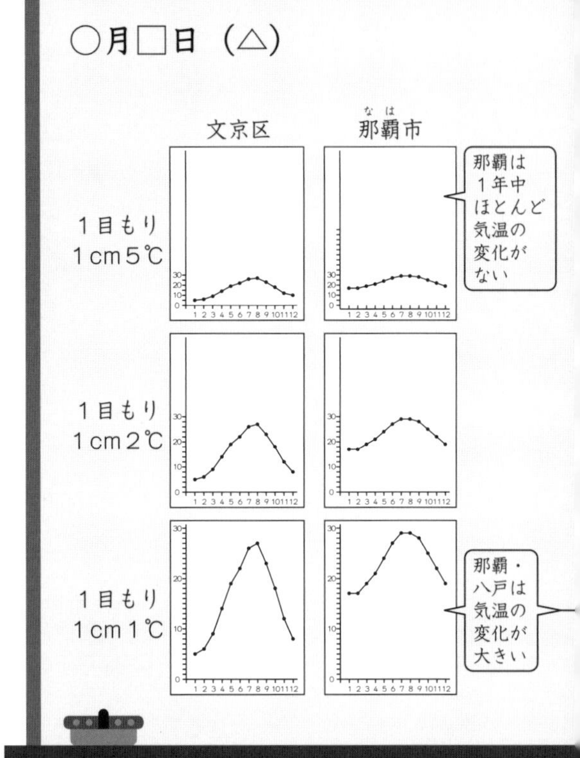
○月□日（△）
文京区
那覇市
1目もり
1cm5℃
那覇は
1年中
ほとんど
気温の
変化が
ない
1目もり
1cm2℃
1目もり
1cm1℃
那覇・
八戸は
気温の
変化が
大きい

授業の流れ

1 3つの市区とも1目盛りの大きさが異なる折れ線グラフにしよう

文京区は前回作ったから，
A グループが1目盛り5℃の那覇と八戸
B グループが1目盛り2℃の那覇と八戸
C グループが1目盛り1℃の那覇と八戸をかきましょう。かけたら黒板に貼ってね

前回に続いて，3つの市区の年間月別平均気温を1目盛りの大きさが異なる折れ線グラフに表す授業である。本時では，前回に文京区の折れ線グラフをつくったので，まずは那覇市と八戸市の折れ線グラフをそれぞれ3つずつ，1目盛りの大きさが異なる折れ線グラフにすることから始める。前回の3グループで手分けしてかかせるとよいだろう。

2 目盛りの大きさが異なると折れ線グラフの見え方は変わりますか？

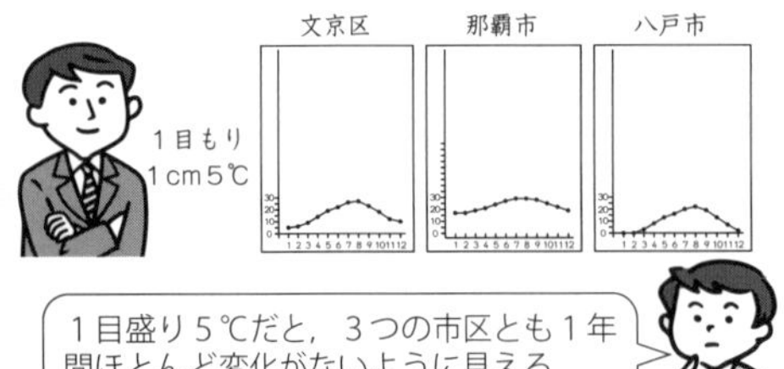
文京区
那覇市
八戸市
1目もり
1cm5℃

1目盛り5℃だと，3つの市区とも1年間ほとんど変化がないように見える

「1目盛りが大きいと変化が見えない」など，目盛りの大きさの大小で，グラフの見え方の違うことに気付かせていくようにする。

3 1目盛りの数値が小さいほど，変化が大きく見える

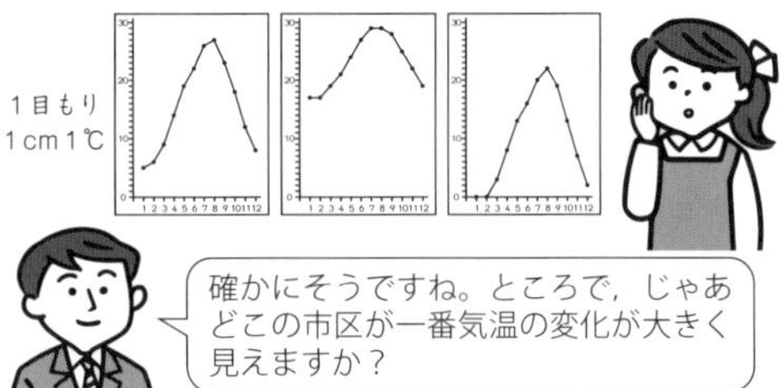
1目もり
1cm1℃

確かにそうですね。ところで，じゃあどこの市区が一番気温の変化が大きく見えますか？

「どこの市区が年間の気温の変化が大きく見えるか」を問うことで，グラフを重ねてみるアイデアを引き出す。

本時の評価

・１目盛りの数値が大きいと変化が小さく，１目盛りの数値が小さいと変化が大きく見えることを見出すことができたか。
・３つの市区の平均気温を重ねた折れ線グラフの比較を通して，それぞれの気温の変化の特徴を見出すことができたか。

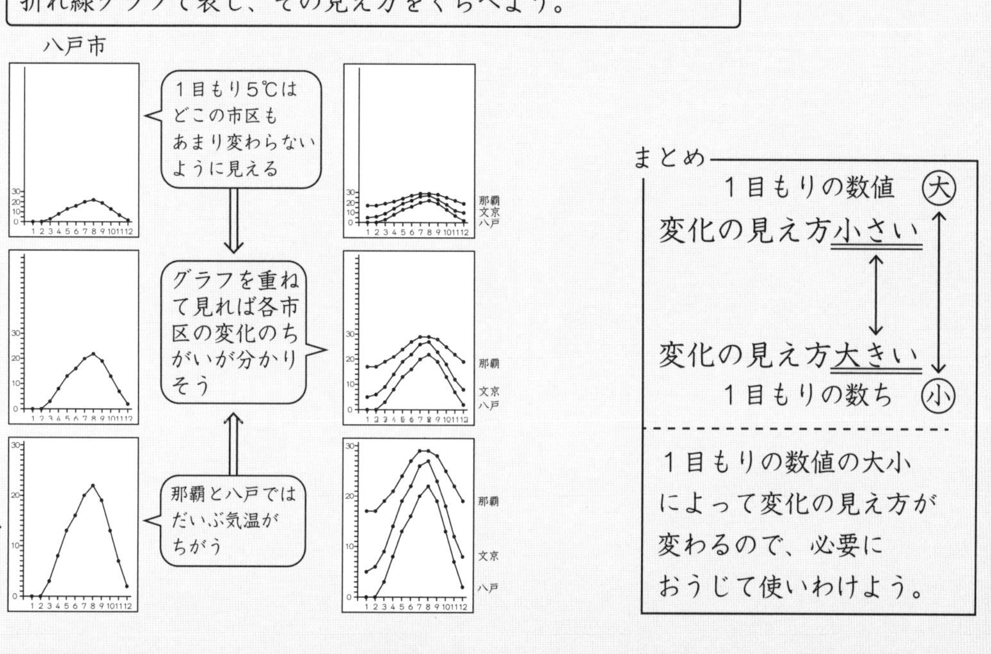
３つの市区の年間月別平きん気温を１目もりの大きさがちがう折れ線グラフで表し、その見え方をくらべよう。
八戸市
１目もり５℃はどこの市区もあまり変わらないように見える
グラフを重ねて見れば各市区の変化のちがいが分かりそう
那覇と八戸ではだいぶ気温がちがう
那覇
文京
八戸
まとめ
１目もりの数値 大
変化の見え方小さい
変化の見え方大きい
１目もりの数ち 小
１目もりの数値の大小によって変化の見え方が変わるので、必要におうじて使いわけよう。

4 ３つの市区のグラフを重ねたら比べやすくなるんじゃない？

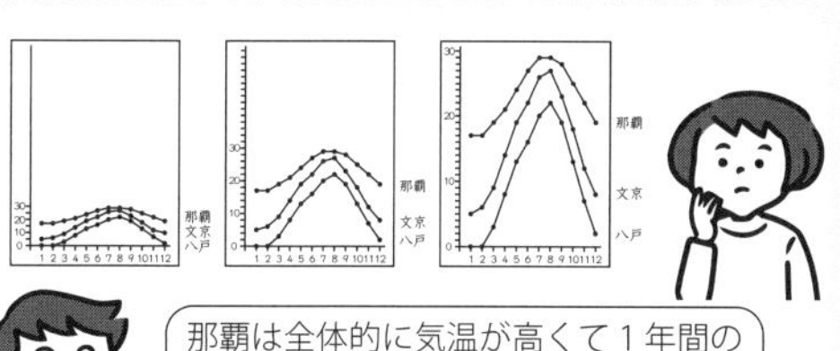
那覇
文京
八戸
那覇は全体的に気温が高くて１年間の変化も小さいけど，文京区は１年間の気温の変化がすごく大きいね

３つの市区のグラフを重ねたものを先の３つのグループにそれぞれつくらせ，３市区を並べたときの変化の様子を比較させる。

まとめ

１目盛りの数値が大きいと変化が小さく，１目盛りの数とが小さいと変化が大きく見える

１目盛りの数値の違いによって折れ線グラフの見え方が変わってくることを振り返り，伝えたい情報の目的に応じて，１目盛りの数値をどうするかを考えることが大切であることを確認し，それをまとめとしていく。

本時案

必要がない目盛りは省こう

6/8

本時の目標

・体温は，1目盛り1℃では変化を表現できないことに気付き，また35℃以下の目盛りは必要がないことに気付くことができる。
・目盛りを省く際は波線を用いることが分かる。

授業の流れ

1 体温の変化をノートのマス目を使って折れ線グラフに表します

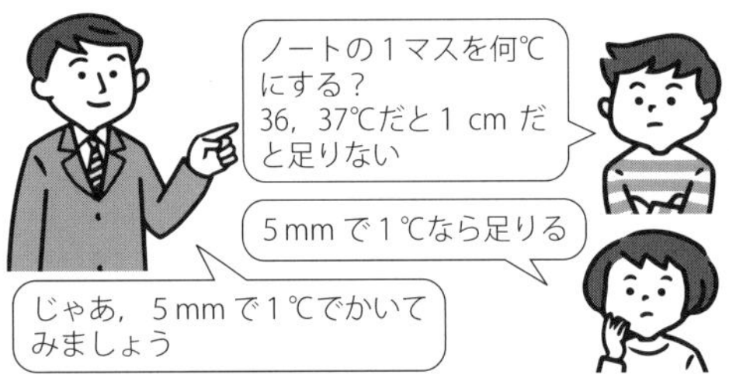
ノートの1マスを何℃にする？
36，37℃だと1 cm だと足りない
5 mm で1℃なら足りる
じゃあ，5 mm で1℃でかいてみましょう

本時は，折れ線グラフにおける，必要のない目盛りの省き方の学習である。

まずは，ノートに表に示した体温の変化を折れ線グラフにするよう課題を与える。ノートのマス目では，上限が5 mm で1℃であることを見出すであろう。その反応を捉え，5 mm 1℃の目盛りでグラフをかかせる。

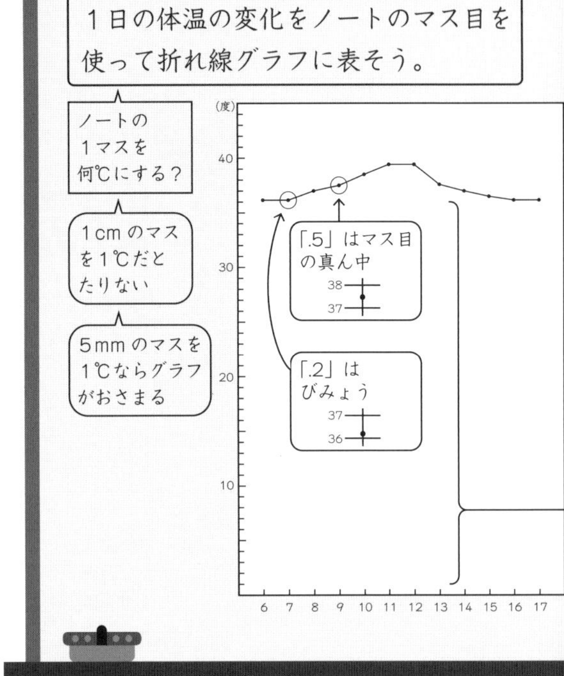
○月□日（△）
1日の体温の変化をノートのマス目を使って折れ線グラフに表そう。
ノートの1マスを何℃にする？
1 cm のマスを1℃だとたりない
5 mm のマスを1℃ならグラフがおさまる
(度)
40
30
20
10
6 7 8 9 10 11 12 13 14 15 16 17
「.5」はマス目の真ん中
38
37
「.2」はびみょう
37
36

2 体温が小数だから，ちゃんとマス目にドットが打てない。かきづらい

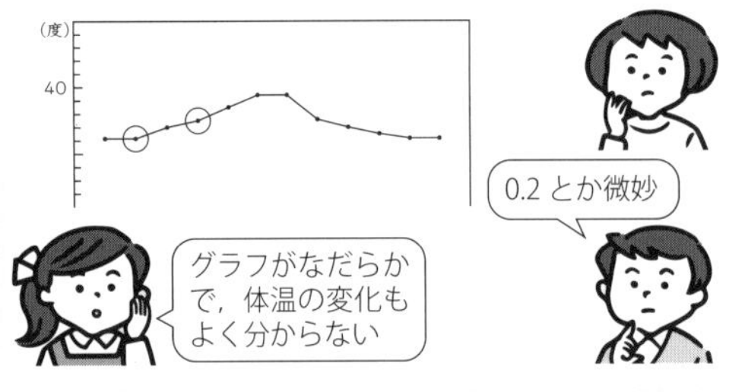
(度)
40
0.2 とか微妙
グラフがなだらかで，体温の変化もよく分からない

5 mm 1℃では小数のドットが打ちにくいことや，グラフがなだらかで変化が見えないことなどのマイナスな意見を表出させる。

3 だったら1目盛りの数値を小さくすればいいんじゃない？

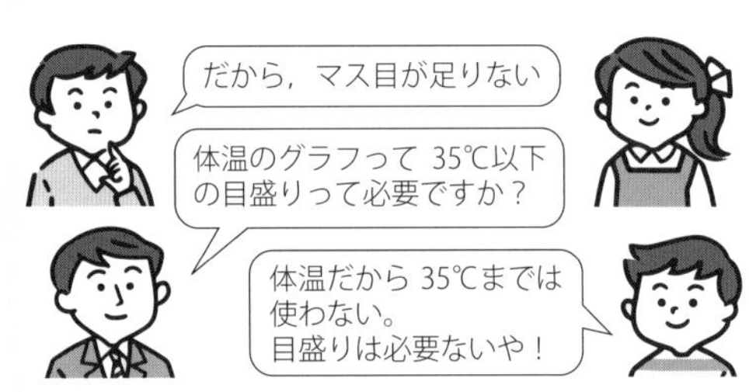
だから，マス目が足りない
体温のグラフって 35℃以下の目盛りって必要ですか？
体温だから 35℃までは使わない。
目盛りは必要ないや！

36℃以上でグラフをつくればよいことに気付かせるため，グラフの35℃以下の部分に着目させ，「35℃って必要なの？」と揺さぶりをかける。

本時の評価

- 体温の変化を表すには，１目盛り１℃では変化を表現できないことに気付くことができたか。
- 体温の変化を表すには，35℃以下の目盛りは必要がないことに気付くことができたか。
- 目盛りを省く場合には波線を用いればよいことが分かったか。

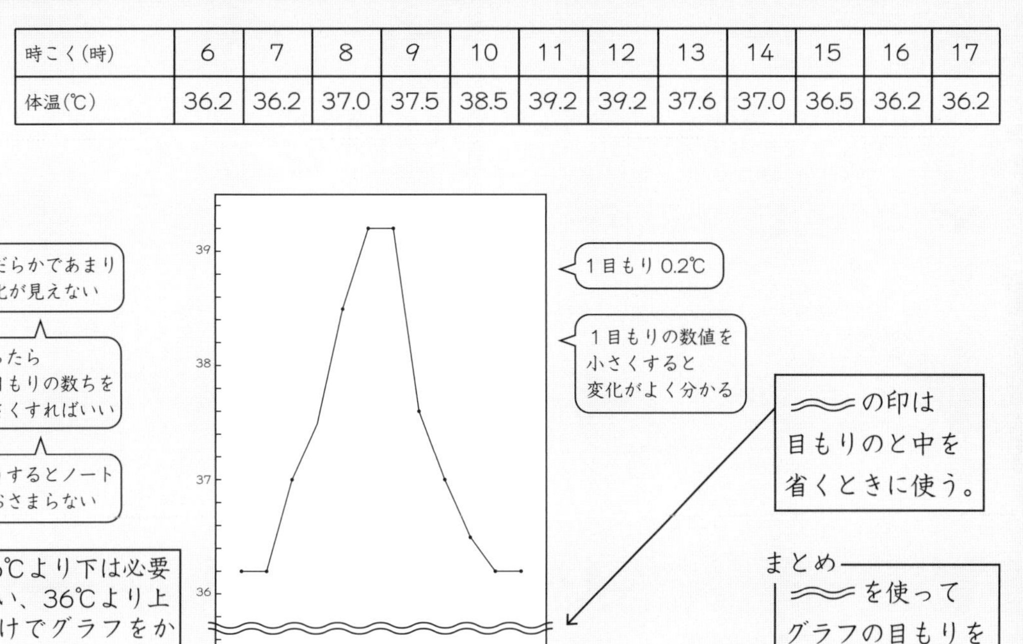

時こく(時)	6	7	8	9	10	11	12	13	14	15	16	17
体温(℃)	36.2	36.2	37.0	37.5	38.5	39.2	39.2	37.6	37.0	36.5	36.2	36.2

なだらかであまり変化が見えない
だったら１目もりの数ちを小さくすればいい
そうするとノートにおさまらない
36℃より下は必要ない、36℃より上だけでグラフをかこう。
39
38
37
36
6 7 8 9 10 11 12 13 14 15 16 17
１目もり 0.2℃
１目もりの数値を小さくすると変化がよく分かる
〰の印は目もりのと中を省くときに使う。
まとめ
〰を使ってグラフの目もりを省こう。

4 じゃあ，１目盛り0.2℃でグラフをかいてみよう

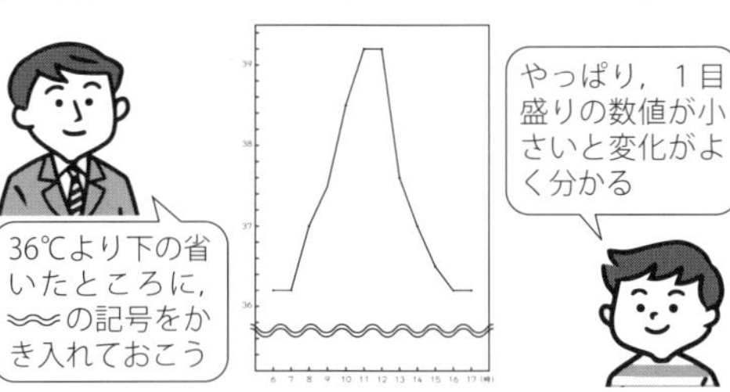

36℃より下の省いたところに，〰の記号をかき入れておこう
やっぱり，１目盛りの数値が小さいと変化がよく分かる

１目盛り0.2℃でグラフがノートに収まることを確認し，グラフをかかせる。ここで，省く記号の〰の指導をする。

まとめ 必要のないところは，〰を使ってグラフの目盛りを省く

体温の変化を折れ線グラフに表す際には35℃以下が必要ないことや，省いたところには〰をかけばよいという一連の流れを子どもとともに振り返り，それを板書にまとめるようにする。

本時案

表を重ねよう！

7/8

本時の目標

・２つの情報を一次元表で表すことの不都合さを感じることができる。
・一次元表を重ねることで二次元表をつくることができる。

授業の流れ

1 これは保健室でケガの手当てを受けた子どものデータの一部です

実際はケガの種類もけがをした場所も様々あるのですが，今回はケガの種類をすり傷と切り傷，ケガの場所を校庭と階段だけのごく一部の情報をまとめました

すりきず・校庭 →３人
きりきず・校庭 →５人
すりきず・階段 →４人
きりきず・階段 →２人

２時間にわたって二次元表の学習を行う。本時は保健室で手当てを受けた子どものデータからケガの種類とケガをした場所の２つの情報を表にまとめる学習である。実際にはデータはもっと多種多量なのだが，本時は二次元表をつくることが目的なので，上の情報だけに絞って考えさせることとした。

○月□日（△）

表にまとめよう。

ほ健室のケガのデータ

	どんなケガ	どこでした
6月10日 オオノケイ	すりきず、きりきず うちみ、ねんざ 鼻血	教室、ろう下 階だん、校庭 体育館
6月11日 サトウヒロコ	すりきず、きりきず うちみ、ねんざ 鼻血	教室、ろう下 階だん、校庭 体育館

このデータをまとめたら、例えば

すりきず・校庭 →３人
きりきず・校庭 →５人
すりきず・階だん →４人
きりきず・階だん →２人

でした。

2 表にするとどうなりますか？

そのまま表にすればいい

すりきず・校庭	きりきず・校庭	すりきず・階段	きりきず・階段	合計
3	5	4	2	14

本当はもっといろいろな情報があるけど，この表でいいかな

いろいろな情報があると横長の表になって見づらいし，２つの情報が混じっているから分かりづらい

ケガの種類もケガをした場所も，本当は多種多量であることを伝え，一次元表では見づらくなることに気付かせるようにする。

3 じゃあ，ケガごとに分けて表にすればいい

	校庭	階段
すりきず	3	4

	校庭	階段
きりきず	5	2

見やすくなった！でも，１つの表にまとまっていないのがなぁ…

いったん，２つの一次元表に分けるが，その際に，次の場面で「表を重ねる」というアイデアを引き出すため，上記のようにケガの種類を表の左にかくように促す。

本時の評価

- 2つの情報が1つの枠に入っている見づらさ，情報ごとに分けて表をつくる煩雑さを感じることができたか。
- 一次元表を重ねることで二次元表をつくることができたか。

これを表にしてみよう。

そのまま表にできる

すりきず・校庭	きりきず・校庭	すりきず・階だん	きりきず・階だん	合計
3	5	4	2	14

この4つならいいけど、例えば他にも「きりきず・体育館」、「ねんざ・ろう下」…と、たくさんあるから表がすごく横長になる。

それだと表が見づらい。

表からデータがさがしづらい。

1つのマスに「きりきず・階だん」みたいに2つのじょうほうが入っているから見にくいし、分かりづらい。

じゃあケガごとに分けた表にすればいい!!

	校庭	階だん
すりきず	3	4

	校庭	階だん
きりきず	5	2

なるほど！！ ケガごとに分けてバラバラに表をつくるんですね！！ でもバラバラなのがなぁ…

重ねればいい。

2つの表を重ねたら九九表みたいになる。

	校庭	階だん	合計
すりきず	3	4	7
きりきず	5	2	7
合計	8	6	14

合計も表に入れると分かりやすい。

まとめ

2つのじょうほうを1つの表にするには九九表のようにじょうほうをたて横に分ける。

4 じゃあ，重ねればいい

見やすい！
九九表みたいになったね

	校庭	階段	合計
すりきず	3	4	7
きりきず	5	2	7
合計	8	6	14

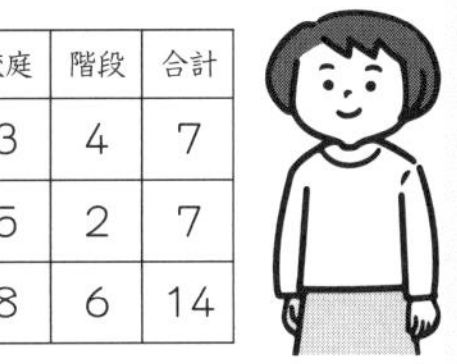

「1つの表になっていない…」という問いかけにより，「重ねる」というアイデアを引き出し，二次元表にする。できた二次元表に合計を入れるように指導する。

まとめ

2つの情報を1つの表にするには，九九表のように情報を縦・横に分ける

「2つの情報が1つの枠に入っている見づらさ」「情報ごとに分けて表をつくる煩雑さ」を子どもとともに振り返り，その解決策として「表を重ねればよい」ことの気付きをまとめとして板書するようにする。

本時案

「いる・いる」をどう表現する？

8/8

本時の目標

・重ねて二次元表にすると合計が合致しない場合があることに気付く。
・いる・いないで二次元表にすればよいことを見出すことができる。

○月□日（△）

兄弟・姉妹（しまい）がいる、いない調べをしよう。

次のしつ問用紙にそれぞれ○を書きこみ黒板にはりましょう。

兄弟	いる	いない	姉妹	いる	いない
	○				○

授業の流れ

1 兄弟・姉妹がいる，いない調べをします

質問用紙に，○を書き込み黒板に貼り，集計しましょう

兄弟	いる	いない	姉妹	いる	いない
	正丁	正下		正正	正

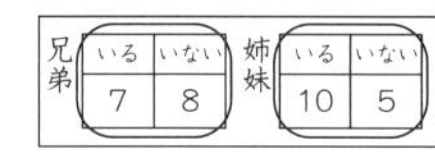

兄弟	いる	いない	姉妹	いる	いない
	7	8		10	5

二次元表の第２時である。最初は兄弟・姉妹，いる・いないの２つの情報で二次元表をつくるだろう。しかし，その表では合計が合致しないことに気付く。そこで，その理由を明らかにしながら，表をつくり直していく。そのような授業構成とする。

2 兄弟・姉妹の２つの表を１つにまとめましょう

合計も入れましょうね
なんで合計が15 人を超えているんだろうね？

	いる	いない	合計
兄弟	7	8	15
姉妹	10	5	15
合計	17	13	30

15 人のはずなのに合計が 30 人で超えている

集計表を単純に重ねて二次元表にすることが想定される。ここで，合計を入れるよう促し，合計が合致しないことに気付かせる。

3 兄弟・姉妹が両方いる人がどちらの表にも入っているから

兄弟・姉妹	兄弟・姉妹	兄弟・姉妹	兄弟・姉妹
いる・いる	いる・いない	いない・いる	いない・いない

「いる・いる」を入れるにはこうしたらどう？

いいけど，でも前回１マスに２つの情報が入ると見づらくて，分かりづらいって話したよね

合計が合致しない理由に気付いたら，「いる・いる」をどう表で表したらよいかを問う。おそらく，上記のような表現が出るだろう。

本時の評価

・2の集計表に同じ集団（人）が含まれている場合，そのまま重ねて二次元表にすると合計が合致しないことに気付いたか。
・兄弟がいる・いないを縦，姉妹がいる・いないを横にすればよいことを見出すことができたか。

準備物

・質問用紙

集計しよう

正の字を使って

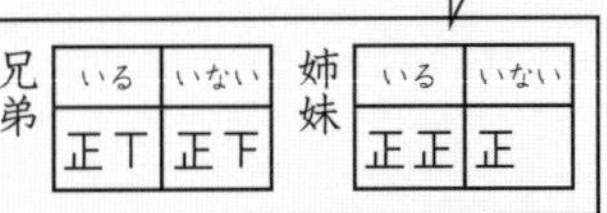

兄弟
いる
いない
正T
正下
姉妹
いる
いない
正正
正

⇓

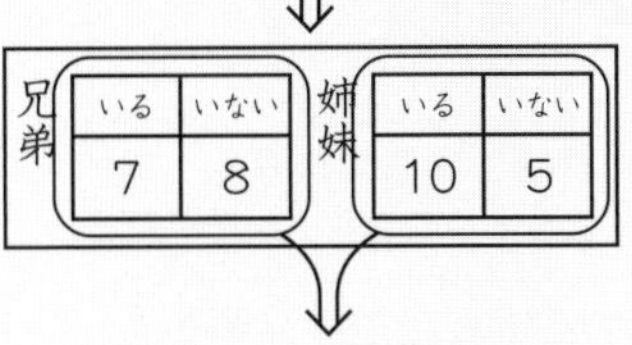

兄弟
いる
いない
7
8
姉妹
いる
いない
10
5

2つの表を1つにまとめる

	いる	いない	合計
兄弟	7	8	15
姉妹	10	5	15
合計	17	13	30

合計がおかしい。
15人をこえている。

両方いる、両方いない
の人がいるから
合計がふえちゃう。

じゃあ

兄弟・姉妹	兄弟・姉妹	兄弟・姉妹	兄弟・姉妹
いる・いる	いる・いない	いない・いる	いない・いない

にすればいい。

いいけど。でも前回1マスに
2つのじょうほうが入っていると
見にくいし、分かりづらいって
なったじゃん…。

「いる・いる」を
九九表みたいな表で
表げんする方法はないの？

兄弟いるをたて、
姉妹いるを横にすれば
「いる・いる」が
表に入れられる。

兄弟

		いる	いない	計
姉妹	いる	5	5	10
	いない	2	3	5
	計	7	8	15

まとめ
2つのじょうほう
を何にして表に
するのかを考える。

4 「いる・いる」を九九表みたいに表現する方法はないのかな？

兄弟

		いる	いない	計
姉妹	いる	5	5	10
	いない	2	3	5
	計	7	8	15

兄弟いるを縦，姉妹いるを横にすれば「いる・いる」の人数が表に入れられる

「『いる・いる』を九九表みたいに表現できないか」と問うことで，上記の表の表し方を引き出すようにする。

まとめ 何を2つの情報にして表にするのかを考える

「2つの集計表にも同じ集団（人）が含まれてしまう場合，そのまま重ねて二次元表にすると合計が合致しない」「重なる情報を二次元表の項目にする」といった学びを子どもとともに振り返り，板書してまとめるようにする。

3 わり算の筆算 （11時間扱い）

単元の目標

2～3位数を1位数でわる除法計算について，計算の仕方をつくり上げる活動を通して理解を深め，その計算が確実にできるようにする。

評価規準

知識・技能	既習の乗法を用いて商を求める計算や同数累減を活用し，2～3位数÷1位数の計算をすることができる。
思考・判断・表現	数量の関係に着目し，計算の仕方を考えたり，除法に関して成り立つ性質を見出したりしたことについて考え，説明している。
主体的に学習に取り組む態度	2～3位数を1位数でわる除法計算の仕方を進んでつくり上げようとしている。そして，そのつくり上げる過程を通して，既習の基本的な計算を基に考えたことを振り返り，多面的に捉え検討してよりよいものをつくり上げていくよさを味わい，今後の学習に活用しようとしている。

指導計画 全11時間

次	時	主な学習活動
第1次 2桁÷1桁のわり算	1	10のまとまりで配ることのよさを考える。
	2	10のまとまりと端数に分けて配ることについて考える。
	3	わり算の筆算をつくる $\frac{1}{3}$ →具体操作から式化を促し同数累減を見出す。
	4	わり算の筆算をつくる $\frac{2}{3}$ →効率のよい同数累減を考え，10のまとまりで引くことのよさを見出す。
	5	わり算の筆算をつくる $\frac{3}{3}$ →わり算の筆算の形式へと整える。
	6	あまりのあるわり算の筆算の処理方法について考える。
	7	わり算の筆算でよくありがちな「あまりの処理」の間違いについて考える。
	8	わり算の筆算でよくありがちな「商に空位がある場合」の処理の間違いについて考える。
第2次 3桁÷1桁のわり算	9	3桁÷1桁のわり算の筆算の仕方を考える。
	10	3桁÷1桁のわり算の筆算で，百の位に商が立たない場合についての処理の仕方について考える。
	11	わり算の筆算でよくありがちな「商に空位がある場合」の処理の間違いについて考える。

単元の基礎・基本と見方・考え方

整数の除法の筆算での計算の仕方を創造する活動を通して，多数桁の除法は基本的な計算をもとにしてできることを見出していける。また，桁数の多い計算の仕方についても，そこでつくり上げた整数の除法の計算の仕方をもとにして，統合的・発展的に考え，捉えていく。

「除法の筆算」をつくり上げる活動を重視する

教科書においては，わり算の筆算は，既につくり上げられた形として掲載されている。それは，既成の筆算の仕方を解釈し，理解することをねらいとしており，「創る」ということは想定していないからである。

しかし，わり算の筆算の学習は，筆算の使い方を理解し，習得する学習だけでよいわけではない。算数・数学は，我々人間が長年にわたって創造してきた産物であるが，その創造的な過程を経験させ，「思考の産物をつくり上げていく際の基本的な考え方」を味わわせることが必要かつ重要である。なぜなら，その過程における考えや表現が数学的に価値を持っているからである。まして，AI 時代を生きる子どもたちにとって，「筆算の習得」を目指すことなど求められていない。

そこで，本書に掲載した実践では，除法の筆算の導入授業 3 時間分を，以下のような計算の仕方を創造する時間に充てている。

1 着のポロシャツをつくるのに 3 個のボタンが必要です。78個のボタンでは何着の服をつくることができますか。

具体操作

具体操作の不合理さから式化

78−3−3−3−3−3−……

式の洗練

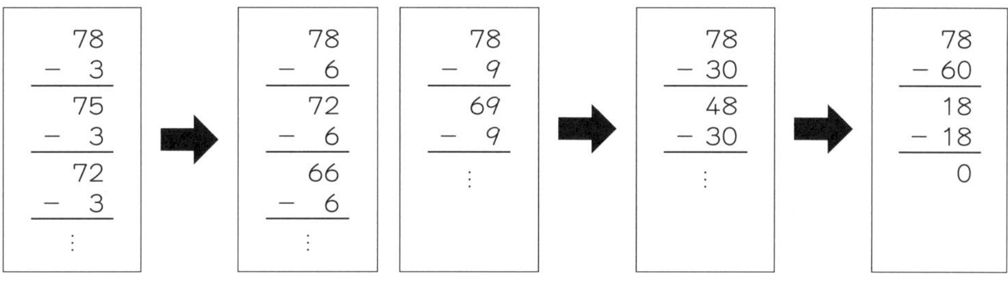
78
− 3
75
− 3
72
− 3
⋮
78
− 6
72
− 6
66
− 6
⋮
78
− 9
69
− 9
⋮
78
− 30
48
− 30
⋮
78
− 60
18
− 18
0

形式の洗練

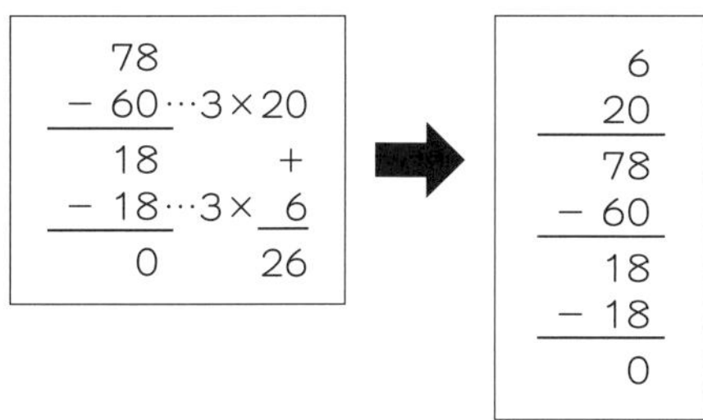
78
− 60…3×20
18 +
− 18…3× 6
0 26
6
20
78
− 60
18
− 18
0

ぜひ，子どもの発想を楽しみながら，子どもとともに筆算をつくり上げていく活動を堪能していただきたい。

本時案

いくつだったら配りやすい？①

1/11

本時の目標

・30の倍数であれば効率よく配れることに気付き，その意味を「10をいくつで配れるから」と見出し，理解することができる。

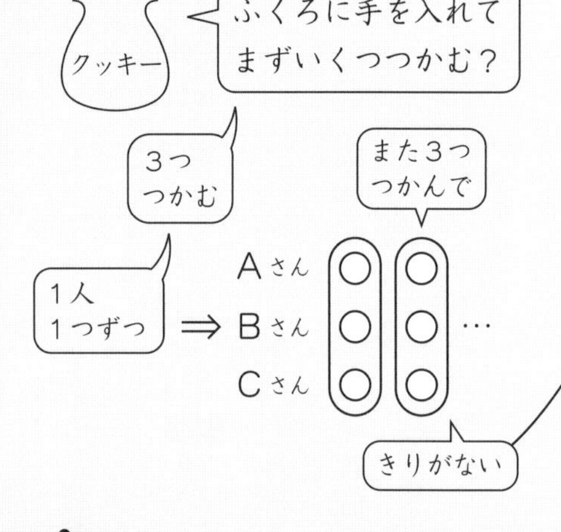
○月□日（△）
ふくろに入っているクッキーを3人に等しく分けましょう。
クッキー
ふくろに手を入れてまずいくつつかむ？
3つつかむ
また3つつかんで
1人1つずつ
⇒
Aさん
Bさん
Cさん
…
きりがない

授業の流れ

1 いくつつかもうとしているの？

袋に入っているクッキーを3人に等しく分けましょう
3個つかむ。3人に1個ずつ配る。そして，また袋に手を入れて3個つかみ，これを繰り返す

袋の中に，個数は分かっていないクッキーを模したマグネットを入れておき，まずは代表の子どもに実際に袋に手を入れさせ，つかませるという作業をする。そして，袋からマグネットを取り出させる前に，「いくつつかもうとしているの？」と問う。「3個」という反応が返ってくることが予想される。そのとき，3個をどのように配るのかを黒板に貼らせて説明させ，まずは板書に示したような方法の確認をする。

2 それじゃあ，きりがない

適当に数を決めて，1人ずつたくさん配ればいい。例えば，32個ずつ…

子どもたちは，上の方法では「きりがない」と，その面倒さに気付くだろう。その気付きから，効率のよい方法を考えていくという学習へと展開していく。その際，板書のように，大雑把に「32個」を袋から取って1人に配って，また「32個」を取って2人目に配るという方法を見出させる。

3 等しく配れない

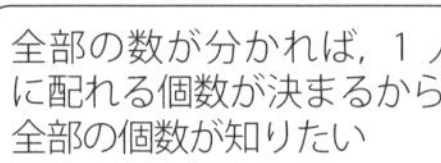
3人目に配るとき，32個残っていなかったらどうするの？
全部の数が分かれば，1人に配れる個数が決まるから，全部の個数が知りたい

しかし，この方法では足りなくなり「3人目に同じように配れないことがある」ことに気付くだろう。そこから，「全部の個数を知りたい」「全部の個数が分かれば，1人にいくつ配れるかが分かる」という気付きを引き出していく。

本時の評価

・効率よく３人に配る必要性を見出し，その際に，クッキーの総数に着目することで，30個，60個，90個という30の倍数に気付くことができたか。
・30の倍数であれば，「10をいくつ」で配れることの意味を理解し，実際に説明できたか。

準備物

・マグネット入れる封筒
・マグネット適量

じゃあてきとうに数を決めて，１人ずつにあげればいい。

例えば１人 32 こにして

A ㉜
B ㉜
C

ダメ，
残りが 32 こ以上ないと等しく配れない。

全部の数が分かれば１人に配れる数が決まる。

例えばクッキーがいくつだったら配りやすいかな？

30 こ！	60 こ！	90 こ！
10 が３つ 3÷3＝1 ↑ 10 を１つずつ	10 が６つ 6÷3＝2 ↑ 10 を２つずつ	10 が９つ 9÷3＝3 ↑ 10 を３つずつ
A ⑩ B ⑩ C ⑩	A ⑩⑩ B ⑩⑩ C ⑩⑩	A ⑩⑩⑩ B ⑩⑩⑩ C ⑩⑩⑩

まとめ
10 をいくつずつで配る。

4 例えば，袋の中のクッキーがいくつだったら配りやすい？

30個！
60個。
90個も簡単！

ここで，「１人にまとめて配る方法で，いくつだったら配りやすいか」を問う。その際に，２桁の数にするよう条件を決めておく。

おそらく，板書に示したような，30個，60個，90個という反応が多く返ってくることが想定されるので，それを取り上げる。

まとめ 「10をいくつずつ」で配る

30個，60個，90個の理由を説明させる活動の中で，板書に示したような「30個だったら，10が３つだから，３÷３＝１で10個ずつを１つ分配ればいい」という考えを引き出し，10のまとまりで，きりよく配れることの効率のよさを確認していく。それを子どもの言葉で板書していくことで，本時のまとめとする。

本時案

いくつだったら配りやすい？②

2/11

本時の目標

・まずは30の倍数である分を「10をいくつずつ配る」ことを見出し，残りの端数について「1をいくつずつ配る」と，2回に分けて配ることを理解することができる。

○月□日（△）

ふくろに入っているクッキーが30こ、60こ、90こというきりのよい数字じゃない場合で、3人に等しく分けます。

いくつだったら等しく分けるのに都合がいいですか？

33こ　69こ　96こ

授業の流れ

1 きりのよくない数でも，もしいくつだったら分けるのに都合がいい？

33個
69個
96個

前時では，30個・60個・90個という30の倍数で，「10をいくつずつで配る」効率のよさを確認した。本時は，クッキーが，きりのよくない数となっている場面設定とし，いくつだったら配りやすいかを考えさせていく。

まずは，クッキーの個数を決めていく活動を通して，「33個」「69個」「96個」といった前時の学習が使えるような数を選んだ子どもを取り上げていく。

2 そのような数をどうして選んだのか，選んだ人の気持ちは分かる？

33 個をどんなふうに配ろうと考えているんだろうねぇ…

前時の活動が顕著に表れそうな，「33個」といった数を選んだ子どもを取り上げ，そのような個数を選んだ意図を学級全体で考えさせる学習へと展開する。

ここで大切なことは，「具体的にどのように配ろうとしているのか」を聞いていくことである。

3 33個は，1回で配るの？

2回に分けて配る
まず 30 個と3個

「1回で配るのか」を問うことで，「2回で配る」という意見を引き出していく。さらに，どのように2回に分けて配るのかを問うことで，「まず30個配って，次に3個を…」という考えを引き出していく。

本時の評価

- 端数がある場合にも，前時の学習を想起して，まずは30の倍数である分を「10をいくつずつ配る」ことを見出すことができたか。
- 残りの端数については「1をいくつずつ配る」ということを見出し，2回に分けて配ることを理解することができたか。

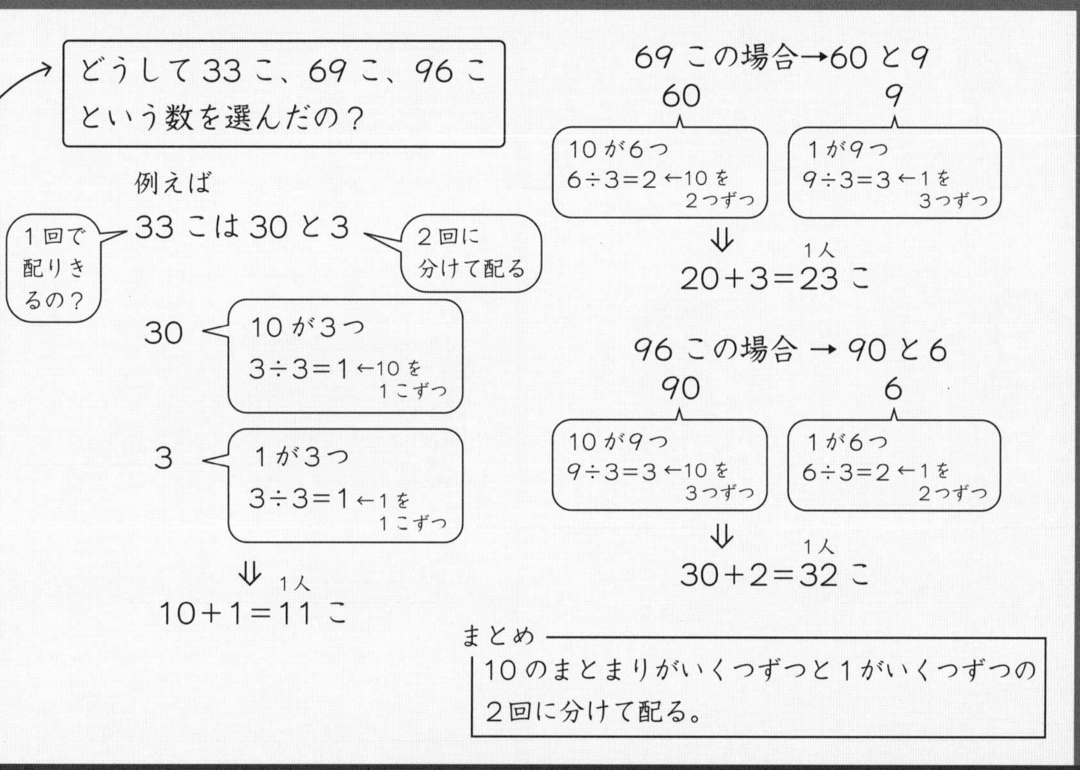

どうして 33 こ、69 こ、96 こという数を選んだの？
例えば
33 こは 30 と 3
1 回で配りきるの？
2 回に分けて配る
30
10 が 3 つ
3÷3＝1 ←10 を 1 こずつ
3
1 が 3 つ
3÷3＝1 ←1 を 1 こずつ
⇓
1人
10＋1＝11 こ
69 この場合→60 と 9
60
10 が 6 つ
6÷3＝2 ←10 を 2 つずつ
9
1 が 9 つ
9÷3＝3 ←1 を 3 つずつ
⇓
1人
20＋3＝23 こ
96 この場合 → 90 と 6
90
10 が 9 つ
9÷3＝3 ←10 を 3 つずつ
6
1 が 6 つ
6÷3＝2 ←1 を 2 つずつ
⇓
1人
30＋2＝32 こ
まとめ
10 のまとまりがいくつずつと 1 がいくつずつの 2 回に分けて配る。

4
どうして30個と 3 個に分けたの？

30 個は 10 が 3 つだから，3 ÷ 3 ＝ 1 で，1 人 10 個

あと残りの 3 個も 3 ÷ 3 ＝ 1 で 1 人 1 個

30個と 3 個に分けた理由を問い，まずは前時で学習した30個を，1 人にきりよく 10ずつ配ることを確認する。そして次に，端数の 3 個を 3 ÷ 3 ＝ 1 であることから 1 人 1 個ずつ配れることを確認するようにする。

まとめ

10のまとまりがいくつずつと 1 がいくつずつの 2 回に分けて配る

69個や96個の場合についても，2 回に分けてどのように配るのかを確認していく活動を通して，いずれにしても「10のまとまりがいくつずつと，1 がいくつずつの 2 回に分けて配る」という作業をしていることを確認し，それをまとめとして板書する。

本時案

何着 つくれるかな？

3/11

本時の目標

・具体的作業の面倒さから，総数から３ずつ引くということに気付くことができる。
・３の倍数で引けば，ひき算が簡略化されて容易になることに気付くことができる。

授業の流れ

1 とりあえず３個取って，並べてみようかな

３個取って並べて，また３個取って並べて…
減らないなぁ。きりがない…

ボタンのクリップアートがたくさん置かれている PowerPoint などでつくった PC 画面を大型テレビなどで提示し，何着のポロシャツを作れるかを調べる課題を与える。

子どもに PC のマウスを渡し，実際にボタンを３ずつ取って並べるという作業をさせることから始める。ボタンが一向に減らないことから，徐々にきりがないことを感じさせていく。

○月□日（△）

１着のポロシャツをつくるのに３このボタンが必要です。このボタンで何着つくれますか？

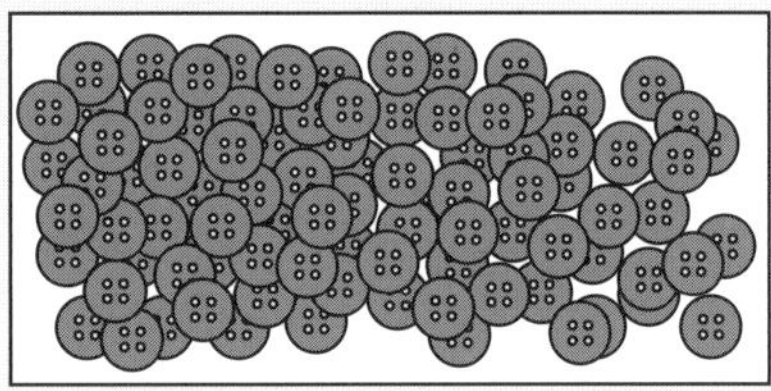

←PC 画面を投影している

とりあえず３つずつまとめてみよう。

○○○○
○○○○ … きりがない
○○○○

2 ボタンはいくつあるの？

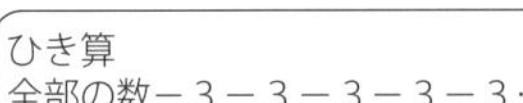

全部の数が分かれば，式にできて計算できると
ひき算
全部の数－３－３－３－３－３…
わり算
全部の数 ÷３

きりがないことを感じた子どもたちの中から，ボタンの総数を聞いてくる子どもが現れることが想定される。その理由を問うことで，式化を促すようにする。

3 全員ができるひき算を使って何着つくれるのか求めてみよう！

78÷３もいいけど，こんな大きな数のわり算は，まだみんなで学習してないよね

式化がなされたら，ボタンの総数が78個であることを伝える。するとわり算の式は78÷３となることが分かる。しかし，このようなわられる数が大きな２桁の数のわり算は未習であることを確認し，全員が取り組むことができる「78から３ずつ引いていく」というひき算（同数累減）を用いるよう促す。

本時の評価

・具体的作業に面倒さを感じ，総数の必要性に気付き，総数が分かれば３ずつ引けば何着分か分かることに気付くことができたか。
・３ずつ引くことの面倒さから，何着分，すなわち３の倍数で引けばひき算が簡略化できることに気付くことができたか。

ボタンがいくつあるのか分かれば式で求められる。

わり算 全部 ÷3

ひき算 全部－3－3－3

全部で 78 このボタン

78÷3 でもこんな大きな数字のわり算はまだ学習していない。

じゃあ

ひき算で求めてみよう。

78
－ 3…1着
75
－ 3…1着
72
－ 3…1着

めんどうくさい、まとめてひきたい。

2着まとめて

3着まとめて

78	78
－ 6	－ 9
72	69
－ 6	－ 9
⋮	⋮

もっとまとめたらかんたんに求まる

まとめ
3の倍数でまとめてひく。

4 ３ずつ引くのは面倒だな

6とか9とか，何着分かをまとめて引いたらひき算の回数が少なくて済む

78－３－３…を横の式ではなく，筆算形式で下に続けてかいていく形式を指導し，実際にやるよう促す。

しかし，早々に面倒であると感じる子どもが現れることが想定される。そこで，面倒ならどうするかを問うことで，「６や９でまとめて引きたい」という考えを引き出す。

まとめ ３の倍数でまとめて引く

「６や９でまとめて引く」ことを理解できていない子どもは少なくないだろう。そこで，６や９の意味を問い，２着分だと３×２＝６個，３着分だと３×３＝９個ということを確認し，いずれにしても３の倍数で引けばいいということを捉えさせ，それをまとめとして板書するようにする。

本時案

何着分をまとめて引く？

4/11

本時の目標

・何着分で引くと計算が楽になるかを考える活動を通して，10着分や20着分という ×10，×20のきりのよさや計算の簡単さ，また，式の簡潔さを見出し，理解することができる。

○月□日（△）

何着分でまとめてひいていけばらくに求められそうかな？

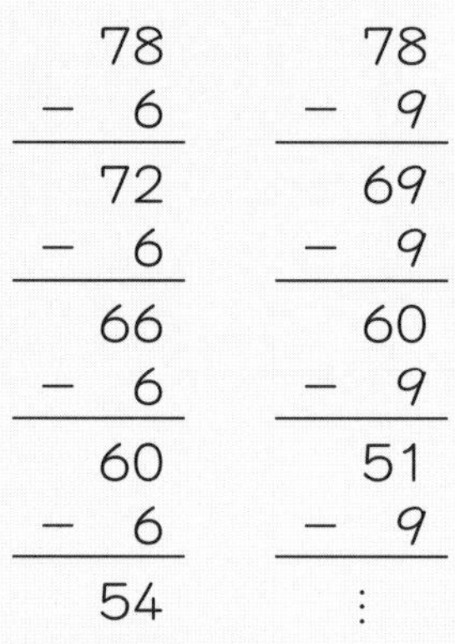
78
− 6
72
− 6
66
− 6
60
− 6
54
−
⋮
78
− 9
69
− 9
60
− 9
51
− 9
⋮
もっとまとめればひき算が短くてすむ。

授業の流れ

1 2着分の6個ずつか，3着分の9個ずつで楽になるんだね

もっとまとめて引いた方がひき算が少なくて楽！
じゃあ，あなたならとりあえず何着分で引きますか？1つ決めてみましょう

10のまとまりで引くよさを見出す授業である。

まずは前時に見出した3の倍数の6個や9個で引いて計算することを確認し，全員にその計算をするよう促す。おそらく「もっとまとめて引きたい」という子どもが現れるだろう。そのとき「あなたなら何着分で引くの？」と問い，3の倍数を1つ決めさせて計算させてみる。

2 とりあえず何着分で引いたのか，発表してくれますか？

どうして5着分にしたの？
5着分で15個ずつ
5ってきりがいい。×5って簡単

それぞれ何着分で引くかを決めたところで発表させる。その際に，例えば上のように5着分のような意見が出たら，そのよさである「きりのよさ」や「かけ算の容易さ」をともに考え，共有していくようにする。

3 私は9着分で引いたよ！

どうして9着分で引くことに決めたの？
九九の最大の数だから。できるだけ大きな数で引いた方がひき算する回数が少なくていいと思ったから

ひき算の回数を少なくしたいという思いから，9着分を選ぶ子どもが現れるだろう。そうしたら，上記のようにその意図を聞くことで，そのよさを共有していくようにする。

本時の評価

- 5着分や9着分で引いた意図を考え，理解することができたか。
- 10着分や20着分という ×10，×20のきりのよさや計算の簡単さ，また，式の簡潔さを見出し，理解することができたか。

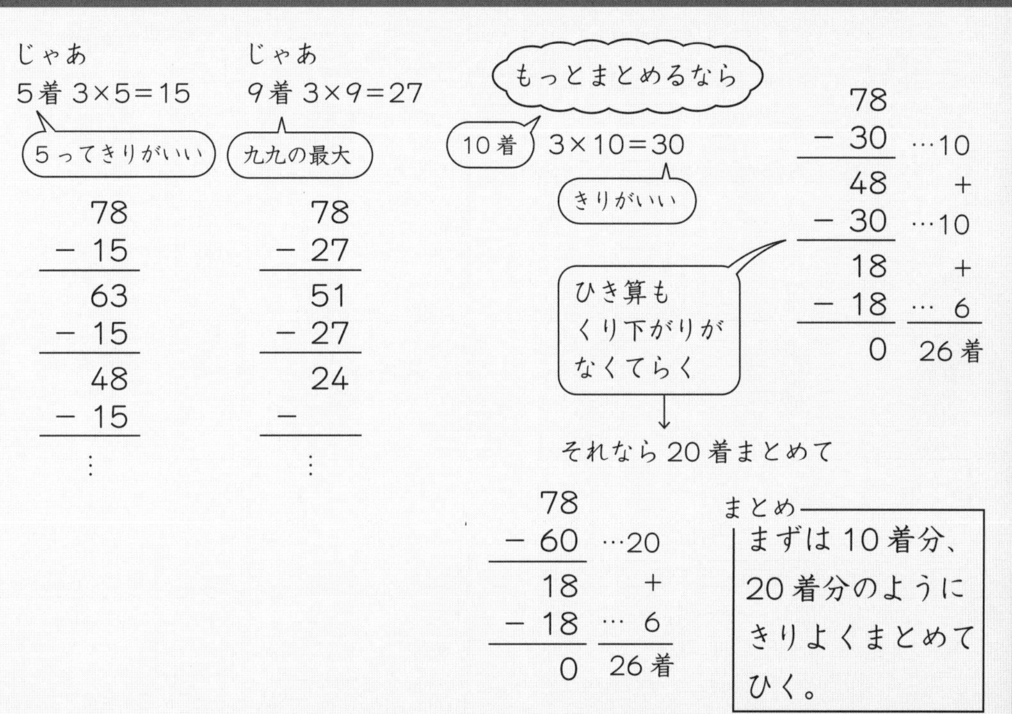
じゃあ
5着 3×5=15
5ってきりがいい
78
− 15
63
− 15
48
− 15
⋮
じゃあ
9着 3×9=27
九九の最大
78
− 27
51
− 27
24
−
⋮
もっとまとめるなら
10着 3×10=30
きりがいい
78
− 30 …10
48 +
− 30 …10
18 +
− 18 … 6
0 26着
ひき算も
くり下がりが
なくてらく
それなら20着まとめて
78
− 60 …20
18 +
− 18 … 6
0 26着
まとめ
まずは10着分、
20着分のように
きりよくまとめて
ひく。

4 九九の最大の9着分が出たけど，もっとまとめようとする人はいる？

10着分。きりがいい

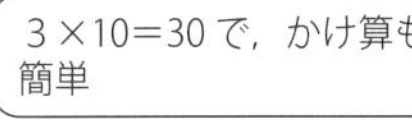
3×10=30で，かけ算も簡単

ひき算も，−30 だから繰り下がりがなくて簡単

「もっとまとめようとする人がいるか？」と問えば，おそらく「10着分」とする子が現れるだろう。そうしたら，上記のようにそのよさを共有し，価値付けていく。

まとめ まずは10着分，20着分のようにきりよくまとめて引く

10着分で引くことの「きりのよさ」「ひき算の容易さ」「簡潔さ」を感じた子どもたちは，だったら，「まず20着分もいい」と考える子どもがいるだろう。その意見を取り上げ，全員でその計算を行い，計算の簡潔さを感じさせながら，「まずは10着分，20着分のようにきりよくまとめて引く」のように板書し，まとめていく。

本時案

わり算の筆算の形に表そう

5/11

本時の目標

・前時の学習内容からつくる筆算と教科書上の形式的な筆算を比べる活動を通して，どちらも同じ仕組みになっていることが分かる。

○月□日（△）

わり算の筆算を表そう。

78 このボタンがあります。
１着のポロシャツをつくるのに
３つのボタンを使います。
何着つくれますか。

⇓

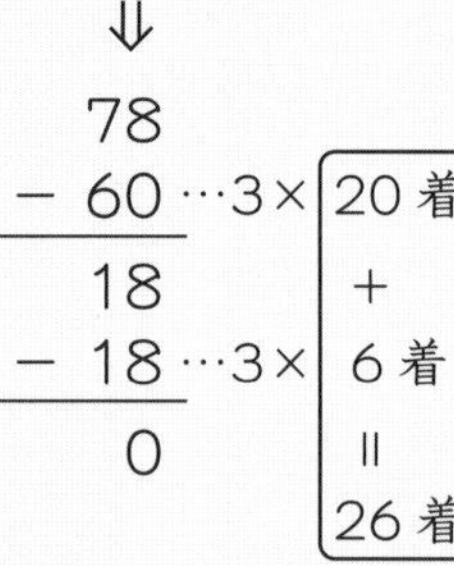

78
− 60 …3×20 着
18
− 18 …3× ＋ 6 着
0
＝
26 着

わり算の筆算のしくみで表すと

わり算の筆算の形で表すと

授業の流れ

1 まず何着分のボタンを取る？

きりよく 20 着分。
3×20=60 個取る

残り 18 個だから，
3×6=18 で 6 着分取る

前時の学習内容をわり算の筆算形式へとつくり上げる時間である。

まずは，「何着分のボタンを取る？」と問い，10のまとまりである20着分であったことを確認する。そして次に，残りの18個に着目させ，「あと何着分つくれるか」を問い，３×６＝18から，10のまとまりに満たない分は６着であったことを確認する。そして20着分＋６着分＝26着分であったことを確認する。

2 実は，この仕組みが78÷３のわり算の筆算そのものなのです

ノートに，この形を２つ書いてみましょう。
これが 78÷３ということを表しています
3)78　3)78

筆算の最初の形を教える場面である。２つ書かせたのは板書に示した通りで，上段は前時の通りに筆算を進め，下段は教科書の形式通りに筆算を進め，比べることで仕組みは全く同じであることを理解させるためである。

3 まず20着分を取ります

20 ←20 着
3)78
− 60 ←3×20=60 20 着で 60 こ
18 ←18 このこる

（十の位の計算）
たてる 2
3)78
6 ← かける 3×2
ひく 7−6 18 おろす

教科書の筆算は，一の位を省略して書いているだけで，同じだ

上で示すように，２つの形式を比べさせながら指導していき，同じ仕組みであることを理解させる。その際，「立てる・かける・引く・おろす」の指導も丁寧に行うようにする。

本時の評価

・前時の学習内容からつくる筆算と教科書上の形式的な筆算を比べる活動を通して，どちらも同じ仕組みになっていることが理解できたか。
・教科書上の形式的な筆算の仕方である，「立てる・かける・ひく・おろす」の仕組みを理解することができたか。

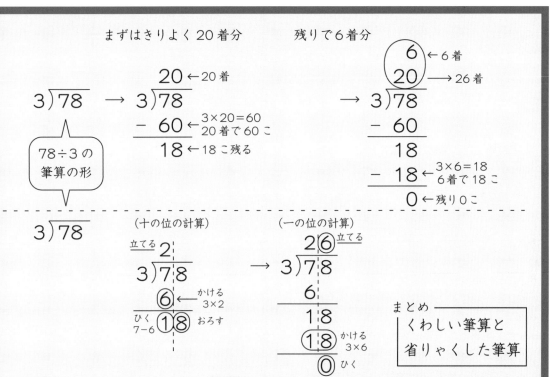

まずはきりよく20着分　　　残りで6着分

$3\overline{)78}$ → 20 ←20着

$3\overline{)78}$

− 60 ←3×20=60 20着で60こ

18 ←18こ残る

→ 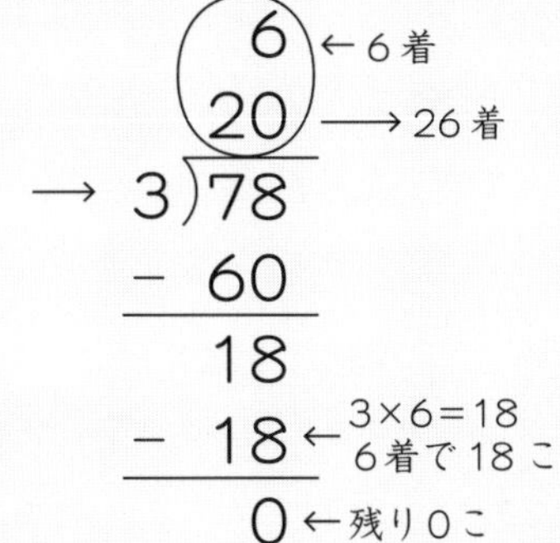

6 ←6着
20 ⟶26着
3)78
− 60
18
− 18 ←3×6=18 6着で18こ
0 ←残り0こ

78÷3の筆算の形

$3\overline{)78}$

（十の位の計算）

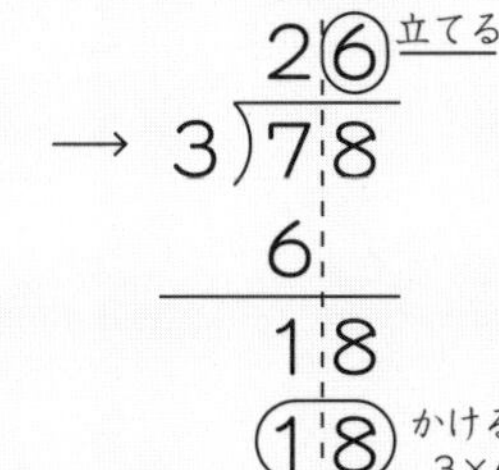

立てる 2
3)78
6 ← かける 3×2
ひく 7−6 18 おろす

→ （一の位の計算）

26 立てる
3)78
6
18
18 かける 3×6
0 ひく

まとめ
くわしい筆算と
省りゃくした筆算

4 残りの18個は6着分だから……

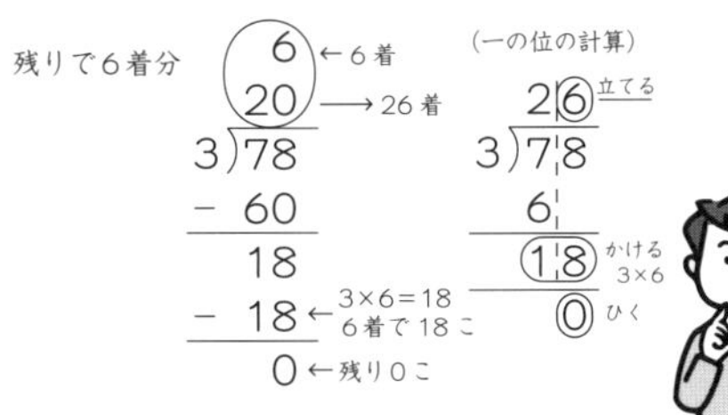

残りで6着分
6 ←6着
20 ⟶26着
3)78
− 60
18
− 18 ←3×6=18 6着で18こ
0 ←残り0こ
(一の位の計算)
26 立てる
3)78
6
18 かける 3×6
0 ひく

一の位の商の計算も，前時の仕組みと比べさせながら，やはり同じ仕組みになっていることを理解させるようにする。

まとめ 詳しい筆算と省略した筆算

2つの筆算を最終的に比べさせて，それぞれの特徴を述べさせるようにする。前時の学習を筆算にしたものは，「仕組みが分かる」「詳しい」という言葉が出るだろう。一方，教科書の筆算は「省略している」「簡単にできる」という言葉が出るだろう。こういった言葉を板書して，まとめとする。

本時案

あまりが出ちゃう

6/11

本時の目標

・あまりが出る場面を想像することができ，その意味を検算の式に表すとともに，わり算の筆算と関連付けながら理解することができる。

授業の流れ

1 いくつだったら都合がいい？

30個や60個

きりがいいから

あまりが出る場面のわり算である。問題文では，あめの個数は□，すなわち，任意の数にしておき，「3袋に分けるのに，あめがいくつだったら都合がいい」という問いかけから始める。

そうすることで，板書に示したような「きりのよい数」を言ってくるだろう。すなわち，あまりの出ない場合である。そして，「都合がいい」とは，この「あまりが出ない」という状況であることを確認するようにする。

○月□日（△）

□このあめを3こずつふくろに入れて何ふくろできるかを求めます。
あめの数がいくつだったら都合がよいですか？
※ただしあめは30こ以上あるものとします。

30　60　90

30÷3＝10ふくろ　60÷3＝20ふくろ

90÷3＝30ふくろ

きりがいいから都合がいい

ということは

きりがよくないと都合わるいの？

2 きりがよくないと都合が悪いの？

33個，69個とかでもいい

3の倍数なら，ちゃんと分けられる

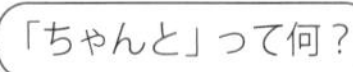
「ちゃんと」って何？

きりがよいだけでなく，3の倍数であればあまりなく分けられることを確認していく。

確認ができたら，「3の倍数では都合が悪い」ということを促すための発問をしておくようにする。

3 あまりが出ちゃう

例えば31個だと，30個で10袋だから1個あまる

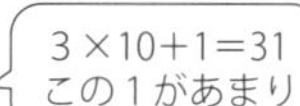
3×10+1=31
この1があまり

都合が悪い理由の話をさせていく中で，「あまり」が出ることに着目させていく。ここでわり算をさせるのではなく，まずは，かけ算の式に表現させていくようにし，意味の理解を確かなものにする。

本時の評価

・あまりが出ない場合とあまりが出る場合を想像することができたか。
・あまりが出る場合の意味を，検算の式を用いることで理解することができたか。
・あまりが出る場合のわり算の筆算を行うことができ，さらに，検算の式と関連付けながら，その意味を説明することができたか。

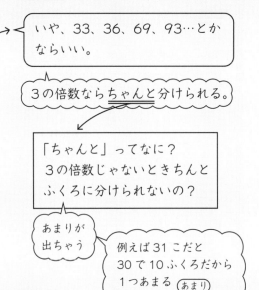

いや、33、36、69、93…とかならいい。

3の倍数ならちゃんと分けられる。

「ちゃんと」ってなに？
3の倍数じゃないときちんとふくろに分けられないの？

あまりが出ちゃう

例えば31こだと
30で10ふくろだから
1つあまる
3×10(+1)=31（あまり）

他にもあまりが出る場合はある？

「61こ」 60で20ふくろだから
20×3(+1)=61（あまり）

「86こ」 本当？あまり出る？

```
   28
3)86
  6
  26
  24
   2
```

28×3(+2)=86

28ふくろできて
2こあまる

86÷3=28 あまり 2

まとめ
わられる数 ÷ わる数＝商とあまり
⇔わる数 × 商＋あまり＝わられる数

4 あまりが出そうなあめの数を決めてわり算の筆算をしてみよう

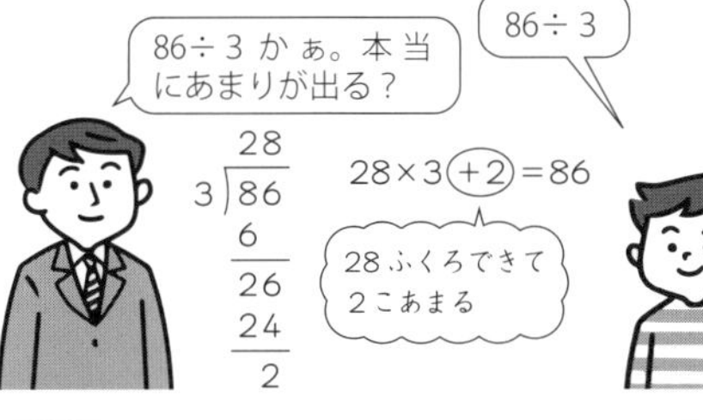

86÷3かぁ。本当にあまりが出る？
86÷3
28
3)86
6
26
24
2
28×3(+2)=86
28ふくろできて
2こあまる

最後に，あまりが出るわり算の筆算をさせる。取り上げる数値は，61のような明らかにあまりが出ることが分かるものではなく，あまりが想像できない数値にするとよい。

まとめ わられる数÷わる数＝商とあまり⇔わる数×商＋あまり＝わられる数

最後にさせたわり算の仕方を，子どもに説明させながら，それを言葉の式に置き換えて板書し，まとめとする。大切なことは，わり算の式と筆算のあまりの部分，そして検算の式を関連付けながらまとめることである。

本時案

どこが間違えているかな？①

7/11

本時の目標

・あまりの数の大きさがわる数より大きなことに気付き，割れるだけ割っていないという間違いをしていることに気付くことができる。

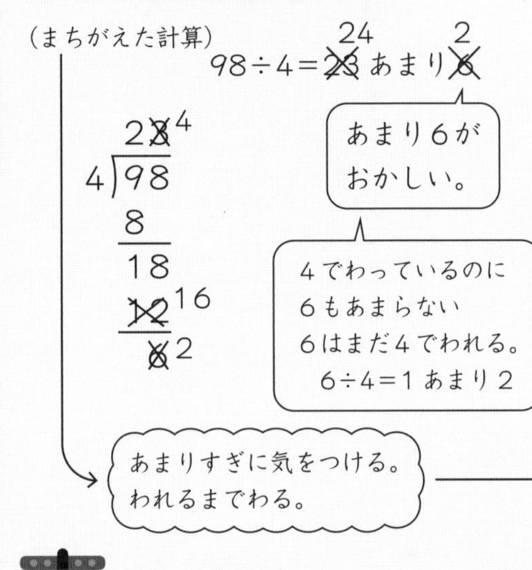
○月□日（△）
わり算の筆算はよくまちがえます。
どこがまちがえているかな？
（まちがえた計算）
98÷4＝23 あまり6
24
2
あまり6がおかしい。
4でわっているのに
6もあまらない
6はまだ4でわれる。
6÷4＝1 あまり2
あまりすぎに気をつける。
われるまでわる。

授業の流れ

1 どこが間違えているかなぁ？

計算の仕方も合っているよね。商もあまりも計算間違いはしてないようだけど……

商が 23 であまりが6…

あっ，あまりがおかしい！

本時は，「あまりがわる数よりも大きくなる間違い」を扱う場面である。まずは，実際に間違えている筆算の式を見せ，「どこが間違えているか気付きますか？」と問うことから始める。教師は，間違いに気付いていない立ち位置をとり，子どもの間違いを指摘する声と対話をしながら，間違いの意味が学級全体に広がっていくようにする。

2 「あまり６」っておかしい？筆算の仕方は合っているよ

4で割っているのに，6もあまるのはおかしい

商が1上がってあまりが2になる

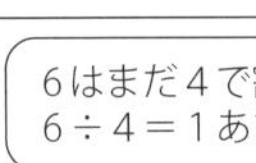

6はまだ4で割れる。6÷4＝1あまり2

あまりの多さに気付いた子どもを取り上げ，その意味を徐々に全員で明らかにしながら，間違いの意味を理解させていくようにする。

3 76÷３で，わざと同じような間違いの筆算をしてみましょう

76÷3＝24 あまり4という間違いをした！

3で割っているのに4もあまらない。4÷3＝1あまり1で商が1上がる

「わざと間違いができる子ども」は，間違いを理解している子どもであり，間違えない子どもとも言える。だから，よくある間違いをわざとするのも大切な経験となる。

本時の評価

- あまりの大きさがわる数より大きいことに気付き，商が１小さいことに気付くことができた。
- 商が１小さい間違いの筆算をわざとすることができたか。
- 十の位の商が１小さいことに気付くことができたか。
- 割れるだけ割ることの意味を理解することができたか。

左のまちがいと同じようにまちがえてみよう。

76÷3=~~24~~ 25 あまり~~4~~ 1

2~~4~~5
3)76
6
16
~~12~~15
~~4~~1

4もあまらない。
4は3でまたわれる。
4÷3=1 あまり 1

こんなまちがいもするかもよ。

76÷3=~~19~~ あまり ~~19~~

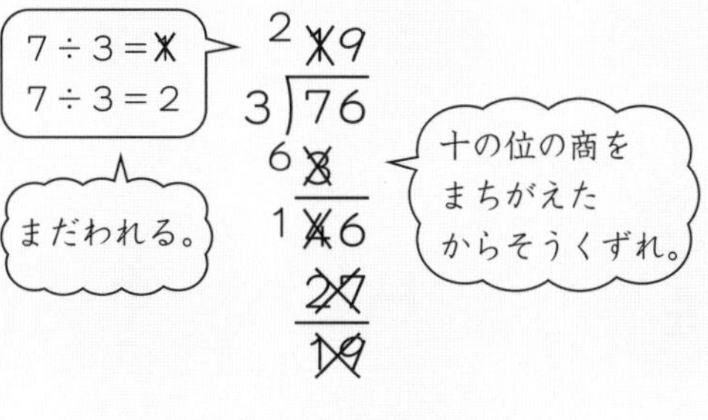

7÷3=~~1~~
7÷3=2
まだわれる。
2 ~~1~~9
3)76
6~~3~~
1~~4~~6
~~27~~
~~19~~
十の位の商をまちがえたからそうくずれ。

十の位の商もわれるまでちゃんとわろう。

まとめ
われるまでわる

4 こんな間違いもするかもよ！

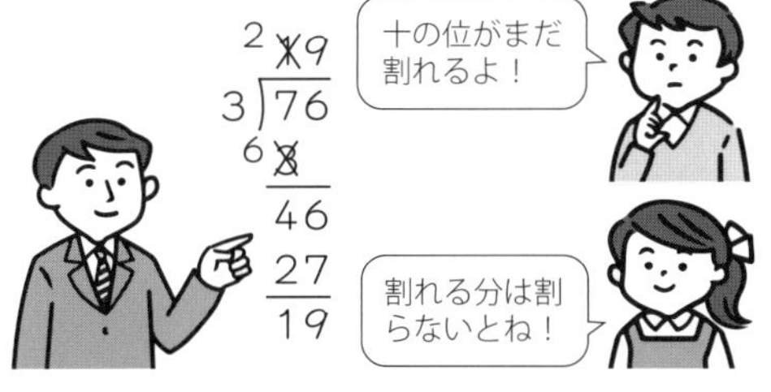

2 ~~1~~9
3)76
6~~3~~
46
27
19

十の位がまだ割れるよ！
割れる分は割らないとね！

一の位ではなく，十の位の商を割れるだけ割っていない間違いである。一の位だけでなく，十の位の商の立て間違いにも触れさせておくとよいだろう。

まとめ 割れるまで割る！

本時では，わる数よりあまりが大きいことの気付きから，割れるだけ割っていないことに気付いていった。例えば，「あまりすぎに注意」「十の位の商も割れるだけ割ろう」という言葉である。最後は，これらの言葉を取り上げ，振り返りながら，子どもの言葉でまとめていくようにするとよい。

本時案

どこが間違えているかな？②

8/11

本時の目標

・一の位に商の０を立て忘れていることに気付くことができる。
・商の０を立て忘れた原因を，実際に筆算をしてみることで，気付くことができる。

○月□日（△）

わり算の筆算はよくまちがえます。

どこがまちがえているかな？

81÷4＝2 あまり 1

$$\begin{array}{r} 2 \\ 4\overline{)81} \\ \underline{8} \\ 1 \end{array}$$

答えがちがう
20 あまり 1
⇒
筆算の商の一の位に０が立てられていない。
だからまちがえたんだ。

なんで商の一の位に
０を立てわすれたんでしょう…。

授業の流れ

1 どこが間違えているかなぁ？

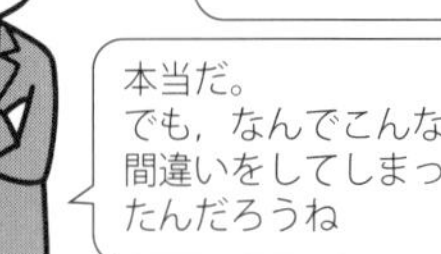

これは大間違い。
商が 20 なのに２にしている
本当だ。
でも，なんでこんな
間違いをしてしまっ
たんだろうね

本時は，「商に０の書き忘れ」，すなわち，空位を書き忘れる間違いを扱う場面である。

まずは，間違えた答えと筆算を提示し，間違いを見つけさせることから始めるが，本授業では，ただ間違いを正すのではない。どうしてこのような間違いをしたのか，間違えた人の気持ちを想像し，間違いに至った経緯を全員で明らかにするという授業構成とする。

2 筆算の商の一の位に０が立てられていないよ

ただ書き忘れただけ
じゃないの？
そうかもね。でも，こ
の筆算をやってみたら
一の位に商を立て忘れ
た人の気持ちが分かる
かもよ。実際に筆算を
して確かめてみよう

間違いに至った経緯に気付けないときは，実際に間違えてみることが大切である。本授業でも実際に筆算を行い，どうして間違えたのかを考えさせていく。

3 あまり１で計算が終わったと思ったんだ！

十の位の商に２を立てて・
引いて・おろしたら１。
１はもう割れないから…
それで，一の位に
商の０を立て忘れ
たんだ！
2
4)81
8
1

実際に，「十の位の商を立てる，かける，引く，おろす」ことで，１が残ったことにより子どもたちはもう割れないことに気付き，一の位の商を立て忘れたことに気付けるだろう。

本時の評価

・一の位に商の０を立て忘れていることに気付くことができたか。
・実際に筆算をしてみることで，おろした一の位が割れないときに計算が終わったと思い，一の位の商０を立て忘れたことを理解することができたか。
・省略しない筆算を正しく行うことができたか。

2
4)81
8
1

まず十の位に商の２を立てて
⇓
かける→ひく→おろす
としたらもうわれない１が出た

われないということは１はあまりだから計算が終わったと思った。

正しくは

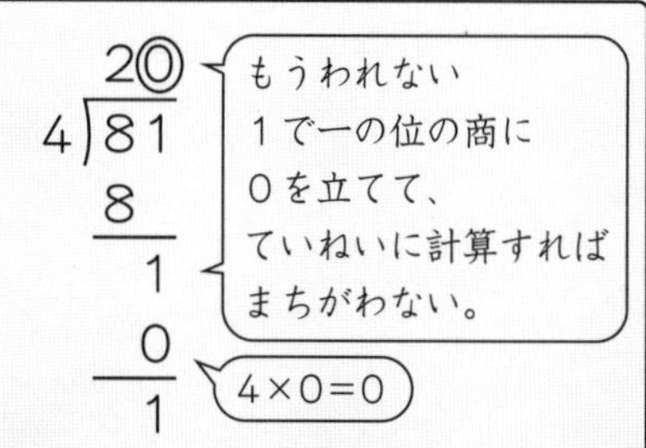
20
4)81
8
1
0
1
もうわれない
１で一の位の商に
０を立てて、
ていねいに計算すれば
まちがわない。
4×0=0

それで、

ついー の位に商の０を立てわすれてしまった。

しょうりゃくするときは

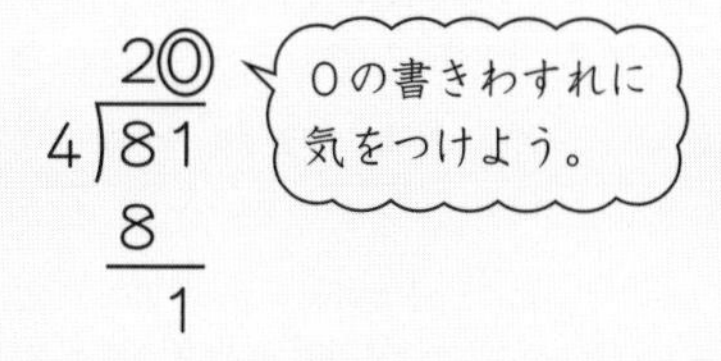
20
4)81
8
1
０の書きわすれに
気をつけよう。

4 一の位に商の０を立てて，最後まで筆算をしてみよう

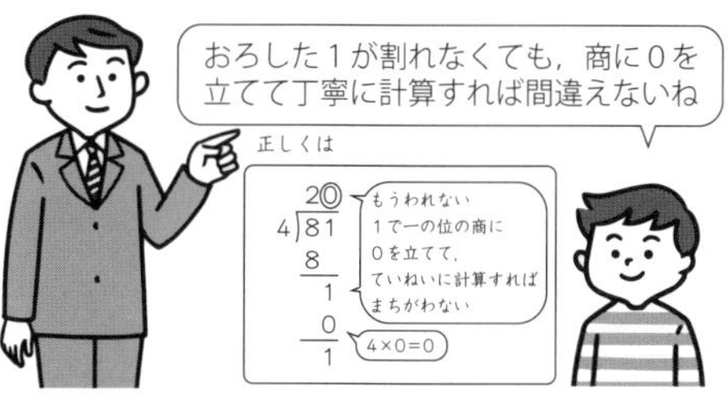
おろした１が割れなくても，商に０を立てて丁寧に計算すれば間違えないね
正しくは
もうわれない
１で一の位の商に
０を立てて，
ていねいに計算すれば
まちがわない
4×0=0

最後は，実際に一の位に商の０を立てさせて筆算を続ける経験をして，丁寧に書くことの大切さを感じさせるようにする。

まとめ 省略するときは，０の立て忘れに気を付けよう

再度，割れない時点で先を書かない，省略した筆算をさせて，省略した筆算をしたときには，一の位の商に０を書き忘れないことを確認し，それをまとめとして板書するようにする。

本時案

とりあえず何枚ずつ分ける？

9/11

本時の目標

・わられる数が3桁になっても，きりよく位ごとに計算していくという手続きは変わらないことを理解することができる。

授業の流れ

1 とりあえず何枚ずつ分けようか？

200枚は分ける

200×３＝600枚分けて，まだ145枚残っている

本時で大切なことは，わる数が大きくなっても，筆算の手続きはこれまでと何も変わらないことを実感することである。何度も学習してきた，わられる数からわる数を「いくつ取れそうか」という操作場面で導入し，まずは，「とりあえず３人に何枚ずつ分けるか」と問うことから始める。「200枚」という，反応が予想されるので，そこから授業を展開していく。

○月□日（△）

745まいの折り紙を３人で
同じ数ずつ分けます。
とりあえず何まいずつ分けようかな？

200まいずつ　200×3＝600まい
とりあえず600まいは分けた
そうすると745−600＝145まい残る

次は40まいずつ　40×3＝120まい
そうすると145−120＝25まい

残りは8まいずつ　8×3＝24
25−24＝1で1まいあまる

つまり，
200＋40＋8＝248まいずつ分けられて
1まいあまる

2 次は40枚ずつ配る

8×３＝24で，あと８枚ずつ配れる。あまりは１枚だ

40×３＝120枚配ったから，残りは145−120＝25枚

この場面は既習なので，子どもに残りの枚数に着目させながら，「あと何枚配れそうか」を問い，出てきた反応を板書していくようにする。

3 今やったことを，仕組みの分かる筆算で表してみよう

```
     8
    40
   200
3)745
 -600
  145
 -120
   25
 - 24
    1
```

まず200を立てて，600枚配ったから745から引いて…

板書の左側の手続きと対応させながら，丁寧に確認し，数が大きくなってもこれまで学習したこととやっていることは何も変わらないことを感じさせるようにする。

本時の評価

・まずは，100をいくつ配ればよいと見出すことができたか。
・これまでのわり算と手続きは何も変わらないことを理解することができたか。

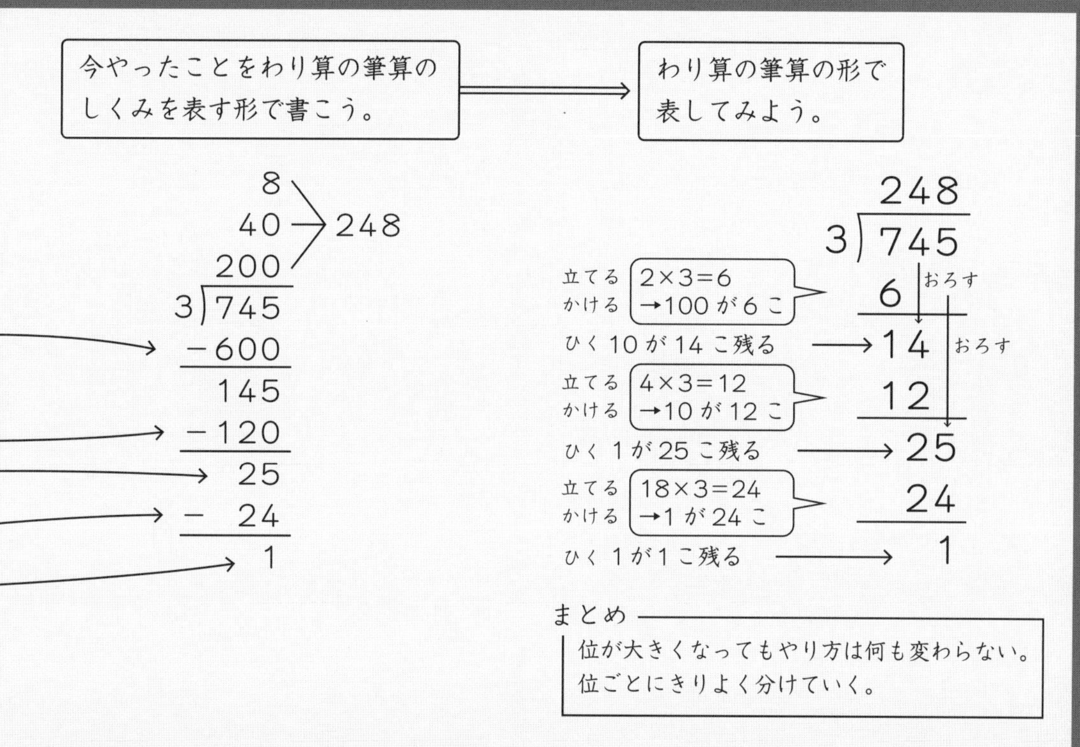

今やったことをわり算の筆算のしくみを表す形で書こう。
わり算の筆算の形で表してみよう。
8
40
200
248
3)745
−600
145
−120
25
− 24
1
248
3)745
6
14
12
25
24
1
おろす
おろす
立てる かける
2×3=6 →100が6こ
ひく 10が14こ残る
立てる かける
4×3=12 →10が12こ
ひく 1が25こ残る
立てる かける
18×3=24 →1が24こ
ひく 1が1こ残る
まとめ
位が大きくなってもやり方は何も変わらない。
位ごとにきりよく分けていく。

4
教科書のわり算の筆算形式でもやってみよう

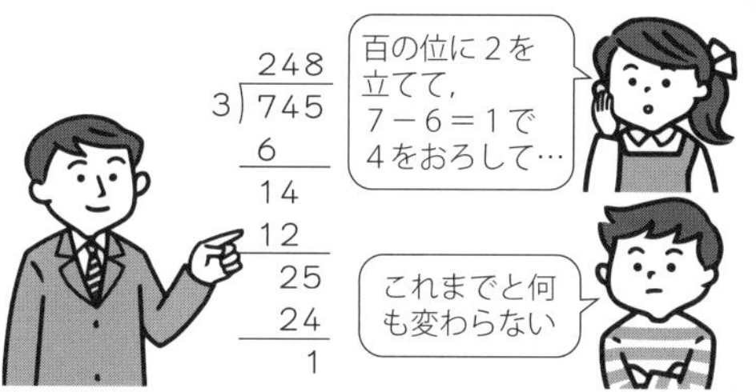

248
3)745
6
14
12
25
24
1
百の位に2を立てて，7−6＝1で4をおろして…
これまでと何も変わらない

仕組みの分かる筆算と対応させながら，丁寧に手続きを確認し，数が大きくなってもこれまで学習したこととやっていることは何も変わらないことを感じさせるようにする。

まとめ

位が大きくなっても，やり方は何も変わらない。位ごとにきりよく分けていく

ここまでの流れを振り返り，わられる数が大きく（3桁）になっても，これまで学習したことと何も変わらないことを確認して，それをまとめとするようにする。

本時案

100枚ずつ配れそうかな？

10/11

本時の目標

・百の位の商が0の場合には，十の位の商から立て始めることを見出し，理解することができる。

授業の流れ

1 100枚ずつ分けられそうかな？

100枚は無理。
100枚を6人に配ると，600枚になるから足りない

じゃあとりあえず，何十ずつ分けるのですね

わられる数が3桁でも，百の位に商が立たない筆算について経験する授業である。何度も学習してきた，わられる数からわる数を「いくつ取れそうか」という操作場面で導入し，まずは，「100枚ずつ取れそうか」を問うことから始める。「100枚は無理」という反応から，「じゃあ，何十ずつ分けるのですね」と問い返し，授業を展開していく。

○月□日（△）

213まいの折り紙を6人で同じ数ずつ分けます。
とりあえず何まいずつ分けようかな？

100まいずつ分けられる？　100はむり

じゃあとりあえず何十ずつですね!!

30まいずつ分けられる　30×6＝180

そうすると、213－180＝33まい残る

あと5まい分けられる　5×6＝30
33－30＝3まいあまる

つまり30＋5＝35まい配れて
3まいあまる

2 とりあえず30枚は分けられる

30×6＝180枚分けられて，残りは213－180＝33枚

5×6＝30で，あと5枚ずつ配れる。あまりは3枚だ

前時とやることは同じである。子どもに残りの枚数に着目させながら，「あと何枚配れそうか」を問い，出てきた反応を板書していくようにする。

3 今やったことを，仕組みを表す筆算で表してみよう

```
    5
   30
6)213
 -180
   33
 - 30
    3
```

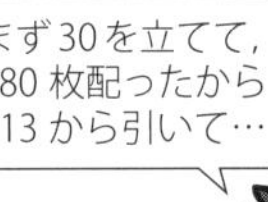
まず30を立てて，
180枚配ったから
213から引いて…

板書の左側の手続きと対応させながら，手続きを確認し，これまで学習したこととやっていることは何も変わらないことを感じさせるようにする。

本時の評価

・百の位の商が立たない場合には，10をいくつ配ればよいと見出すことができたか。
・これまでのわり算と手続きは何も変わらないことを理解することができたか。

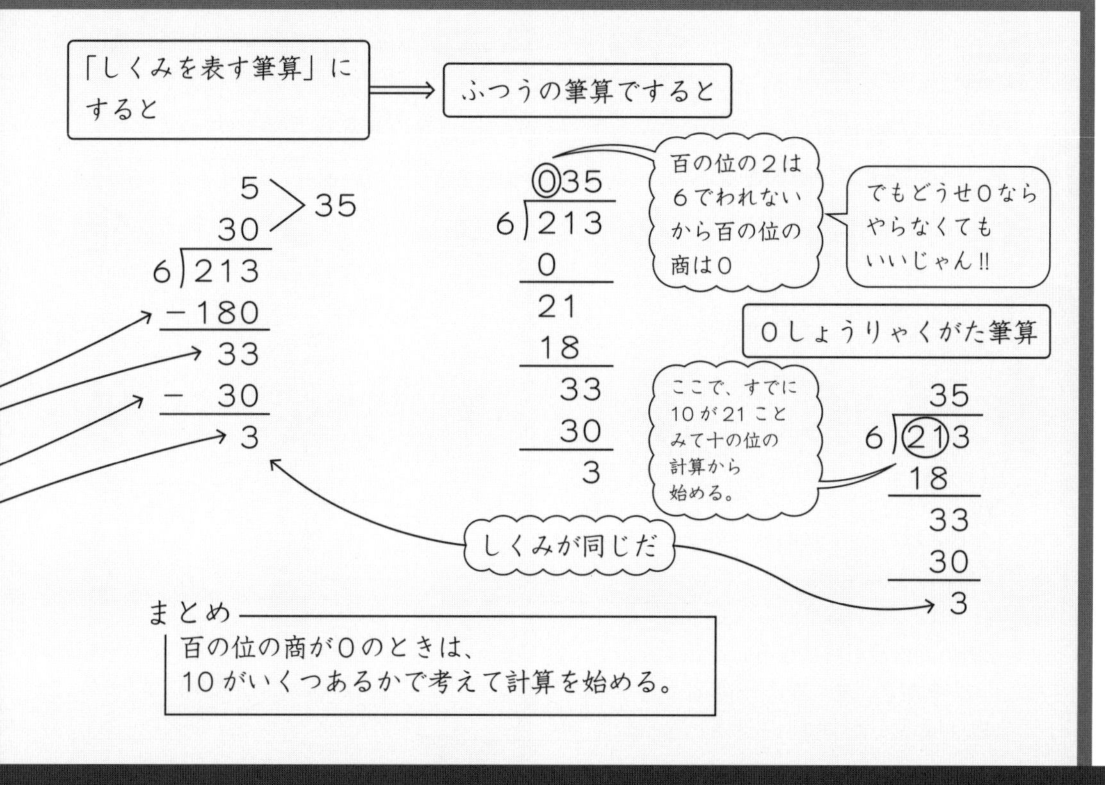
「しくみを表す筆算」にすると
ふつうの筆算ですると
5
30
35
6）213
−180
33
− 30
3
035
6）213
0
21
18
33
30
3
百の位の2は6でわれないから百の位の商は0
でもどうせ0ならやらなくてもいいじゃん!!
0しょうりゃくがた筆算
ここで、すでに10が21ことみて十の位の計算から始める。
35
6）213
18
33
30
3
しくみが同じだ
まとめ
百の位の商が0のときは、
10がいくつあるかで考えて計算を始める。

4 教科書のわり算の筆算形式でもやってみよう

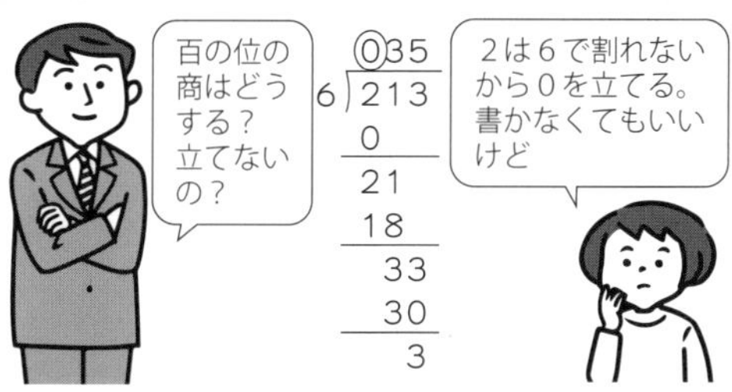
百の位の商はどうする？立てないの？
035
6）213
0
21
18
33
30
3
2は6で割れないから0を立てる。書かなくてもいいけど

まずは，100の位の商は立てるのかどうかを問うようにする。そして，0を立てる場合の筆算の手続きをさせることで，筆算の仕組みを丁寧に確認する。

まとめ 百の位の商が0のときは，10がいくつあるかを考えて計算を始める

最後に，百の位の商の0を省略して計算を始める筆算をさせ，仕組みを表す筆算と同じ手続きであることを確認する。

そして，ここまでの流れを振り返り，百の位の商が0の場合には，十の位の商から手続きを進めることを確認し，それをまとめとするようにする。

本時案

どこが間違えているかな？③

11/11

本時の目標

・十の位に商の０を立て忘れることに，実際に筆算することで，気付くことができる。
・十の位に商の０を立て忘れる理由を，筋道立てて説明することができる。

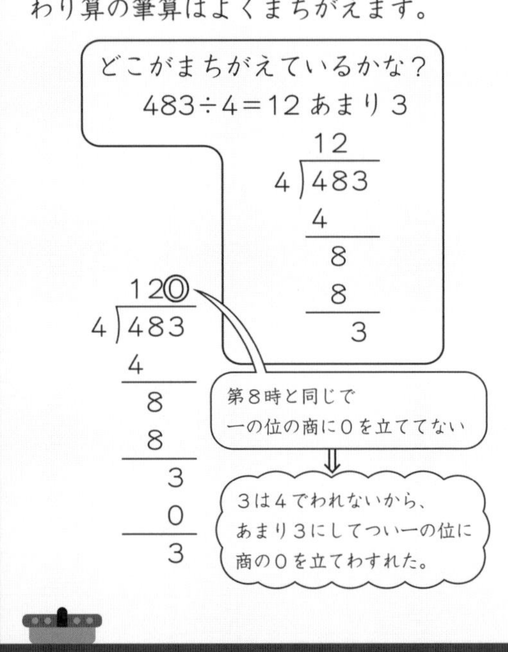

○月□日（△）
わり算の筆算はよくまちがえます。
どこがまちがえているかな？
483÷4＝12 あまり３
第８時と同じで
一の位の商に０を立ててない
３は４でわれないから、
あまり３にしてつい一の位に
商の０を立てわすれた。

授業の流れ

1 どこが間違えているのかなぁ？

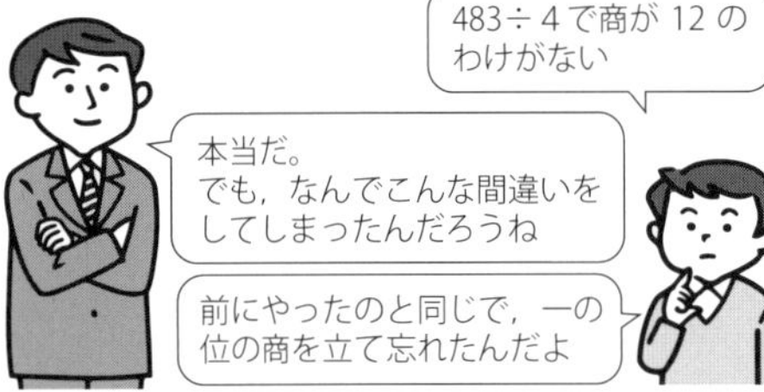

483÷４で商が 12 の
わけがない
本当だ。
でも，なんでこんな間違いをしてしまったんだろうね
前にやったのと同じで，一の位の商を立て忘れたんだよ

「商に０の書き忘れ」，すなわち，空位を書き忘れる間違いを扱う場面である。まずは，第８時で扱った一の位の商でありがちな０を立て忘れる場面を扱い，既習を振り返る。そして，商が３桁になる場合で，真ん中の十の位の商が０になる場合に，どんな間違いをするのか想像させる。

2 759÷７も商の立て忘れが起こります。何の位の商を立て忘れそう？

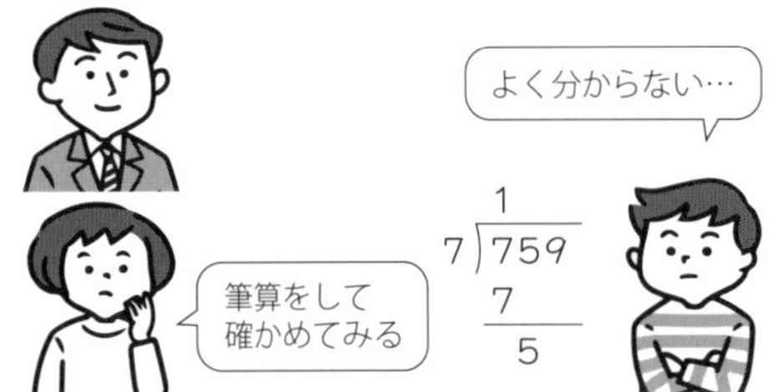

よく分からない…
筆算をして
確かめてみる

式を見ただけでは，十の位に商の０を立て忘れることは気付かない。だから，実際に筆算をさせてみることで気付かせるようにする。

3 あっ，分かった。十の位の商に０を立て忘れるんだ

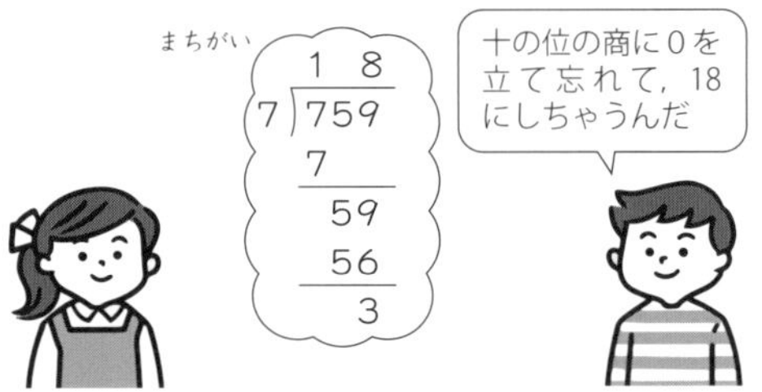

まちがい
十の位の商に０を立て忘れて，18 にしちゃうんだ

実際にやってみたことで，十の位に商の０を立て忘れたことに気付いたら，それをまずは板書で示すようにする。

本時の評価

- 十の位に商の０を立て忘れていることに気付くことができたか。
- 十の位に商の０を立て忘れる理由を，筋道立てて説明することができ，また，理解することができたか。
- 省略しない筆算を正しく行うことができたか。

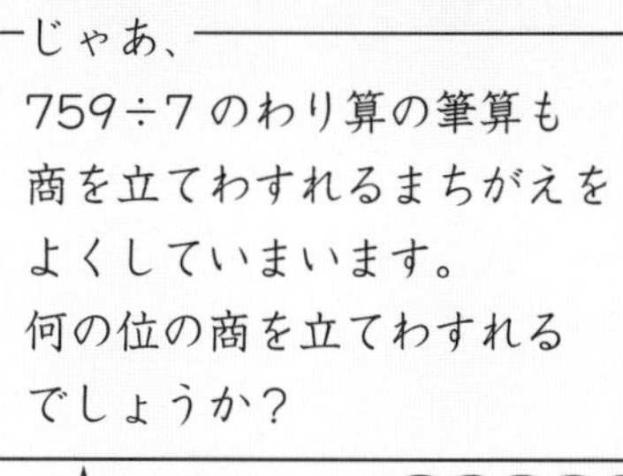

じゃあ、
759÷7のわり算の筆算も
商を立てわすれるまちがえを
よくしていまいます。
何の位の商を立てわすれる
でしょうか？

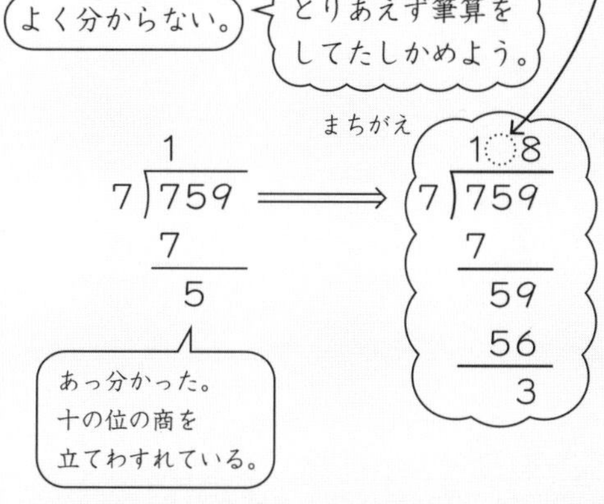

よく分からない。
とりあえず筆算を
してたしかめよう。
まちがえ
あっ分かった。
十の位の商を
立てわすれている。

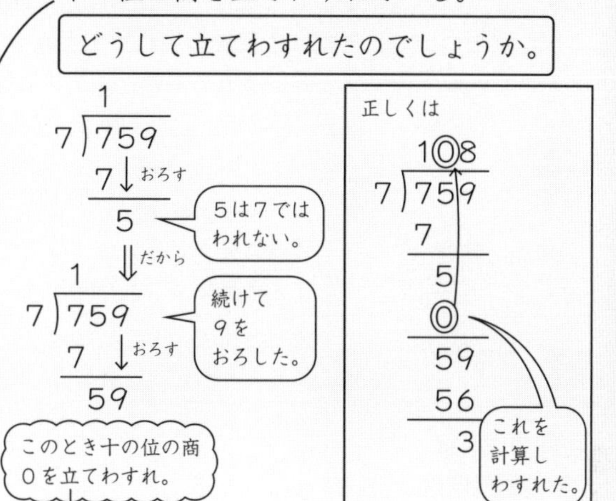

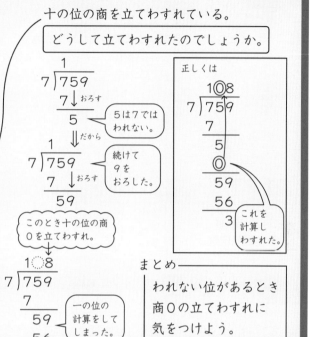

十の位の商を立てわすれている。
どうして立てわすれたのでしょうか。
おろす
5は7では
われない。
だから
続けて
9を
おろした。
このとき十の位の商
0を立てわすれ。
一の位の
計算をして
しまった。
正しくは
これを
計算し
わすれた。

まとめ
われない位があるとき
商０の立てわすれに
気をつけよう。

4 どうして十の位の商の０を立て忘れたの？

5をおろしたとき，7で割れないから，続けて9もおろして59にしたとき，十の位の商の0を立て忘れて一の位の商を立てちゃった
おろす

この場面では，十の位に商の０を立て忘れる説明をさせる。その際に，手続きを順を追って丁寧に説明させるようにし，それを板書するようにする。

まとめ 割れない位があるとき，商０の立て忘れに気を付けよう

十の位の商に０を立て忘れる理由が確認できたら，商に０を立てて，０を引く部分も記す丁寧な筆算を子どもと一緒にやっていく。

そして最後に，ここまでの流れを振り返り，割れない位があるとき，商の０の書き忘れがあることを再度確認し，それをまとめとするようにする。

4 角 9時間扱い

単元の目標

角の大きさを回転の大きさとして捉え，単位と測定の意味について理解できる。また，これまでに学習してきた図形ついて，考察する要素の中に角の大きさに着目すると図形間の関係が捉えやすくなることのよさを理解でき，積極的に図形の考察に角の大きさを活用することができる。

評価規準

知識・技能	角の大きさを回転の大きさとして捉えることを理解し，それらを活用して角の大きさの単位（度（°））や分度器を用いて角の大きさを測定したり，必要な大きさの角をつくったりすることができる。
思考・判断・表現	図形の角の大きさに着目し，角の大きさについての表現や三角形などの図形を考察し，説明している。
主体的に学習に取り組む態度	直面した大きさを比べるためには，回転の大きさとして捉えればよいことを進んで見出そうとする。また，角の大きさの作図や角の測定を進んで行い，日常に活かそうとしている。

指導計画 全9時間

次	時	主な学習活動
第1次 回転の大きさ「角」の理解	1	辺と辺の開き具合を考える活動を通して，辺の長さを辺の開き具合には関係がないことを理解する。
	2	辺と辺の開き具合の比べ方を考える活動を通して，回転の角について理解する。
	3	辺と辺の開き具合の比べ方を考える活動を通して，角の大きさの単位の必要性を見出す。
第2次 分度器についての理解	4	角度と分度器について理解し，回転の角について理解を確かなものにする。
	5	分度器を用いた角の大きさの測り方を考える。
	6	180°を超えた角の大きさについて考える。
第3次 分度器・三角定規を用いた作図で角の大きさの理解を深める	7	三角定規を用いた角の大きさと作図の仕方を考える。
	8	分度器を用いた角の作図の仕方を考える。
	9	分度器を用いた三角形の作図の仕方を考える。

単元の基礎・基本と見方・考え方

角の大きさを回転の大きさと捉え，角の大きさの単位が 1° であるということを知り，角度を正しく測定したり，角を作図したりすることができる。さらに，図形の角の大きさに着目し，角度に加法・減法を適用したり，角の大きさの相等関係を見出したりする。

(1)量としての大きさをもつ角

第 3 学年まで，角は 1 つの点から出ている 2 つの直線がつくる形として捉え，一般に平面図形の部分として静的に捉えられてきた。第 4 学年では，そのような形としての角の捉えから，量としての大きさをもつ角へとその概念を拡張する。

角の大きさの理解においては，図形の辺の長さの大小と角の大きさの大小とを混同して捉えることがあるため，一つの頂点から出る 2 本の辺がつくる形を角といい，頂点を中心にして 1 本の辺を回転させたとき，その回転の大きさを，角の大きさということが理解できるようにすることが大切である。そして，角の大きさを，辺の開き具合として捉えることができるようにする。よって本書では，「脚の開き方の大きさ比べ」を素材とし，脚の開き方の大きさは脚の長さではなく，2 本の脚の開き具合によるものとして捉えさせていこうとしているのである。

E

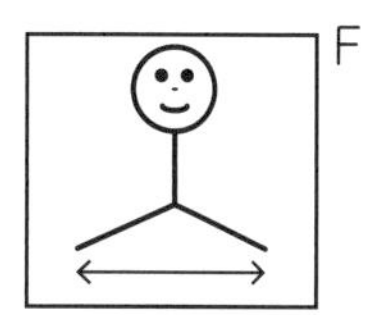
F

また，角の大きさを回転の大きさとして捉えさせるならば，例えば，右のような道具をつくり動かしてできる形が，角として捉えさせる動的に回転させていく中で，量としての大きさをもつ角，すなわち回転角を意識づけていくことも有効である。

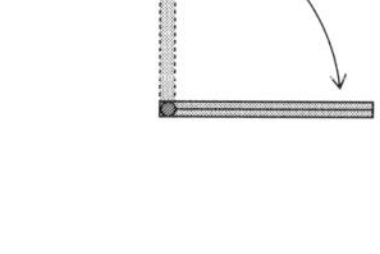

このとき子どもは，右のような場合に，ⓘの角よりもⓐの角の方に目が行く傾向がある。だからこそ，2 つの直線がつくる形は必ず 2 種類あるということに気付かせるとともに，180° より大きな角の存在と，1 回転の角360° を理解させるようにすることが大切である。

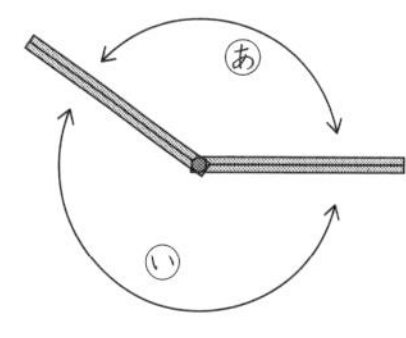
あ
い

(2)分度器の使用

本単元で，子どもは角度を測定する道具である分度器とはじめて出合う。定規と違って日常で使用することはほとんどないため，その使用方法に戸惑う子どもは多い。だからこそ，この出合いの場で丁寧に指導しなければならない。

最初は，これらの分度器をしっかりと観察させてその仕組みを理解させることを重視し，「目盛りが180まである」「同じ目盛りのところに 2 つの数字が書かれていて，その和が180」「真ん中が90」などに気付かせていくようにしたい。

(3)三角定規の角

三角定規の角は，それぞれの形が正方形と正三角形の半分の形であるという意味において，それぞれの組み合わせが「45°，45°，90°」「30°，60°，90°」となっていることを理解させるようにする。

また，2 つの三角定規を組み合わせてできる角の大きさを検討させる活動を通して，角にも加法・減法が適用できることを理解させるようにする。

本時案

脚がよく開いているのは誰？

1/9

本時の目標

・真っ平らに開いた180°の状態が一番脚の開いた状態であると理解できる。
・脚の長さで，脚の開き方を決めてはいけないことを理解することができる。

授業の流れ

1 隣の人の脚の開き具合を見て，紙に直線でかいてみましょう

このぐらいかな！

「角の大きさ」についての概念形成を図る授業である。

まずは，2人1組になり，1人が立った状態で脚を開けるだけ開く。そしてもう1人に，板書に示したような頭と体部分が棒でかかれた用紙に，見た目で判断したその脚の開き具合を直線でかき込ませる。この紙にかかれた脚の開き具合を比べさせるのである。

○月□日（△）

脚（あし）がよく開いているのはだれでしょう。

まずは友だちの脚の開き方を見て、脚を定規でかいてみよう。

2 クラスで脚が一番開いていると感じるものを黒板に貼ってみて！

A
B
よく開いている！
真っ平ら！

「クラスで一番開いている」という問いかけをすれば，180°に開いている「真っ平ら」の用紙が貼られることが想定される。まずは，これを提示し，一番開いた状態と確認する。

3 この2人では，どちらがよく開いていると感じる？

E

F

それはダメ。脚が長いのが脚が開いていることになる
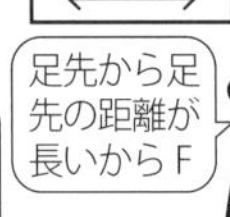
足先から足先の距離が長いからF

脚は開いていないが，脚が長く足先間の距離が長いFと，脚は開いているが，脚が短く足先間の距離が短いEを提示することで，足先間の距離で比べる是非の問いを生む。

本時の評価

・真っ平らに開いた180°の状態が一番脚の開いた状態であると見出し，理解できたか。

・脚の長さで，脚の開き方を決めてはいけないことを筋道立てて説明できた。また，説明を聞いて理解することができたか。

準備物

・脚の開き具合をかき込む頭と胴体が直線でかかれた用紙

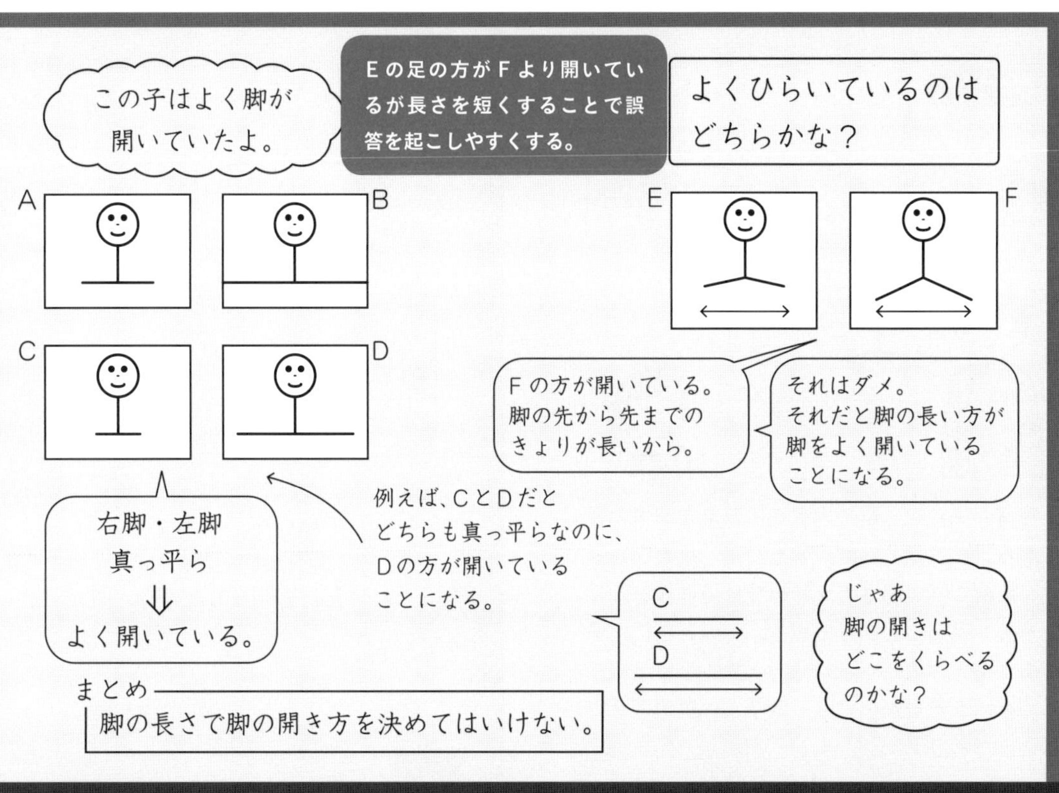
この子はよく脚が開いていたよ。
Eの足の方がFより開いているが長さを短くすることで誤答を起こしやすくする。
よくひらいているのはどちらかな？
A
B
C
D
E
F
Fの方が開いている。脚の先から先までのきょりが長いから。
それはダメ。それだと脚の長い方が脚をよく開いていることになる。
右脚・左脚 真っ平ら ⇓ よく開いている。
例えば、CとDだとどちらも真っ平らなのに、Dの方が開いていることになる。
C
D
じゃあ脚の開きはどこをくらべるのかな？
まとめ
脚の長さで脚の開き方を決めてはいけない。

4 「脚が長いのが，脚が開いていることになる」ってどういうこと？

C
D
足先の距離で比べていいなら，どちらも真っ平らのCとDなのに，脚の長いDの方が開いていることになるから，おかしい

うまく説明できないようであれば，真っ平らの「CとD」で説明するように促し，脚の長さが脚の開き具合を決める要素には入ってはいけないことを理解させるようにする。

まとめ 脚の長さで脚の開き方を決めてはいけない

「真っ平らに脚が開いている」「足先の距離で脚の開き具合を決めてはいけない」という本時の学習を振り返り，それをまとめとして板書する。さらに，「じゃあ，脚の開き具合はどう決めるのか？」という問いを残し，本時のまとめとするようにする。

本時案

脚の開き方はどこを比べるの？

2/9

本時の目標

・脚の開きを「ピザの中心の大きさ」などのイメージを持って表現することができる。
・脚の開き方を「中心を合わせて重ねる」ことで比べられることを見出すことができる。

○月□日（△）

E

F

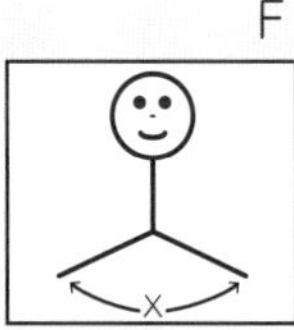

脚の長さがちがうのに、足先から足先のきょりでくらべたら不公平。

たいして開いていなくても、脚の長い人は脚が開いていることになっちゃう。

授業の流れ

1 足先から足先の距離で比べてはいけないのはどうしてでしたっけ？

脚の長さが違うのに，足先から足先の距離で比べたら不公平でしょ

前時の続きで，角の大きさの概念形成の学習である。まずは，前時にまとめた「足先から足先の距離で脚の開き方を決めてはいけない」ことを振り返ることから始める。そのときに，子どもから「でも，もし脚の長さが同じだったら」という意見が出たら，取り上げ説明させてもよいだろう。

2 じゃあ，脚の開き方はどこを比べればいいの？

真っ平らの人はここで見た
ここ
じゃあ，この場合はここを見るんだ！

真っ平の人の場合を引き合いに出すことで，脚の開き方を表す場所を表現させるように促す。

3 ピザの中心の大きさみたいな感じだよ

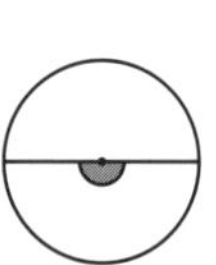
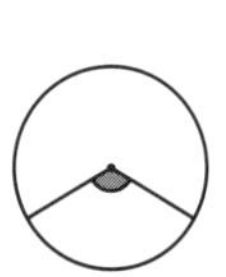

脚の開き方のイメージを様々な表現をさせて説明させることで，角の大きさのイメージを持たせるようにする。例えば，上のようなピザをイメージする子どもが現れることが想定される。

本時の評価

・脚の開きを「ピザの中心の大きさ」などのイメージを持って理解することができたか。
・脚の開き方を「中心を合わせて重ねる」ことで比べられることを見出すことができたか。

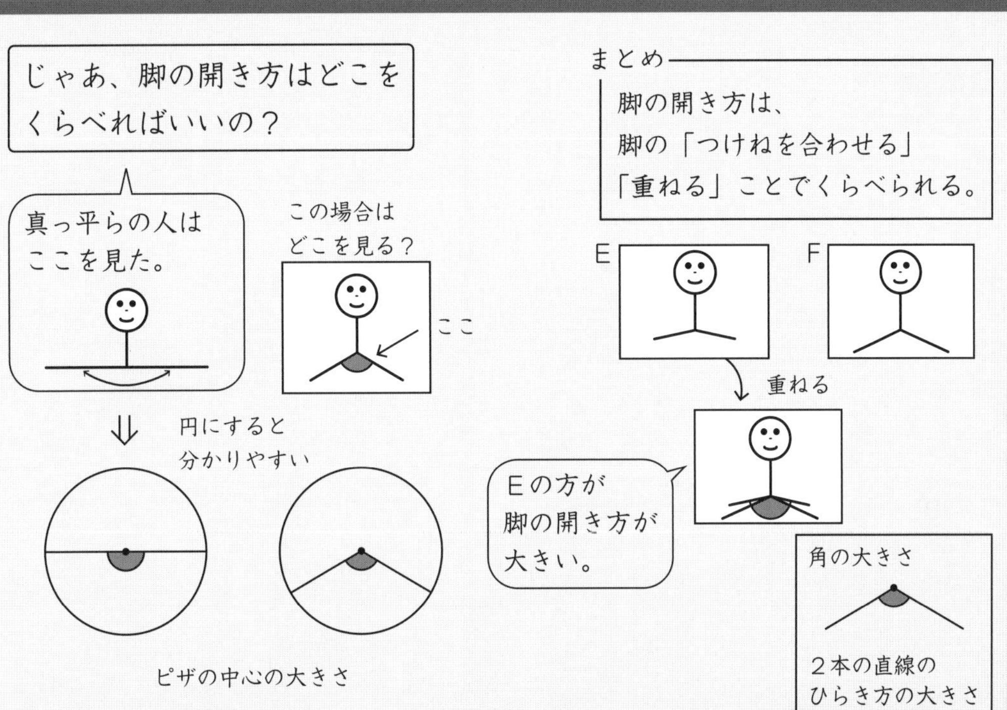

じゃあ、脚の開き方はどこをくらべればいいの？
真っ平らの人はここを見た。
この場合はどこを見る？
ここ
円にすると分かりやすい
ピザの中心の大きさ
まとめ
脚の開き方は、脚の「つけねを合わせる」「重ねる」ことでくらべられる。
E
F
重ねる
Eの方が脚の開き方が大きい。
角の大きさ
2本の直線のひらき方の大きさ

4
こうやって脚のつけねを合わせて重ねれば…

Eの方が脚の開き方が大きいね！

角の大きさのイメージ化ができたら，実際に脚の開き方を比べさせ，「つけね（中心）を合わせる」「重ねる」といった方法を確認し，大小関係を捉えさせるようにする。

まとめ 脚の開き方は，脚の「つけねを合わせる」「重ねる」ことで比べられる

脚の開きは「ピザの中心の大きさのようなもの」で，開き方は「中心を合わせて重ねる」ことで比べられることを振り返り，まとめるようにする。また，最後に，「角の大きさ」の意味「2本の直線の開き方の大きさ」の指導をするようにする。

本時案

「もと」となる角の大きさを決めよう

3/9

本時の目標

・AはCが2つ分と気付くことができる。
・Cの半分を「もと」となる大きさにすることで，それぞれを「もと」のいくつ分として表現することができる。

授業の流れ

1 角の大きさの違いが言えそうなのはどれとどれかな？

重ねてみれば
分かるかも…

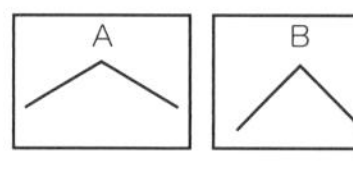
A
B

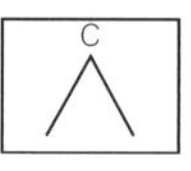
C

「角の大きさの測定」について考える授業である。提示する3つの角は，Cを1（60°）の大きさとするとBは1.5（90°），Aは2（120°）の大きさとなっている。まずは，「角の大きさはどのくらい違うでしょう？」と問い，3つの角を提示する。少し眺めさせた後，「違いが言えそうな角はある？」と問うてみる。そこから「重ねる」などの操作を促していく。

○月□日（△）

脚の開き方（角の大きさ）はどのくらいちがうでしょうか。

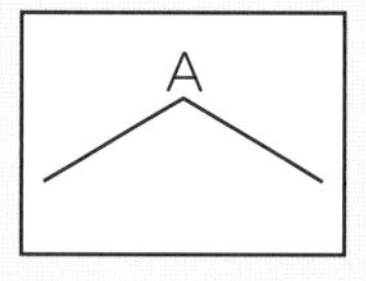
A

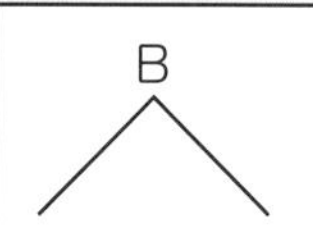
B

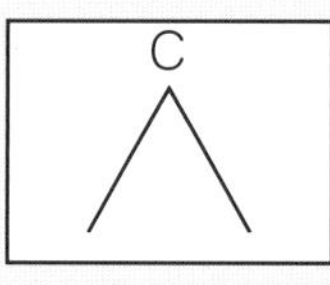
C

角の大きさのちがいが言えそうなのはある？
どれとどれなら大きさのちがいが言えそう？

重ねてみればわかるかも…。

2 重ねてみると，AとCは違いが分かる！

A
C
AはCが2つ分

実際に重ねてみることで，AがCの2倍になっていることに気付くだろう。その気付きを取り上げて，「AはCが2つ分」と捉えさせるようにする。

3 Bも何かのいくつ分と言えそう？

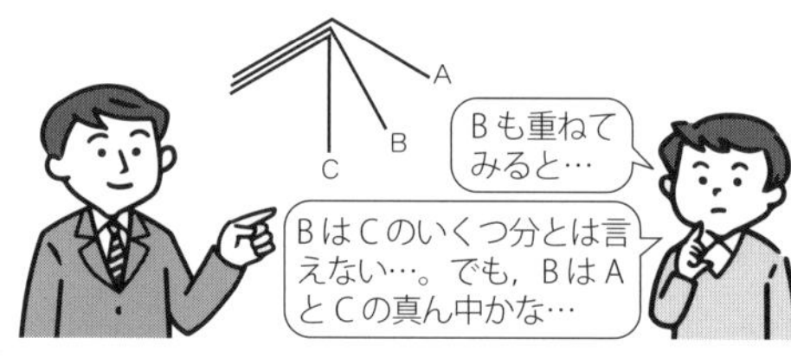
A
B
C
Bも重ねてみると…
BはCのいくつ分とは言えない…。でも，BはAとCの真ん中かな…

「Bも何かのいくつ分と言えそう？」と問えば，Bを重ねる子どもが出てくると想定される。実際に重ねさせることで，BがAとCの中間であることに気付かせる。

本時の評価

・実際に角を重ねてみることで，Aの角の大きさは，はCが2つ分と気付くことができたか。
・Cの半分があればいくつ分が言えることが理解できたか。
・Cの半分を「もと」となる大きさにすることで，A，B，Cそれぞれを「もと」のいくつ分として表現することができたか。

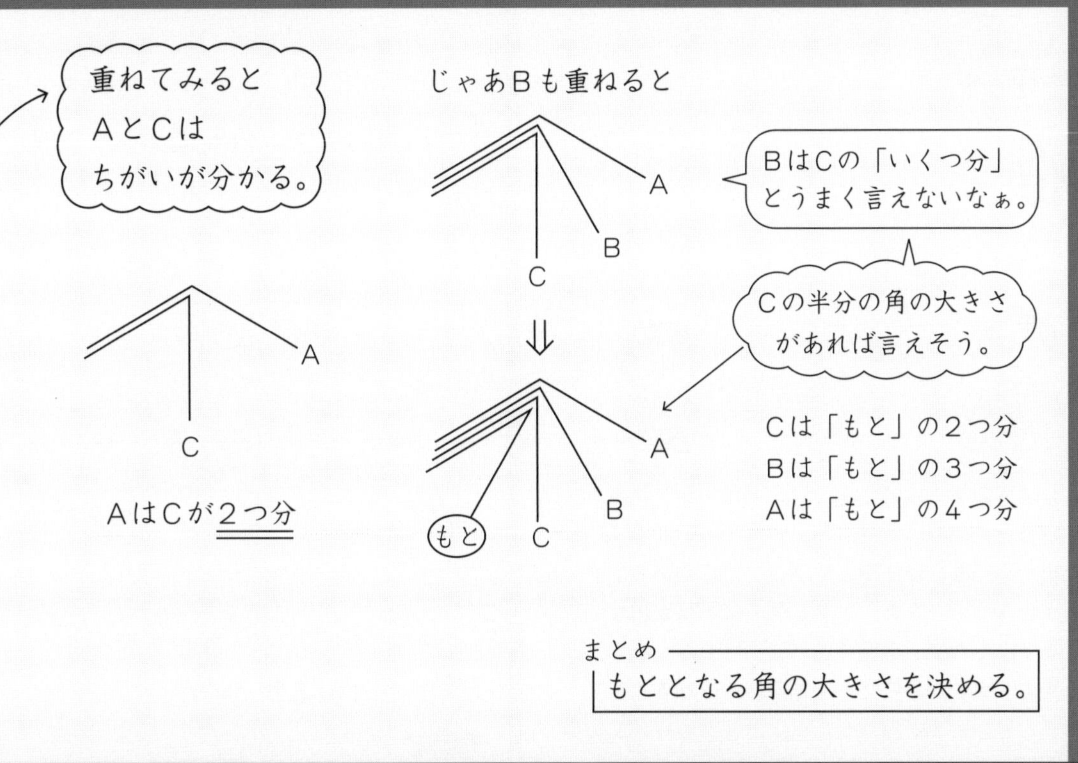

重ねてみると
AとCは
ちがいが分かる。
A
C
AはCが2つ分
じゃあBも重ねると
A
B
C
⇓
A
B
C
もと
BはCの「いくつ分」
とうまく言えないなぁ。
Cの半分の角の大きさ
があれば言えそう。
Cは「もと」の2つ分
Bは「もと」の3つ分
Aは「もと」の4つ分
まとめ
もととなる角の大きさを決める。

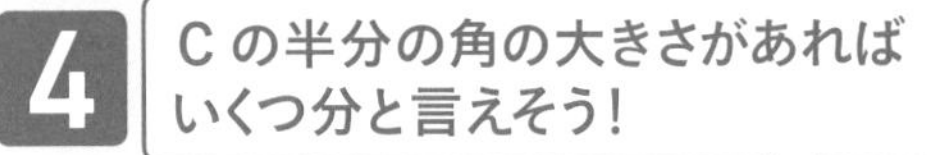

4
Cの半分の角の大きさがあれば
いくつ分と言えそう！

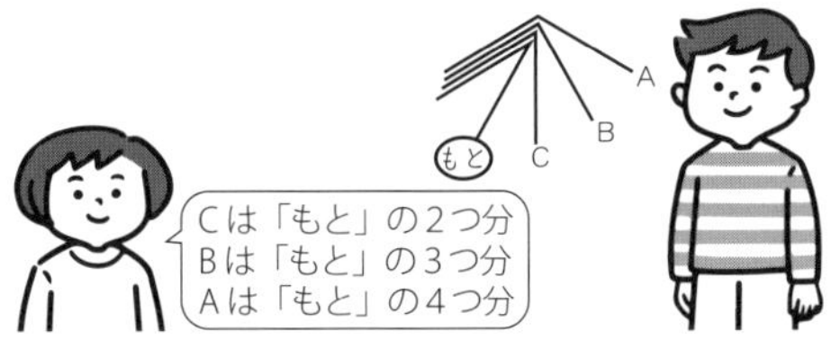

A
B
C
もと
Cは「もと」の2つ分
Bは「もと」の3つ分
Aは「もと」の4つ分

BがAとCの中間であることに気付けば，Cの半分の角の大きさがあれば「いくつ分」と表現できることに気付くだろう。その気付きから，「もと」となる大きさを決めさせる。

まとめ 「もと」となる角の大きさを決める

「AはCが2つ分」「Cの半分があればいくつ分が言える」「Cの半分を『もと』となる大きさにする」といった一連の学習の流れを振り返り，それをまとめとして板書するようにする。

本時案

角の大きさを表す道具「分度器」

4/9

本時の目標

・いつでも使える「もと」となる角の大きさの必要性を見出すことができる。
・直角を90等分した１つ分が１°ということを理解することができる。

○月□日（△）

この角の大きさは前回の「もと」のいくつ分？

「もと」を重ねてみると

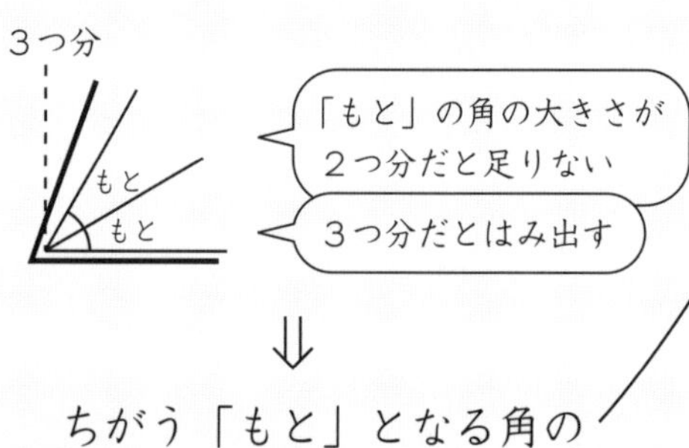

３つ分
もと
もと
「もと」の角の大きさが２つ分だと足りない
３つ分だとはみ出す

⇓

ちがう「もと」となる角の大きさが必要

授業の流れ

1 この角の大きさは，前回つくった「もと」のいくつ分かな？

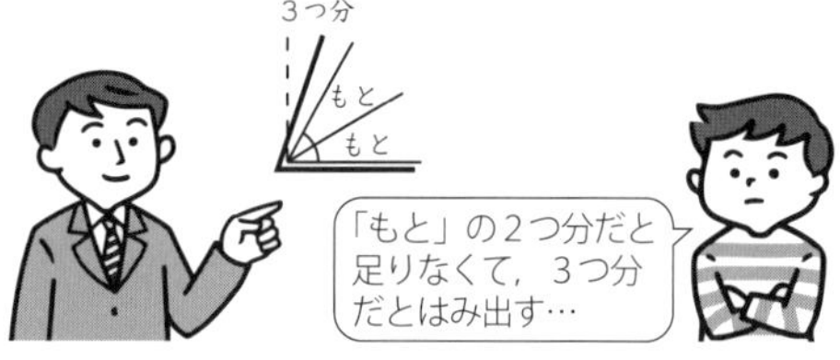

３つ分
もと
もと
「もと」の２つ分だと足りなくて，３つ分だとはみ出す…

分度器の導入授業である。まずは，ある角を提示し，前回用いた「もと」の大きさとなる角でいくつ分なのかを測らせることから始める。しかし，その「もと」となる角では半端が出てしまう。そこで，前回のとは違う「もと」となる角の大きさが必要だと感じる。その状態にまで子どもの考えが醸成したら，分度器を提示する。

2 違う「もと」となる角の大きさが必要

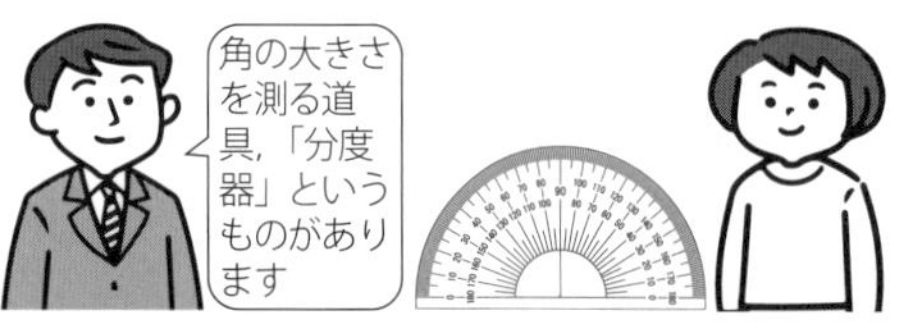

角の大きさを測る道具，「分度器」というものがあります

分度器を提示（子どもたちに配布）し，しばらく眺めさせる。眺めさせる中で，０から180までの数字があることなどに気付かせていく。

3 目盛りが180まである

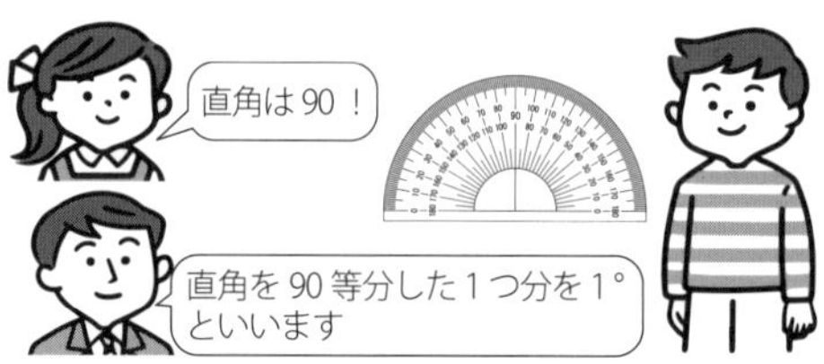

直角は90！
直角を90等分した１つ分を1°といいます

90という数字に着目する子どもがいるだろう。その際に90が直角であることを捉えさせ，「直角を90等分した１つ分を１°」と角の大きさの単位の指導をする。

本時の評価

・いつでも使える「もと」となる角の大きさの必要性を見出すことができたか。
・角の大きさと角の大きさの変化を捉えることができたか。
・直角を90等分した１つ分が１°ということを理解することができたか。

準備物

・分度器

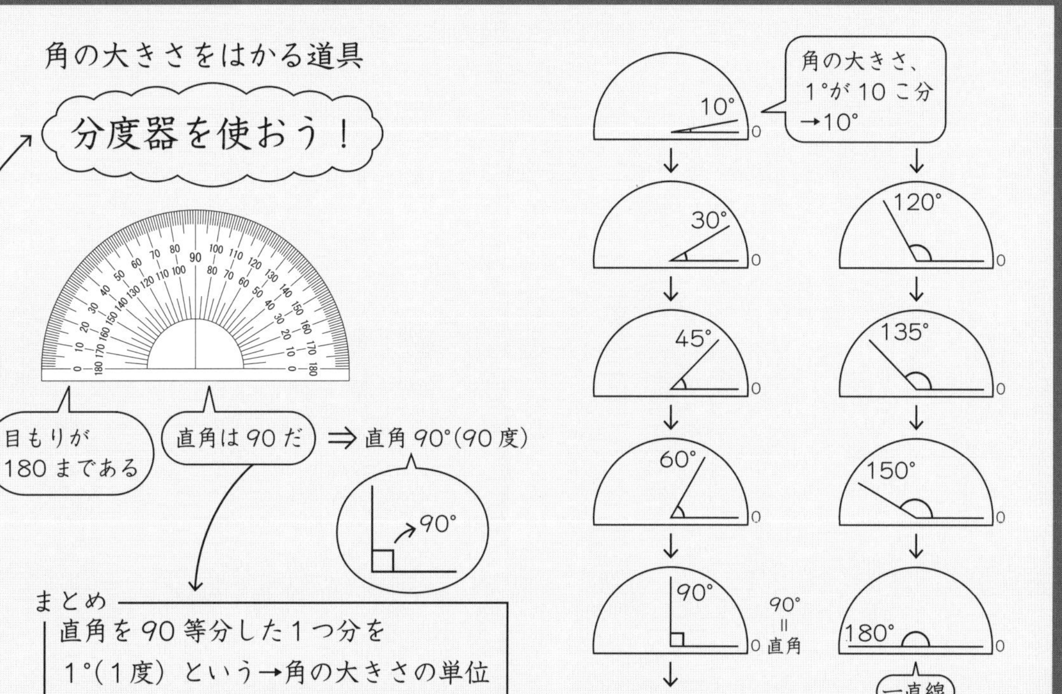

角の大きさをはかる道具
分度器を使おう！
目もりが
180 まである
直角は 90 だ
⇒直角 90°(90 度)
90°
まとめ
直角を 90 等分した１つ分を
1°(１度）という→角の大きさの単位
10°
角の大きさ、
1°が 10 こ分
→10°
30°
45°
60°
90°
90°
=
直角
120°
135°
150°
180°
一直線

4 いろいろな角の大きさを見て，角度の変化を感じましょう

だんだん広がっていく！
10°
30°
45°

黒板に示した角をの大きさを表す図を，徐々に提示していくことで，角が開いていく様子を捉えさせ，回転としての角の大きさとその変化を感じられるようにする。

まとめ 角の大きさの単位
直角を90等分した
１つ分→１°

「いつでも使える『もと』となる角の大きさの必要性」「直角を90等分した１つ分が１°」「角の大きさの変化」を振り返り，まとめるようにする。

本時案

分度器を使って角の大きさを測ろう

5/9

本時の目標

- 分度器の使い方を理解することができる。
- 分度器で適切に角度を測ることができる。
- すすんで身近なものの角の大きさを測ることができる。

授業の流れ

1 あが60°の目盛りを指すように分度器を重ねましょう

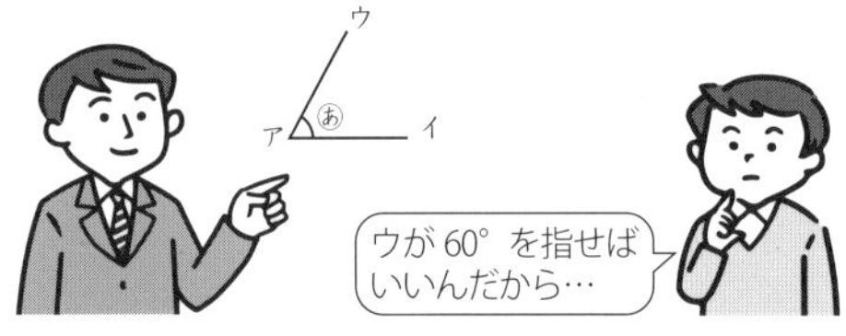
ウ
ア
あ
イ
ウが60°を指せば
いいんだから…

分度器を用いた角の大きさの測り方の学習である。本時は，何度か分からない角の大きさを測らせるのではなく，あらかじめ提示した角の大きさが60°であることを知らせ，「分度器をあに重ねたときに60°を指すようにする」と指示を出す。そうすることで，まずは角の大きさを測る際の「分度器の置き方」を理解させるようにする。

○月□日（△）

あの角の大きさは60°です。

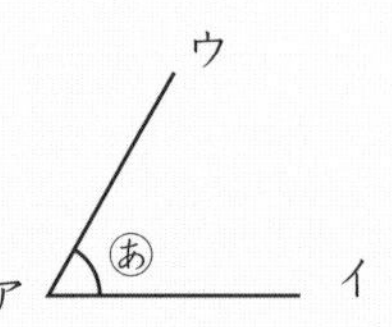
ウ
あ
ア
イ

あが分度器で60°の目もりを指すには、どのように分度器をあの上に重ねればよいですか？

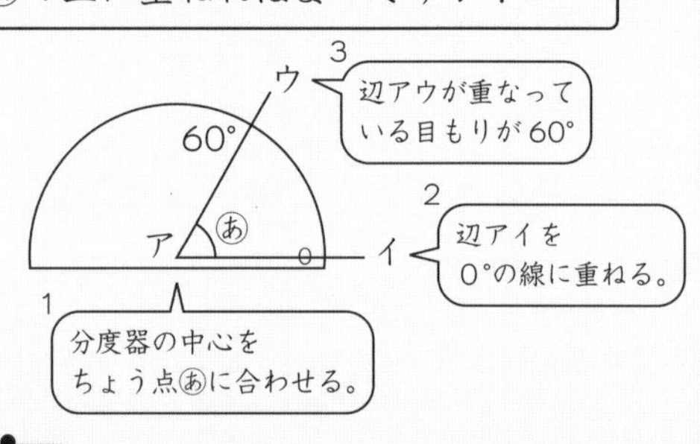
3
ウ
辺アウが重なっている目もりが60°
60°
2
ア
あ
0
イ
辺アイを0°の線に重ねる。
1
分度器の中心をちょう点あに合わせる。

2 ウを60°にすればいいだけ？

それだけじゃダメ。0°から60°で角の大きさが60°だから，イが0°にならないといけない

アを分度器の中心に合わせて，イが0°になるようにするといい

教師が意図的に間違えて分度器を置き，それを子どもが修正していくというスタンスで指導を行う。そして，「どうしてそうするの？」と子どもが修正した意味を全員に問い，説明させながら理解を確かなものにする。

3 赤い方の目盛りで読んだ方が分かりやすい

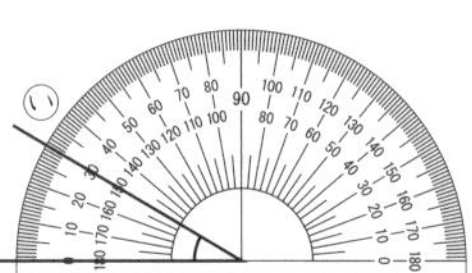
い

上記のような，分度器の黒字の表記と逆を向いている角の大きさについては，赤字の目盛りの方に合わせてもよいことに気付かせるようにする。

本時の評価

・分度器を使った角度の測り方は，「角の中心を分度器の中心に合わせる→一方の直線を０°に合わせる→もう一方の直線の目盛りを読む」という３つのステップを踏むことを理解できたか。
・分度器を用いて，角の大きさを適切に測ることができたか。

準備物

・分度器

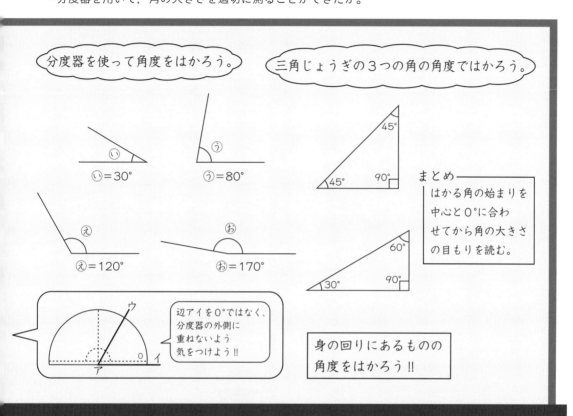

分度器を使って角度をはかろう。

㋑＝30°　㋒＝80°　㋓＝120°　㋔＝170°

辺アイを0°ではなく、分度器の外側に重ねないよう気をつけよう !!

三角じょうぎの３つの角の角度ではかろう。

45°　45°　90°

60°　30°　90°

まとめ
はかる角の始まりを中心と0°に合わせてから角の大きさの目もりを読む。

身の回りにあるものの角度をはかろう !!

4
三角定規の３つの角度を測ってみましょう

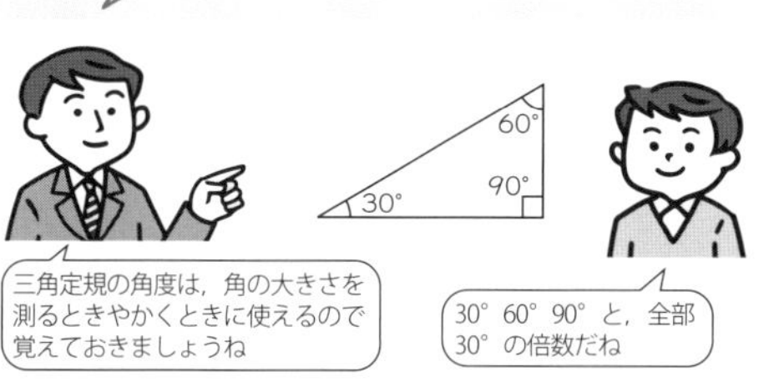
60°
30°
90°
三角定規の角度は，角の大きさを測るときやかくときに使えるので覚えておきましょうね
30° 60° 90° と，全部30° の倍数だね

三角定規の角度を測らせ，覚えさせるようにする。また，身の回りの様々な角の大きさを測らせ，分度器の使い方を確実にする。

まとめ

測る角の始まりを「中心と０°」に合わせてから角の大きさの目盛りを読む

分度器を使った角度の測り方は，「角の中心を分度器の中心に合わせる→一方の直線を０°に合わせる→もう一方の直線の目盛りを読む」という３つのステップを踏むことを再度振り返り，まとめる。さらに，身近なものの角の大きさを測らせ，角の大きさの感覚をつかませるとともに，使い方を確実にする。

本時案

180°より大きな角を測ろう

6/9

本時の目標

・180°より大きな角の存在を見出すことができる。
・180°より大きな角の測り方を見出すことができる。

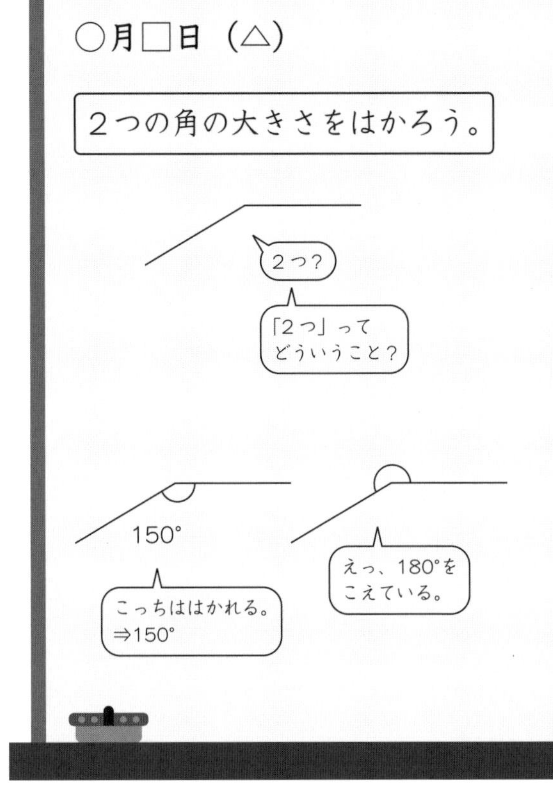

○月□日（△）
2つの角の大きさをはかろう。
2つ？
「2つ」ってどういうこと？
150°
こっちははかれる。⇒150°
えっ、180°をこえている。

授業の流れ

1 「2つ」ってどういうこと？

ここでしょ。他にあるの？
もしかしてここ？
150°
でも，180°を超えている…

180°より大きな角の大きさを測る学習である。まずは角を提示し，「2つの角の大きさを測ろう」と課題を与える。180°以下の角の学習しかしていない子にとっては，「2つ」の意味は分からない。その意味を明らかにすることから始め，「180°」を超える角の存在について意識を持たせるようにしていく。

2 「180°を超えている」と感じたのはどうして？

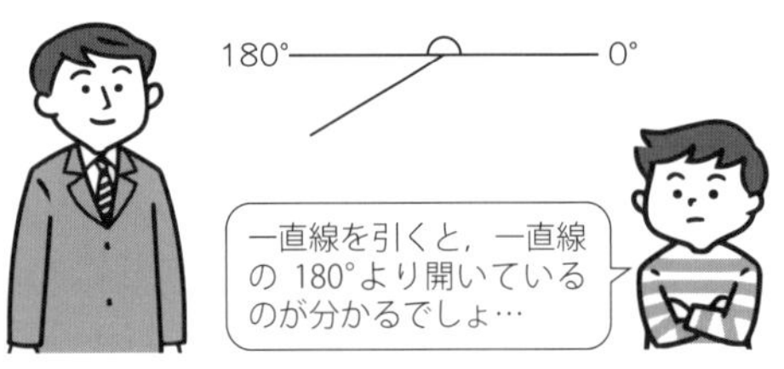

180°
0°
一直線を引くと，一直線の 180°より開いているのが分かるでしょ…

180°より大きいということを明らかにするため，まずは180°の線を引かせ，説明させるようにする。

3 180°よりどれだけ大きいかは測れますか？

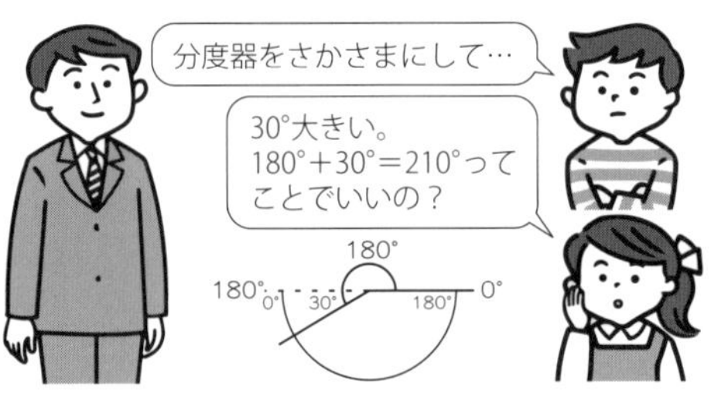

分度器をさかさまにして…
30°大きい。
180°＋30°＝210°ってことでいいの？
180°
180°
0°
30°
180°
0°

「180°よりどれだけ大きいか？」を問うことで，まずは大きい分を測らせ，180°＋30°＝210°と呼んでよいかに気付かせる。

本時の評価

・180°より大きな角の存在を理解することができたか。
・180°より大きな角の測り方は，直線部分の180°を超えた角の大きさを，180°に足せばよいこと，もしくは360°から引けばよかったことを見出すことができたか。

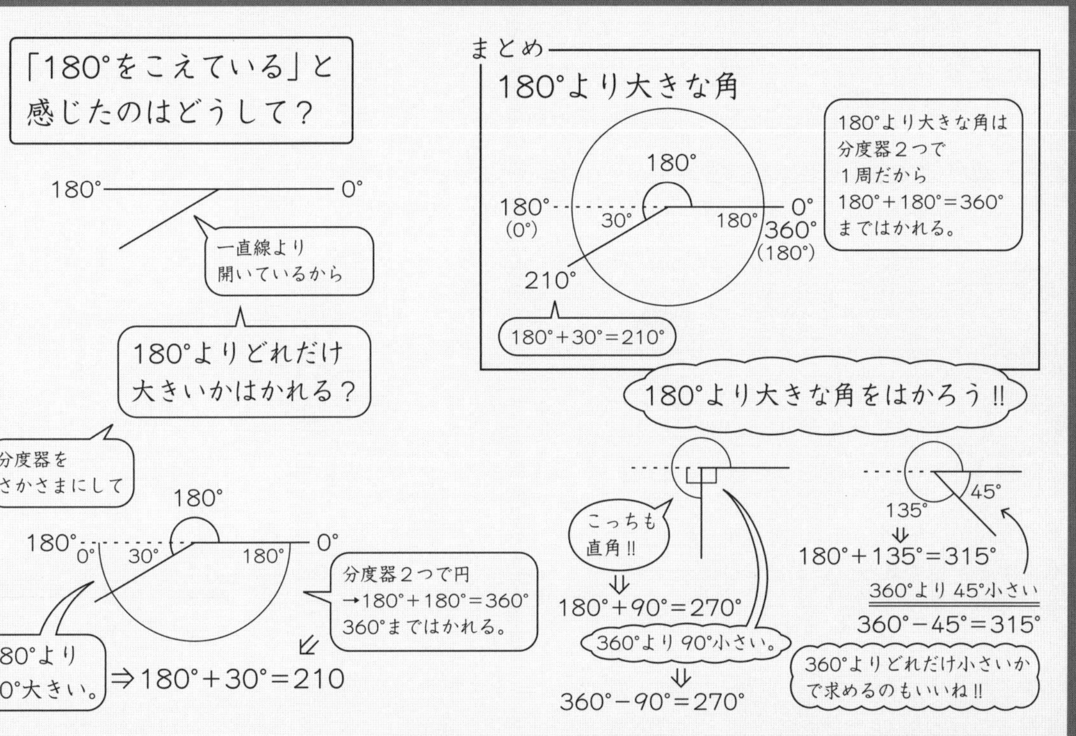

「180°をこえている」と感じたのはどうして？
180°
0°
一直線より開いているから
180°よりどれだけ大きいかはかれる？
分度器をさかさまにして
180°
180°
0°
30°
180°
0°
180°より30°大きい。
⇒180°+30°=210
分度器2つで円
→180°+180°=360°
360°まではかれる。
まとめ
180°より大きな角
180°より大きな角は分度器2つで1周だから180°+180°=360°まではかれる。
180°
180°
(0°)
30°
180°
0°
360°
(180°)
210°
180°+30°=210°
180°より大きな角をはかろう!!
こっちも直角!!
180°+90°=270°
360°より90°小さい。
360°−90°=270°
45°
135°
180°+135°=315°
360°より45°小さい
360°−45°=315°
360°よりどれだけ小さいかで求めるのもいいね!!

4 角は，分度器 2 つ分の 1 周分まであるんですね

180°+180°=360°まで測れるね

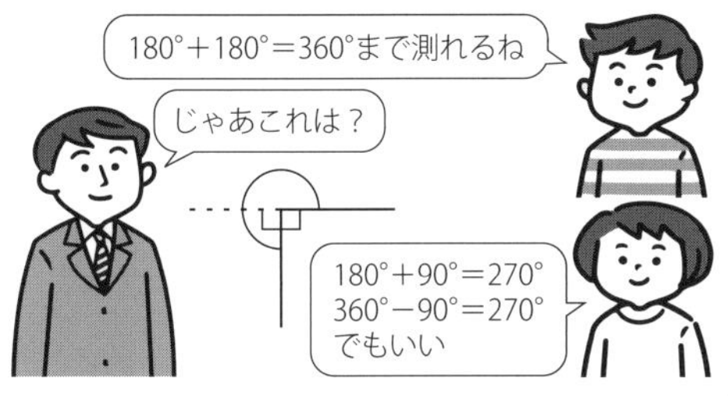

じゃあこれは？
180°+90°=270°
360°−90°=270°
でもいい

角の大きさは分度器 2 つ分の 1 周まであることを伝え，180°＋180°＝360°で測れることを見出させる。その際，360°から引いてもいいことにも気付かせるようにする。

まとめ

180°より大きな角は，分度器 2 つ分の360°まで測れる

180°より小さい角の反対側に，180°より大きな角が存在することや，その測り方は，180°に足せばよいこと，もしくは360°から引けばよかったことを振り返り，板書するようにする。また，適用問題として，いくつかの180°より大きな角を測定する問題に取り組ませ，習熟を図る。

本時案

三角定規を組み合わせて角を作図しよう

7/9

本時の目標

・三角定規を組み合わせて，様々な大きさの角をかくことができる。
・三角定規を用いると，15°おきの角を作図できることが分かり，作図することができる。

授業の流れ

1 何度の角ならすぐにかける?

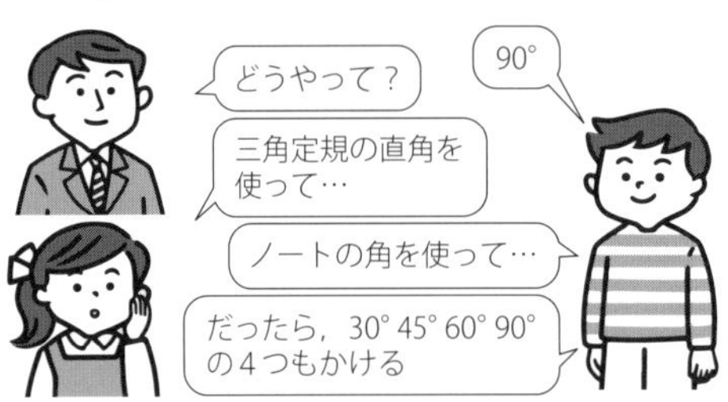
どうやって？
90°
三角定規の直角を使って…
ノートの角を使って…
だったら，30° 45° 60° 90° の4つもかける

三角定規の角を使って，いろいろな角度の角を作図する学習である。まず「すぐにかけそうな角」を問い，90°を引き出す。直角は身近なものを使ってかけるが，その際に三角定規を用いる方法も出ると想定される。そこから，「三角定規が使えるなら，30°，45°…」と三角定規を用いた角の作図へと促していく。

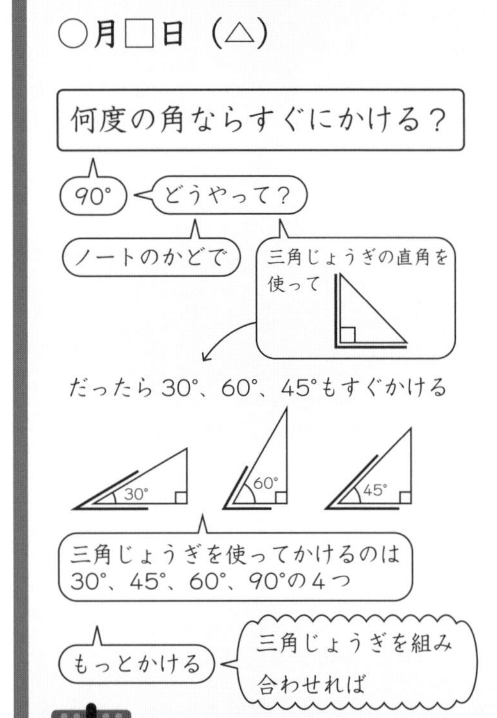
○月□日（△）
何度の角ならすぐにかける？
90°
どうやって？
ノートのかどで
三角じょうぎの直角を使って
だったら 30°、60°、45°もすぐかける
30°
60°
45°
三角じょうぎを使ってかけるのは 30°、45°、60°、90°の4つ
もっとかける
三角じょうぎを組み合わせれば

2 三角定規を組み合わせれば，もっとかける

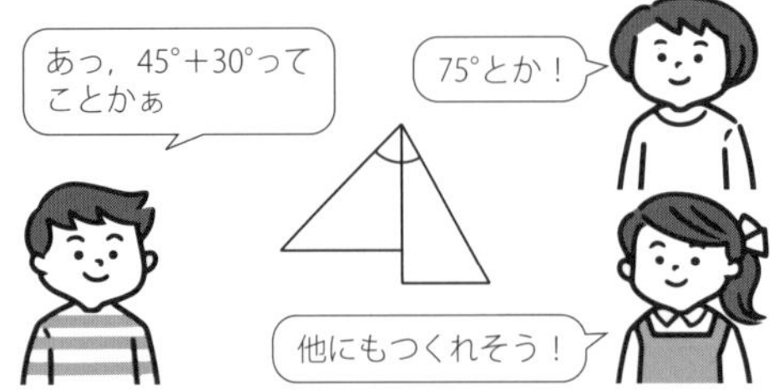
あっ，45°＋30°ってことかぁ
75°とか！
他にもつくれそう！

三角定規の角を組み合わせることの意味を丁寧に確認するようにし，そこから，「他にもつくれそう」という意欲を引き出す。

3 2つの三角定規を組み合わせたら何度の角がかけますか?

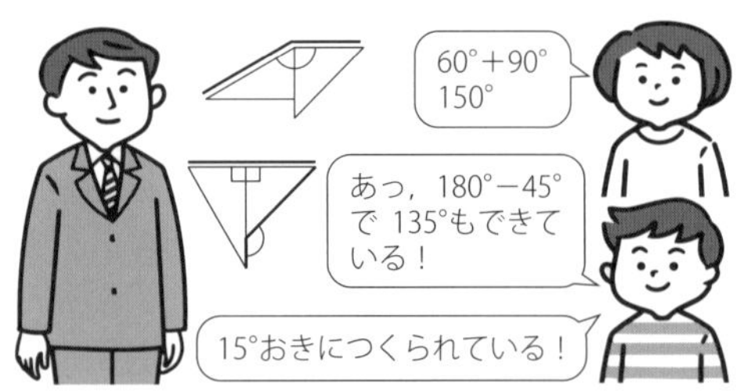
60°＋90°
150°
あっ，180°−45°で 135°もできている！
15°おきにつくられている！

自由に組み合わせて角をかかせていく。その際に，上のような「引いてかく」アイデアも取り上げたい。そして，かかれた角を見て15°おきにかかれていることを確認する。

本時の評価

・三角定規を組み合わせて，様々な大きさの角をかくことができたか。
・組み合わせて合わせるだけでなく，重ねて引くアイデアに気付くことができたか。
・三角定規を用いると，15° おきの角を作図できることが分かり，作図することができたか。

準備物

・三角定規

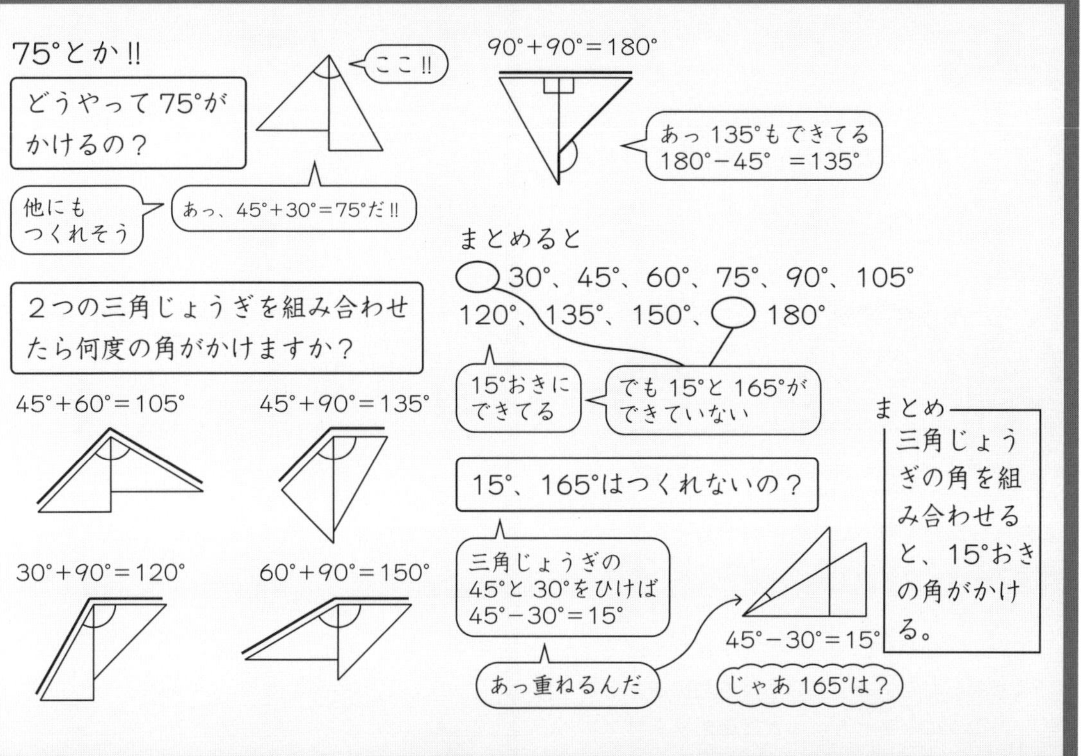
75°とか !!
どうやって 75°がかけるの？
ここ !!
あっ、45°+30°=75°だ !!
他にもつくれそう
2つの三角じょうぎを組み合わせたら何度の角がかけますか？
45°+60°=105°
45°+90°=135°
30°+90°=120°
60°+90°=150°
90°+90°=180°
あっ 135°もできてる 180°−45° =135°
まとめると
30°、45°、60°、75°、90°、105°
120°、135°、150°、 180°
15°おきにできてる
でも 15°と 165°ができていない
15°、165°はつくれないの？
三角じょうぎの45°と 30°をひけば 45°−30°=15°
あっ重ねるんだ
45°−30°=15°
じゃあ 165°は？
まとめ
三角じょうぎの角を組み合わせると、15°おきの角がかける。

4 でも，15°，165° がつくれない…

式では，45°−30°で15°にはなるけど…
重ねればいいんだ！
じゃあ。165°は…！

かけた角を並べれば，15° と165° がかけないことに気付く。「重ねる」というアイデアが出ない場合には，15° を式で出すことはできないかと問い，式からアイデアを促す。

まとめ 三角定規の角を組み合わせると，15° おきの角がかける

三角定規を「組み合わせて合わせる」「重ねて引く」というアイデアを用いると，15° おきの角が作図できることを振り返り，まとめるようにする。

本時案

分度器を使って角を作図しよう

8/9

本時の目標

・分度器を用いた角の作図を行うには，３点が必要であることに気付くことができる。
・分度器を用いて，適切に角の作図ができる。

○月□日（△）

分度器を使って
50°の角をかいてみよう！

50°はここだから
点で印を
つけておく。

50°

0°

0°にも点で印を
つけておかないと

分度器を外すと…
２点だけかかれている。

50°

0°

この２つの点では
角はかけない。

分度器の中心となる点のしるしを
はじめにつけておく必要があった。

授業の流れ

1 50° はここだから，ここに点で印をつければいいよね

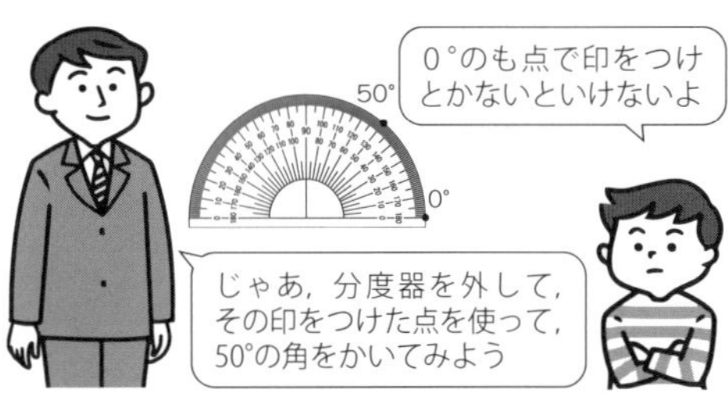
50°
0°のも点で印をつけとかないといけないよ
0°
じゃあ，分度器を外して，その印をつけた点を使って，50°の角をかいてみよう

本時は分度器を用いた角の作図である。「50° の角をかこう」と課題を与え，教師から「分度器の50° に点を打てばいいよね」と点を打つ。そして，「これだけでいいよね？」と問えば，「０° の点を打たないと」という反応が出るだろう。このように，子どもがかき方を創り上げていくスタンスで授業を進めていくようにする。

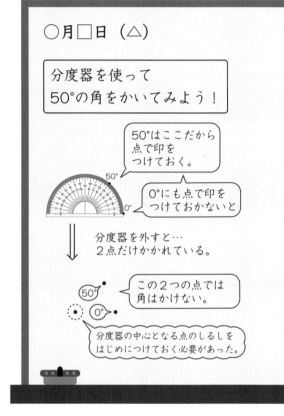

2 中心がないとかけない

50°
0°
0°と 50°の２点だけじゃ角がかけない

分度器の作図は意外と手順が難しい。特に角度の２点だけを打っておけばかけると思う子も少なくない。そこで，わざと角の頂点をかかないでいったん分度器を外して見せ，頂点の必要性を感じ取らせるようにする。

3 「分度器を使った角のかき方」をまとめよう

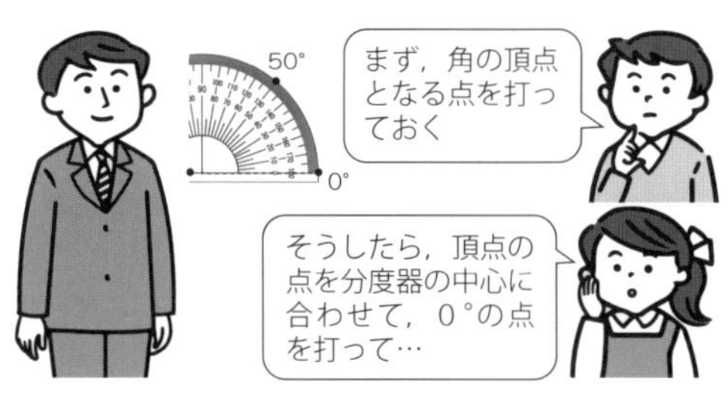
50°
0°
まず，角の頂点となる点を打っておく
そうしたら，頂点の点を分度器の中心に合わせて，０°の点を打って…

再度，分度器を用いて角の作図方法を確認すべく，子どもたちに順序立てて丁寧に説明させながら，確実に理解させるようにする。

本時の評価

・「0°・かきたい角」の２点では作図できず，「角の頂点」となる点を打っておく必要があることに気付いたか。
・分度器を用いた角の作図を行うには，３点が必要であることを理解できたか。
・分度器を用いて，適切に角の作図ができたか。

準備物

・分度器

〈分度器を使った角のかき方〉

かきたい角度に印をつける。

50°

①、②をセットにしてはじめにちょう点と0°を結んだ直線をひいておいてもいい。

0°

① 角のちょう点となる印をつける。

② 0°の印をつける。

⇓ 分度器を外す

50°

3点を結ぶ。

50°

ちょう点　0°

いろいろな大きさの角をかいてみよう。

20°　20°

118°　118°

205°　(155°)

反対の155°をかけばいい。

まとめ
・角のちょう点
・0°
・かきたい角の３つに印の点を打って作図する。

4
いろいろな大きさの角を分度器を使ってかいてみましょう

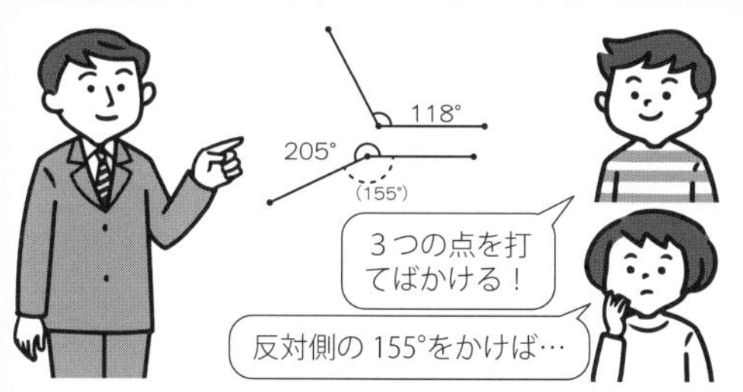
118°
205°
(155°)
３つの点を打てばかける！
反対側の 155°をかけば…

いろいろな角度の角をかかせることで習熟を図る。この際に，上記のような180°より大きな角の作図の仕方も確認する。

まとめ

「角の頂点→０°→かきたい角」の３つに点を打って作図する

「0°・かきたい角」の２点では作図できず，あらかじめ「角の頂点」となる点の印を打っておく必要があったことを振り返り，分度器を用いた角の作図を行うには，３点が必要であることを板書にまとめるようにする。

本時案

同じ三角形を作図しよう

9/9

本時の目標

・同じ三角形を作図するには，他の情報が必要なことに気付くことができる。
・作図に必要な情報の意味を筋道立てて説明することができ，適切に作図ができる。

○月□日（△）

次の三角形と同じ三角形をかきましょう。

A
B
C
5cm

BC が 5cm というじょうほうだけでは同じ三角形をかくことはできない。

角の大きさを知りたい。

辺の長さも知りたい。

授業の流れ

1 BC が 5 cm という情報だけでは同じ三角形をかくことはできない

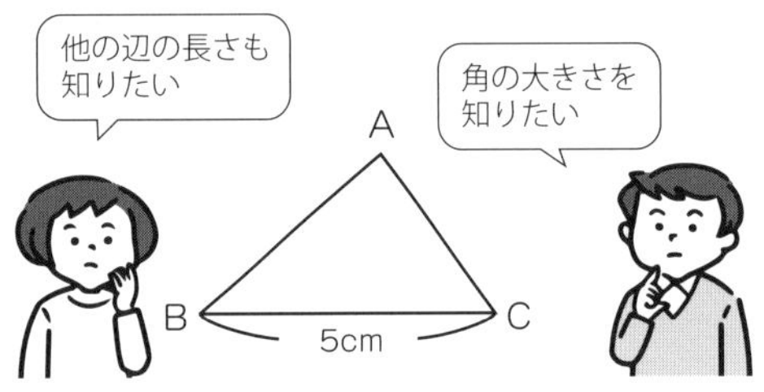
他の辺の長さも知りたい
角の大きさを知りたい
A
B
C
5cm

（合同な）三角形の作図の学習である。

まずは，三角形 ABC を提示し，BC の長さを 5 cm と示しておく。その状態で「同じ三角形をかこう」と言われれば，当然，「かけない。他にも情報が必要」となる。この反応を捉え，必要な情報とその意図の説明，そして全員での解釈で授業を進めていく。

2 BC をかいたとして，次の辺をかくために必要な情報は何かな？

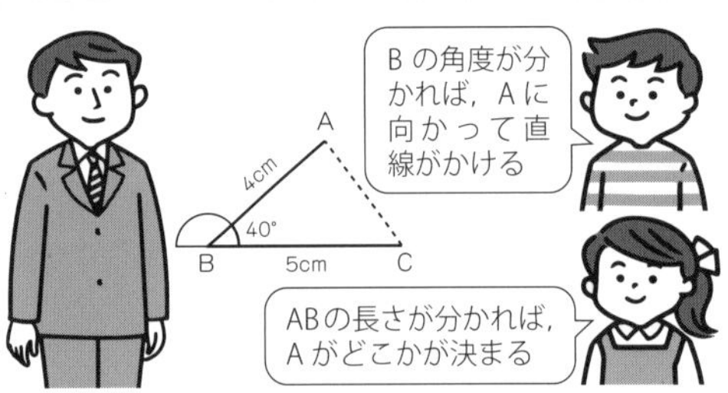
B の角度が分かれば，A に向かって直線がかける
A
4cm
40°
B
5cm
C
ABの長さが分かれば，A がどこかが決まる

分かっている子に説明させて終わるのではなく，仲間の発言の意味を，他の仲間が解釈しながら，なぜその情報が必要なのかを全員で明らかにしていくような対話を仕組む。

3 B と C の角度でも，同じ三角形がかけそう！

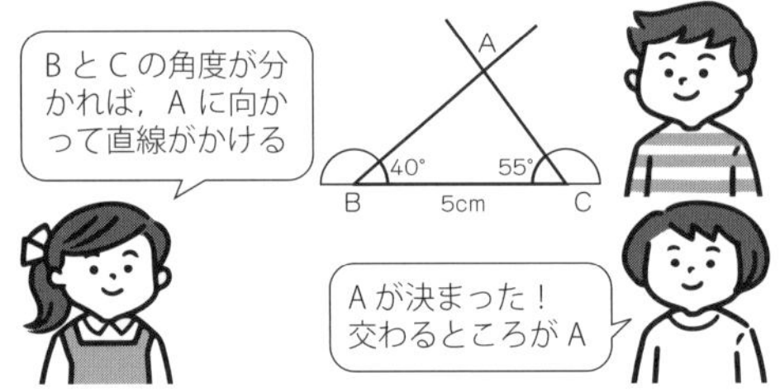
B と C の角度が分かれば，A に向かって直線がかける
A
40°
55°
B
5cm
C
A が決まった！
交わるところが A

同様に，なぜその情報が必要なのかを全員で明らかにしていくような対話を仕組む。そして，いずれにしても「A を探すために必要な情報」ということを押さえるようにする。

本時の評価

・同じ三角形を作図するには，あと 1 点を探す必要性に気付き，そのためには，どんな情報が必要なのかを筋道立てて考えることができたか。
・三角形の作図を適切に行うことができたか。

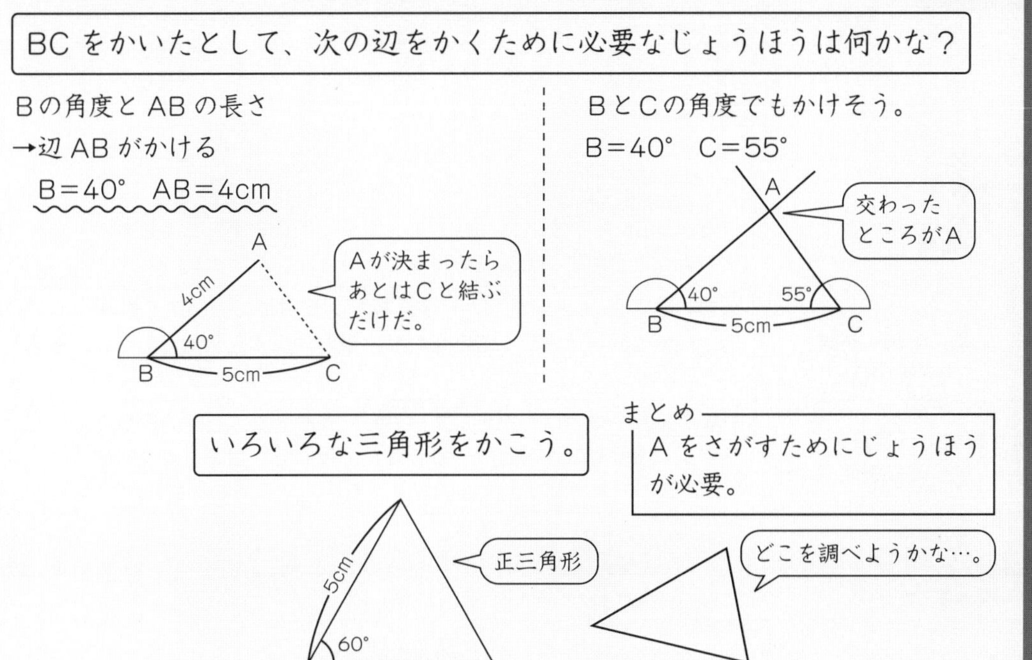

BC をかいたとして、次の辺をかくために必要なじょうほうは何かな？
Bの角度と AB の長さ
→辺 AB がかける
B=40°　AB=4cm
Aが決まったら
あとはCと結ぶ
だけだ。
A
4cm
40°
B
5cm
C
BとCの角度でもかけそう。
B=40°　C=55°
交わった
ところがA
55°
いろいろな三角形をかこう。
まとめ
A をさがすためにじょうほうが必要。
正三角形
60°
どこを調べようかな…。

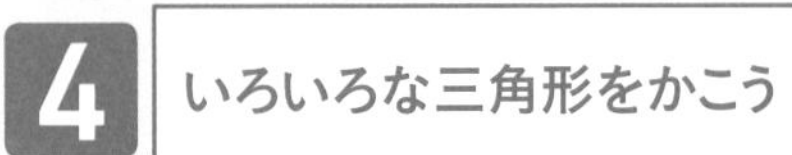

4
いろいろな三角形をかこう

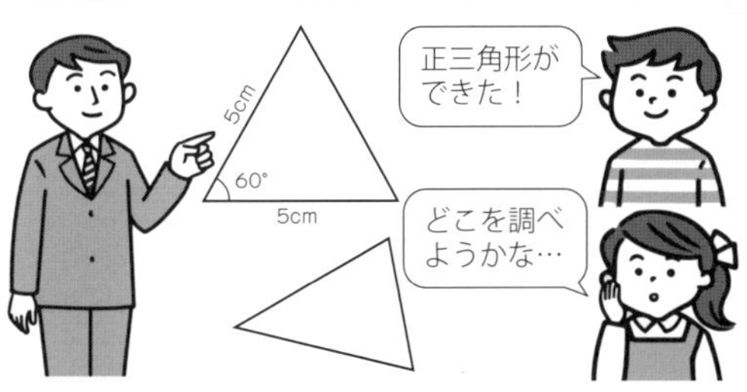

正三角形が
できた！
どこを調べ
ようかな…
5cm
60°
5cm

様々な三角形の作図に取り組ませ習熟を図る。その際には，情報が記されていない三角形の作図にも取り組ませ，必要な情報を調べさせながら行わせる。

まとめ　A を探すために情報が必要

「直線の長さが分かっているということは，2 点が分かっているということ。ということはあと 1 点を探すには，どんな情報が必要なのかを考える」という三角形の作図の筋道を丁寧に振り返りながら，まとめるようにする。

5 2桁でわるわり算 11時間扱い

単元の目標

2～3位数を2位数でわる除法計算について理解し，その計算が確実にできるようにする。また，除法に関して成り立つ性質を見出し，活用することで計算を工夫したり計算の確かめをしたりする力を養い，さらに今後の学習に活用しようとする態度を育てる。

評価規準

知識・技能	既習の除法の筆算の仕方や数のまとまりを用いて適切に商を立て，2～3位数を2位数でわる除法の計算を求めることができる。
思考・判断・表現	数量の関係に着目して，2～3位数を2位数でわる除法の計算について，計算の意味に基づいて考えたり，仮商の立て方を考えたりし，説明している。
主体的に学習に取り組む態度	既習の概数や数の感覚を用いて，進んで仮商を立てたり，仮商の立て方を修正したりしようとしている。また，直面した場面から，除法に関して成り立つ性質を見出し，そのきまりを進んで活用しようとしている。

指導計画 全11時間

次	時	主な学習活動
第1次 2位数÷2位数	1	何十÷何十の計算を，1位数÷1位数とみて処理をする方法について考える。
	2	10を1まとまりとして計算したときのあまりの処理とその意味について考える。
	3	商から割る数を想像する活動を通して，商の求め方を「わる数の何倍かを考えること」であると理解する。
	4	商の修正の仕方を考える。
	5	仮商の立て方と，商の修正の仕方を理解する。
	6	仮商の立て方の工夫の仕方を考える。
第2次 3位数÷2位数	7	3位数÷2位数の工夫した仮商の立て方を考える。
	8	商が2桁になる場合の商の立て方を考える活動を通して，3桁÷2桁のわり算の筆算の仕方を考える。
	9	わり算の筆算のよくありがちな「商に空位がある場合」の処理の間違いについて考える。
第3次 わり算のきまり	10	商が4である式の並びから，商一定のきまりを発見する。
	11	商一定のきまりを活用することで，その有用性を感得する。

単元の基礎・基本と見方・考え方

整数の除法の筆算で÷2桁の計算の仕方を考える活動を通して，÷2桁でも÷1桁と同様の方法で計算できることを見出し，統合的に考え捉えていける。また，概数や数の感覚を働かせながら仮商を立てたり，商の修正を行えたりする。直面した場面から除法の性質を見出し，どのような場面でそのきまりが活用できるかを考えることができる。

(1)筆算形式の各段階の意味を理解させる

本単元では，2位数÷2位数，3位数÷2位数の計算を筆算形式を用いて確実にできるようになることが基礎・基本となる。しかし，筆算の計算の手順を形式的に指導し，子どもに筆算の仕方を憶えさせ，計算ができるようにすればよいわけではない。確実にできるようにするためには，筆算の計算の各段階の意味を理解しながら，筆算の計算ができるようになることが大切である。

```
     3○
18)710
    54○
    17○
```

例えば，710÷18で言えば，筆算の手順からすれば，商が3と立ったら，18×3＝54をし，71−54＝17となる。しかし，実際には，商は30であり，18×30＝540となり，710−540＝170ということである。このような各段階での意味を知ることが，除法の筆算の確実な定着につながるだろう。

(2)仮商を立てる

257÷36といった筆算になると，どこの位から商が立つのか，仮商をいくつにすればよいのかを迷う子どもがいる。その際には，形式的に指導するのではなく，適宜意味に戻って考えてみることが大切である。例えば，どうして十の位に商を立てることができないのかに疑問をもつ子どもがいたら，「もし十の位に一番小さい1を立てたとすると，36×10＝360ということになり，257を超えてしまうので十の位に商を立てることはできない」といったように，十の位に商が立てられないことを感得できるようにするのである。

仮商の立て方は，最初は切り捨てで行うことが分かりやすいが，慣れてきたら切り上げや四捨五入を用いさせるなど，子どもの発想を大切にしながら授業を進めたい。例えば，92÷36で仮商を立てるときに，切り捨てを用いて90÷30と考えていったん3を立てるが，それでは商が大きいので2に修正する。しかし，四捨五入を用いれば，90÷40と考えて正しい商の2を立てることができるということである。

また，よくある仮商の間違いとして，右のように筆算をしてしまうことがあるので，わる数とあまりの数の関係にも注意させたい。

```
    3
14)57
   42
   15
```

(3)除法のきまりの発見

除法のきまりとは「除数，被除数に同じ数をかけても，同じ数で割っても商は変わらない」ということである。本単元ではこのきまりを発見させるが，このきまりは，小数の除法の場面や分数の除法の場面で計算の仕方を考える際に活用される。例えば「2.7÷0.3＝（2.7×10）÷（0.3×10）＝27÷3」というように，除法のきまりを活用することで，小数の除法が，整数の除法として考えられるようにすることである。だから，きまりは理解するだけでなく，活用できるようにさせる必要があるので，きまりを教え込むのではなく，子どもがきまりを自ら発見し，その有用性を経験できるような授業設計をすることが大切である。

本時案

単位は何？

1/11

本時の目標

・dL を L へと単位換算することで，8÷2 となることを理解することができる。
・10dL を 1 まとまりとみることで80dL や 20dL を 8 個，2 個とみることが理解できる。

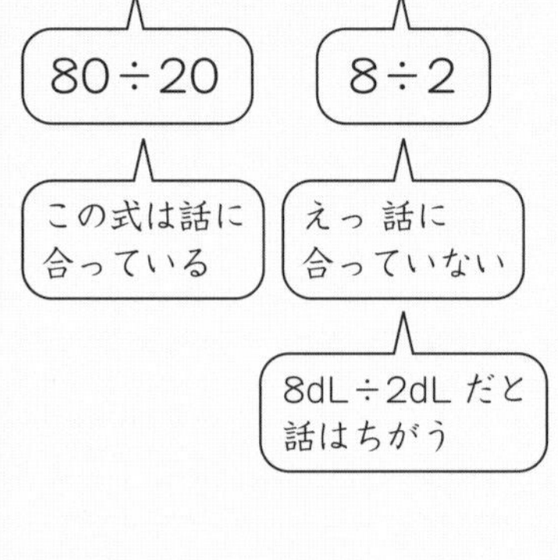
○月□日（△）
80dL のジュースがあります。
1人 20dL ずつ分けます。
この話を表す式は
どうなりますか？
80÷20
8÷2
この式は話に合っている
えっ 話に合っていない
8dL÷2dL だと話はちがう

授業の流れ

1

このお話はどんな式で表すことができますか？

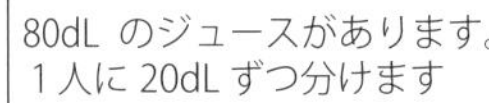
80dL のジュースがあります。
1人に 20dL ずつ分けます

80÷20

8÷2

2 桁で割るわり算の導入授業である。指導の重点は，「10を 1 まとまりとみる」，すなわち「数の相対的な見方」を指導することである。本実践では，この見方を，子どもが自然に単位換算で行えるであろう液量場面で設定した。おそらく，8÷2 という立式をしてくる子どもが現れると想定されるので，その意味を明らかにしていくという授業構成にする。

2

えっ，8÷2 は話に合っていないよ

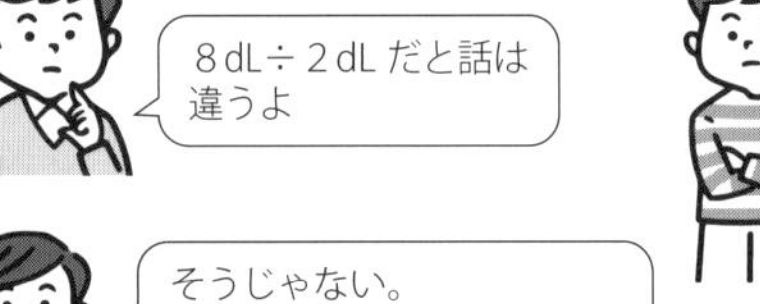
8 dL÷2 dL だと話は違うよ
そうじゃない。
8と2の単位は dL じゃない

「話に合っている式は？」と問うているので，「10を 1 まとまり」とみられていない子どもは，「8÷2 は答えを出すならよいが，話には合っていない」と感じるであろう。その考えを全体で考える課題とするようにする。

3 じゃあ，8 と 2 の単位は何？

80 が 8 で dL じゃないとすると…

L にしたんだ！
10dL は 1 L だから…

dL を L に換算することに気付くのはそれほど困難ではないだろう。しかしながら，10を 1 まとまりとみている大切な部分であるので，全員が確実に理解できるように丁寧に指導していくようにする。

本時の評価

・dL を L へと単位換算することで，８÷２とすることができることを考え，理解することができたか。
・10dL を１まとまりとみることで80dL や20dL を８個，２個とみることが理解できたか。

そうじゃない。
8÷2の8と2の単位は
dL じゃない。

じゃあ8と2の単位は何？

単位はL

80(dL)÷20(dL)
10dL で 1L だから
= 8(L) ÷ 2(L)

同じことだけど
単位は「こ」
10dL を1ことする

80(dL)÷20(dL)
10dL を1ことすると
10dL が8こを2こずつ分ける
= 8(こ) ÷ 2(こ)

まとめ
「単位を大きくする」「10を1まとまり」とすれば1けたの数のわり算になる。

4 同じことだけど，私は単位が「個」だと思った

10dL を１個とすると，80dL は 10dL が８個で，20dL は２個だから，８÷２

単位を変えるのではなく，10を１まとまりとみたのですね。それもいい考えですね

子どもの中には「10dL を１個とみる」とみていると想定されるので，「８の単位が L ではなかった人はいるか」と問うことで引き出し，価値づけるようにしたい。

まとめ 「単位を大きくする」「10を１まとまり」とすれば１桁の数のわり算になる

ここまでの授業の流れを振り返りながら，子どもが行った dL を L に変えた，すなわち「単位を大きくしたこと」や10dL を１個とみるという「10を１まとまりとみた」ことを確認し，それをまとめとして板書するようにする。

本時案

「あまり1」の意味は何？

2/11

本時の目標

・10を1まとまりとしてみた式の意味の解釈を通して，あまりの意味を理解することができる。

授業の流れ

1 式はどうなる？

90÷20
じゃあ，両方の式で答えを求めてみましょう！

90÷20
10を1まとまりとみれば
9÷2

「10を1まとまり」として計算すると，「あまりも10が1まとまり」になる。しかし，そのことに気付かず困惑する子どもは少なくないので，あまりの意味を確実に理解できるよう指導したい。本授業では，問題場面の式を問えば，前時の学習から板書にも示した2つの式が出ると想定されるので，まずはそれを計算させることから始める。

○月□日（△）

折り紙が90まいあります。
1人に20まいずつ配ります。
何人に配れて、何まいあまる？

式　90÷20

9÷2で求めてもいい!!

じゃあ90÷20、9÷2
両方で求めてみよう!!

90÷20＝4あまり10

答え　4人に配れて10まいあまる。

2 あれっ？ あまりが違う

あまりが違うってどういうこと？

90÷20＝4あまり 10 だから，4人に配れて10枚あまるだけど，9÷2＝4あまり1で4人に配れて1枚あまるになっちゃう

実際に計算させたことで，90÷20ではあまりが10で，9÷2ではあまりが1になることに気付くだろう。このことに困惑する子もいるので，本時の考えるべき課題にする。

3 あまりが10枚のときと1枚のときがあるってこと？

違う。正解は，あまり10枚。
20×4＋10＝90だから

ここでは，まずは，あまりを「枚」として捉えたときの正解を確定させるようにする。その際には，検算の式で表現させるようにし，全員の理解を確かなものにする。そして，次に，「あまり1の意味」の解釈へとつなげる。

本時の評価

・実際の数値でのわり算と，10を１まとまりとしてみた式のわり算では，あまりの表現が異なることに気付くことができたか。
・10を１まとまりとしてみた式の意味の解釈を通して，あまりの意味を理解することができたか。

あれっ、９÷２で求めたのとあまりがちがう。

９÷２＝４ あまり１

答え　４人に配れて１まいあまる。

そうすると

あまりは10まいのときと、１まいのときがあるってこと？

ちがう ＜ 正かいはあまり10まい

20×４＝80
（まい　人　まい）

90−80＝10（まい） ＜ あまり

じゃあ

９÷２＝４ あまり１の１は何？

その前に９は？ ＜ 10が９こだ ／ 10まい１束が９束

２は？ ＜ 10が２こだ ／ 10まい１束が２束

そうすると

９÷２は９束を２束ずつ分けるということ

あまりの１は１束だ

１束10まい

まとめ

10をもとにしたわり算の答えのあまりは10がいくつということ。

4　じゃあ，９÷２＝４あまり１の１の意味は何？

その前に式の意味を考えよう。９はなんだっけ？

10枚１束で９束。20は２束

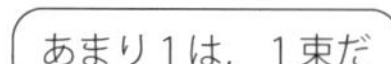

あまり１は，１束だ

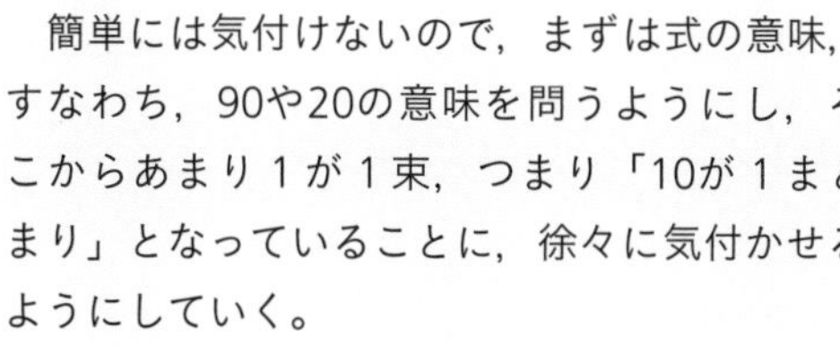

簡単には気付けないので，まずは式の意味，すなわち，90や20の意味を問うようにし，そこからあまり１が１束，つまり「10が１まとまり」となっていることに，徐々に気付かせるようにしていく。

まとめ　10を１まとまりにしたわり算の答えのあまりは「10がいくつ」

10を１まとまりとした式の意味を振り返りながら，子どもが発言した，「１束10枚」とみている言葉を確認し，再度，子どもにあまりの意味を解釈させながらそれをまとめとして板書するようにする。

本時案

商が 4 になる わる数は？

3/11

本時の目標

・わられる数の86と商の 4 から，わる数を20と見当をつけることができる。
・わる数が20と 1 つ違いの21や19でも商は 4 になると想像することができる。

○月□日（△）

86÷□のわり算の商が 4 となるとき、□の数はいくつになるでしょうか？

まずすぐに思いつく□の数は？

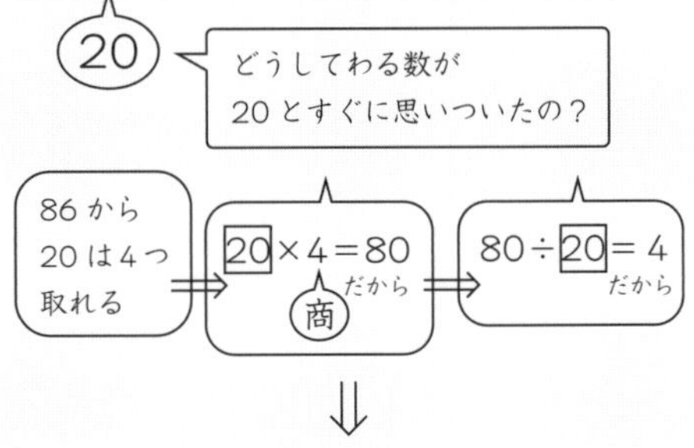
20
どうしてわる数が 20 とすぐに思いついたの？
86 から 20 は 4 つ取れる
20×4＝80 だから
商
80÷20＝4 だから

商が 4 となることを 80÷20＝4 をもとに見当をつけた。

授業の流れ

1 まず，すぐに思いつく□の数は何？

あまりはどうするの？
あまりはどんな数になってもいいです
じゃあ，20

教科書上では，「商の見当をつける」の授業だが，その前に本時・次時と，「商は示しておき，そこからわる数を決定する場面」を入れた。商が一定でもわる数がいくつかあることの経験が仮商を立てる際に，その感覚が有効に働くと考えたからである。本時では，わる数を「20」と決める子どもが多いだろう。そこから授業を組み立てていく。

2 どうしてすぐに，わる数は20だと思いついたの？

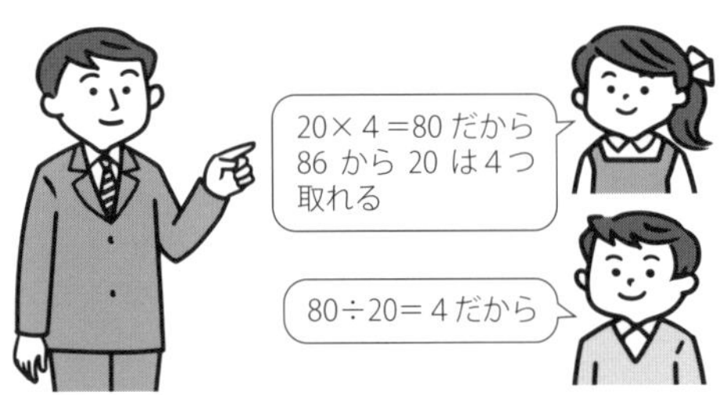
20×4＝80 だから 86 から 20 は 4 つ取れる
80÷20＝4 だから

まずは，20を想像した子どもを取り上げ，どうして20を思いついたのかを問い，80÷20から想像したことを共有するようにする。

3 筆算をして確かめてみよう

立てる → 4
20)86
かける → 80
ひく → 6

÷ 1 桁の筆算と計算の手続きは何も変わらないが，÷ 2 桁の筆算は初めての経験となるので，子どもに説明させながら丁寧に手続きを確認するようにする。

本時の評価

・わられる数の86と商の4から，わる数を20と見当をつけることができたか。
・わる数が20と1つ違いの21や19でも商は4になると想像することができたか。
・÷2桁の場合でも，÷1桁の場合と同様に筆算を行うことができたか。

筆算でたしかめてみよう。

立てる→ 4
20)86
かける→ 80
ひく→ 6

上のことをもとに他にも商が4となりそうなわる数□が想ぞうできますか？

21、19

1しか変わらない21や19も86から4つ取れそう。

86÷20=4ならわる数が1しか変わらない21や19も商は4になると思う。

筆算でたしかめてみよう。

4 21)86 84 2	4 19)86 76 10

まとめ

20×4=80→80÷20=4から
86÷20でも商が4となることの見当をつけた。
その20に近い21や19でも商は4になると見当をつけた。

4 これまでのことから，他にも商が4となりそうな□が想像できますか？

21や19。20と1しか変わらないから，86から4つ取れそう

なるほど！じゃあ，21と19でも商が4になるか筆算をして確かめてみましょう

20と1違いの19や21を想像する子どもが現れたら取り上げ，どうして思いついたのかを全員で考え，その思いを共有する。

これが仮商を立てる際，商の見当をつけることへとつながる。

まとめ 20に近い21や19でも，商は4となると見当をつけた

商の4から80÷20を想像したこと，20に近い21や19でも86に4つ入ると想像したことを振り返りながら，再度，子どもにその意味を解釈させながら，まとめとして板書するようにする。

本時案

商を１上げる，１下げる

4/11

本時の目標

・あまりに着目し，決めてあった商が小さかったら１上げてみる。逆に大きすぎて引けなかったら，１小さくしてみるということに気付くことができる。

○月□日（△）

前回の続き
86÷□=4 となるわる数は 19、20、21 以外にもありそうですか？

また１変えて、18、22 ＜ 22 はだめそう

18 は 86 から
４つ取れる。でも、
５つ取れるかも…

筆算でたしかめてみよう

```
     4
⑱)86
   72
   14
```

わる数 18 で
あまり 14 だから
ギリギリＯＫ

わる数 17 でも
商は４でいけるかな？

授業の流れ

1 86÷□＝４となるわる数は19，20，21以外にもありそうかな？

また１変えて，18 や 22
22 はだめそう
18も商は４でいけた！
どちらも筆算をして
確かめてみよう

前時の続きである。本時のねらいは，「仮商の調整」の素地的経験である。

本時は，まず前時の19，20，21以外にも商が４になるわる数はありそうかを問い，18，22を想像させ，それでも本当に商が４になるかを確かめるという授業構成にする。

2 わる数が17でも商が４でよさそうな気がする……

だめ。わる数が 17 なのに
あまりが 18。まだ割れる
④
17)86
68
18

「わる数18で商４」がうまくいったので，１変えて17でもうまくいきそうだと感じる子どもがいると想定される。その意見を取り上げて，実際に筆算をさせることで，まだ割れることに気付かせていく。

3 じゃあ，わる数が17のときは，商はどうしたらいいの？

なるほど！
商が小さすぎたら１上げてみればいいんだね

4から１上げて５にすれば！
⑤
17)86
85
1

ここで，「じゃあ，わる数が17のとき，商はどうしたらいいのか」を問う。それによって，商を１上げればいいという考えを引き出し，価値づけるようにする。

本時の評価

・実際に筆算をしてみて，商が小さい，商が大きいことに気付くことができたか。
・商が小さい場合には1上げてみる。商が大きな場合には1下げてみるという方法を理解することができたか。

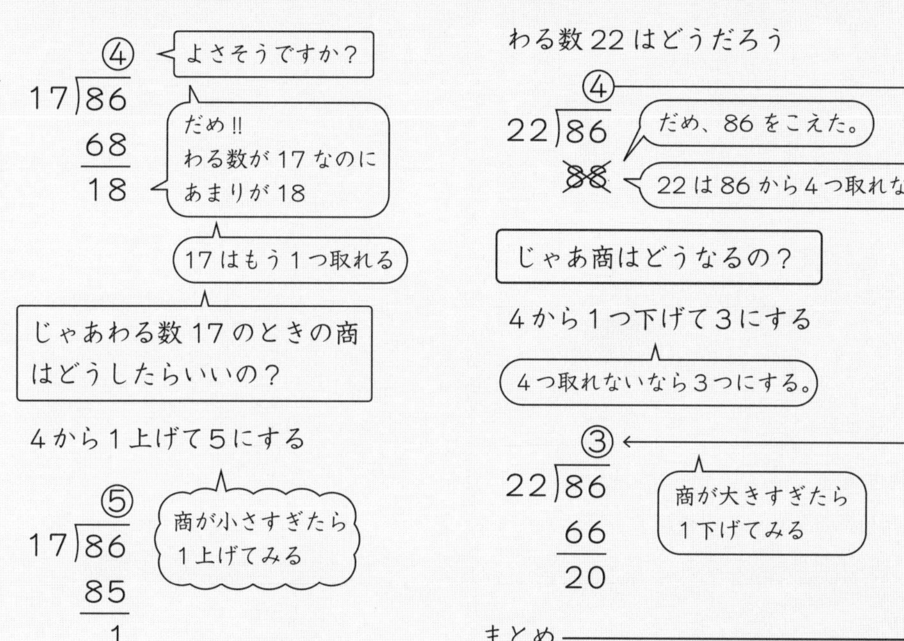

④
17)86
68
18
よさそうですか？
だめ!!
わる数が17なのに
あまりが18
17はもう1つ取れる
じゃあわる数17のときの商はどうしたらいいの？
4から1上げて5にする
⑤
17)86
85
1
商が小さすぎたら
1上げてみる
わる数22はどうだろう
④
22)86
88
だめ、86をこえた。
22は86から4つ取れない
じゃあ商はどうなるの？
4から1つ下げて3にする
4つ取れないなら3つにする。
③
22)86
66
20
商が大きすぎたら
1下げてみる
まとめ
商を1上げる、1下げるをして調整する。

4 わる数22は商が4ではだめそう?

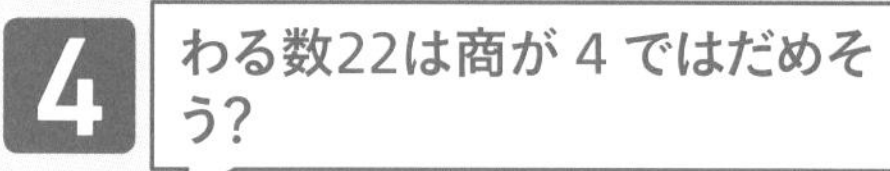

④ → ③
22)86 22)86
88 66
20

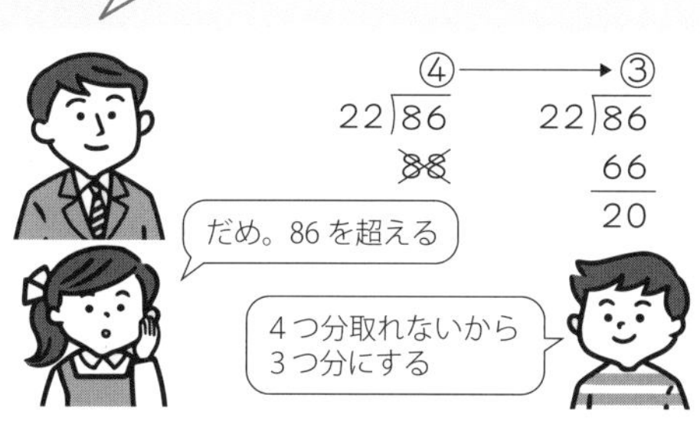

だめ。86を超える
4つ分取れないから
3つ分にする

最初に，22はだめそうだと判断していたが，本当に商が4ではいけないかを確認させる。そこから，「じゃあ，商をどうするのか」を問い，「1下げる」という方法を引き出す。

まとめ 商を「1上げる」「1下げる」をして調整する

あまりに着目し，決めてあった商が小さかったら1上げてみる。逆に大きすぎて引けなかったら，1小さくしてみたことを振り返り，それをまとめとして板書する。

本時案

わる数をおよその数でみて

5/11

本時の目標

・わる数を，およその数できりよく見て，仮商を立てることができる。
・仮商を調整することで，正しい商を求めることができる。

○月□日（△）

わる数を（およそ）とみて，
商の見当を立てて筆算してみよう。

94÷㉛

30とみると 94÷30＝3
→つまり ÷31でも商は3かも!!

商の見当をつけた③…「仮商（かしょう）」という。

実さいに計算してみると…

```
     3
31)94
   93
    1
```

まずは94÷30で立てた商の3をかりに立ててみる。

仮商の3で正かいだった！

授業の流れ

1 わる数をおよそ□とみて商の見当を立て，筆算してみよう

30とみると
94÷30＝3
だから1違いの ÷31でも
商は3かも!!
商の見当をつけた3のことを「仮商」といいます

これまでの学習を踏まえて，本時はいよいよ仮商を立ててわり算の筆算をする授業である。まずは94÷31に取り組ませる。多くの子どもが前時までの学習を思い出し，31を30とみると想定される。この際に94の中に30が3つ入ることから，とりあえず商を3と立てるだろう。この商の見当を立てたものを仮商ということも指導するようにする。

2 仮商の3で正しいか，実際に仮商3を立てて筆算してみよう

仮商3を立てて，かけて・引いて…
仮商3で合ってる!!

```
     3
31)94
   93
    1
```

計算自体は簡単であるが，仮商が合っているかどうかを確かめる経験は初めてである。丁寧に行い，仮商が正解であったことの理解を確実にさせるようにする。

3 じゃあ，÷32だったら仮商はどうなる?

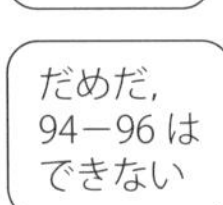

仮商3で筆算
してみよう
やっぱり
÷30で，
仮商は3
だめだ，
94−96は
できない

```
     3
32)94
   (96)
```

わる数を32に変えて取り組ませる。多くの子は32も30とみて，先ほどと同様，仮商を3と立てるであろう。しかし，実際に筆算をすると3では大きすぎることに気付く。

本時の評価

・わる数を，およその数できりよく見て，商の見当をつけることができたか。
・商の見当をつけることを仮商と呼ぶことが分かったか。
・仮商を調整することで，正しい商を求めることができたか。

じゃあ
94÷32 だったら

やっぱり 30 とみれば
94÷30＝3
だから ÷32 でも
商は３かも。
⟹仮商３

まとめ
立てた仮商が、
大きすぎたときは、
商を１下げてみる。

仮商を立てて筆算してみると

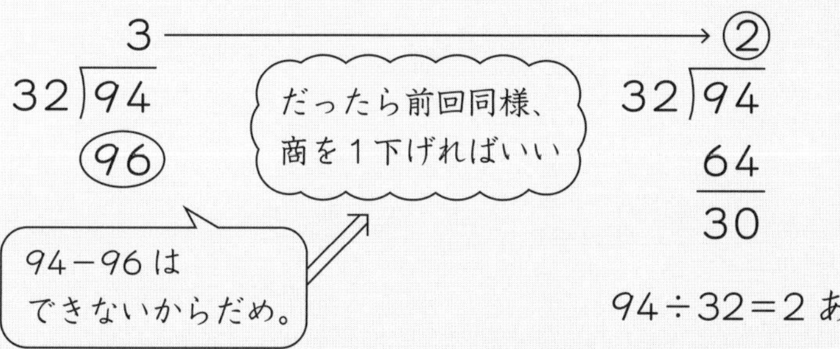

3
32)94
96
②
32)94
64
30
だったら前回同様、
商を１下げればいい
94−96は
できないからだめ。

94÷32＝2 あまり 30

4 だったら前回と同じように，商を１下げればいいよ

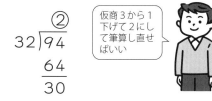

②
32)94
64
30

仮商３から１下げて２にして筆算し直せばいい

仮商３は大きすぎたことに気付いた子どもたちは，前時を想起し，大きかったら１下げればよいことに気付くだろう。そのことを確認しながら，仮商を調整させていく。

まとめ 立てた仮商が大きすぎたときは，商を１下げてみる

わる数を商が立てやすいおよその数でみて商の見当を立てること。商の見当を立てたものを仮商と呼ぶこと。そして，仮商が正解ではなかったときには調整するという作業を行うことを子どもとともに振り返り，板書してまとめるようにする。

本時案

仮商が ずれすぎ…

6/11

本時の目標

・わる数を何十ときりよくみて，仮商を立てることができ，また実際に仮商で筆算を行い，仮商の調整を行うことができる。
・精度の高い仮商の必要性を感じることができる。

○月□日（△）

63÷15 の筆算をします。
仮商（かしょう）は何にする？

15 を 10 とみれば
63÷10＝6 で
仮商 6

いや、15 は 20
ともみれる
63÷20＝3 で
仮商 3

仮商に差がありすぎる。

どっちがいい？

ためさないと分からない。

授業の流れ

1 仮商は何にする？

15 を 10 とみると仮商は 6
15 を 20 とみれば仮商は 3
仮商に差がありすぎる

前時と同様に本時も，まずはわる数を何十ときりよくみて仮商を立てさせることを行う。しかし，わる数のおよその見方が異なると，異なる仮商が出てきて，さらにその仮商に差がある場面に対峙することになる。実際にどちらの仮商でも筆算をしてみて，仮商の調整を行うとともに，精度の高い仮商の柔軟な立て方も追求していく授業構成としていく。

2 どちらの仮商がよいのか，試さないと分からない

じゃあ，仮商 6 と 3 の両方を商に立てて試してみましょう
仮商 6 でやると…，だめだ。2 つも下げないといけなかった

見出した 2 つの仮商の差が大きかったので，実際にどちらの仮商が適切なのか試す必要があると子どもが思うと想定される。

そこで，どちらの仮商でも筆算に取り組ませ，仮商の調整をするように促す。

3 仮商 3 でも調整が必要だなぁ

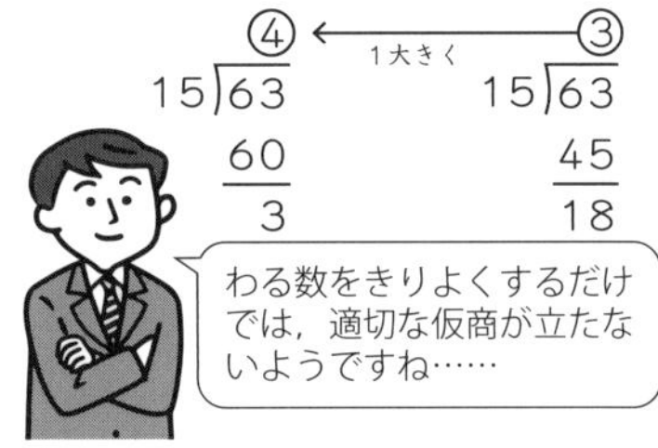

④ ← 1 大きく ③
15)63　60　3
15)63　45　18
わる数をきりよくするだけでは，適切な仮商が立たないようですね……

両方の仮商とも調整が必要になるということに気付いた子どもたち。ここで，精度の高い仮商の立て方を追求させるために，きりよくではうまくいかないことを示唆する。

本時の評価

・わる数を何十ときりよくみて，仮商を立てることができたか。
・実際に仮商で筆算を行い，仮商の調整を行うことができたか。
・精度の高い仮商の必要性を感じ，わる数，わられる数を柔軟に捉え，精度の高い仮商を立てる方法を考えることができたか。

仮商６、仮商３の両方をためしてみよう。

〈15 を 10 とみて、仮商６のとき〉　〈15 を 20 とみて仮商３のとき〉

⑥ →（1小さく）→ ⑤ →（1小さく）→ ④ ←（1大きく）← ③

15)63	15)63	15)63	15)63
仮商 ⑥	仮商 ⑤	仮商 ④	仮商 ③
90	75	60	45
		3	18
63－90 は ひけない。	まだ ひけない。	正かい	あまりすぎ、まだ 15 を分けられる。

まとめ
仮商が大きすぎたり
小さすぎたりするときは
調整すればいい。

でも仮商が
ずれすぎ
⇓
15 は 15 のままでいい

60 の中に 15 は
４つ入るって分かる。
$60 \div 15 = 4$

だから仮商は④

そうすれば
④
15)63
60
3
で正かい

4　15は15のままでいい

60÷15＝4

60 の中に 15 は４つ入ることは想像つく。だから仮商を正答である４と立てられる

いつでもわる数をきりよくみるのではなく，数を柔軟に捉えて精度の高い仮商を立てる必要性に気付かせることが大切である。

ここでは60÷15を想起させ，仮商４が立てられることに触れさせておくようにする。

まとめ　仮商が大きすぎ，小さすぎたときは調整する。でも，仮商がずれすぎだから…

もちろん，立てた仮商に調整が必要な場合には調整をすればよいことをまずはまとめとして確認する。

しかし，精度の高い仮商を立てるために数を柔軟にみていくということも授業の流れを振り返り，しっかりと確認しまとめるようにすることが大切である。

本時案

仮商を工夫して立てよう

7/11

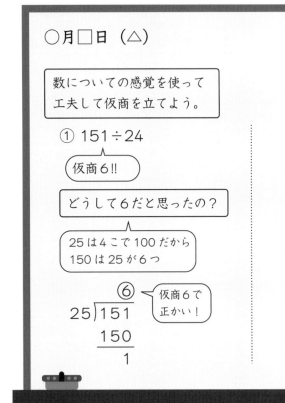

本時の目標

・数に対する感覚を働かせて柔軟に仮商を立てることができる。
・仲間が考えた仮商を，どのように立てたのか自分なりに考え，想像することができる。

○月□日（△）

数についての感覚を使って工夫して仮商を立てよう。

① 151÷24

仮商６!!

どうして６だと思ったの？

25は４こで100だから 150は25が６つ

```
      ⑥
25)151
   150
     1
```

仮商６で正かい！

授業の流れ

工夫して仮商を立てましょう

151÷24
どうしてＡ君は仮商６を思いついたんだろうね？ 皆さんは想像できますか？ 少し考えてみてください。隣の人と相談してもいいですよ！

仮商６！

式の数を柔軟に捉え，精度の高い仮商を工夫して立てる授業である。本授業で大切なことは，個人個人が工夫して立てた仮商の方法を，ただ発表させるのではなく，どうしてその仮商が立ったのかを全員で想像し，それぞれの数を捉える柔軟さや工夫を共有し，自分のものへとさせることである。

2 25が４個で100だからじゃないかな？

150は25が６つだから，150÷25＝６で仮商を立てたんじゃないかな？
そう！当たり！

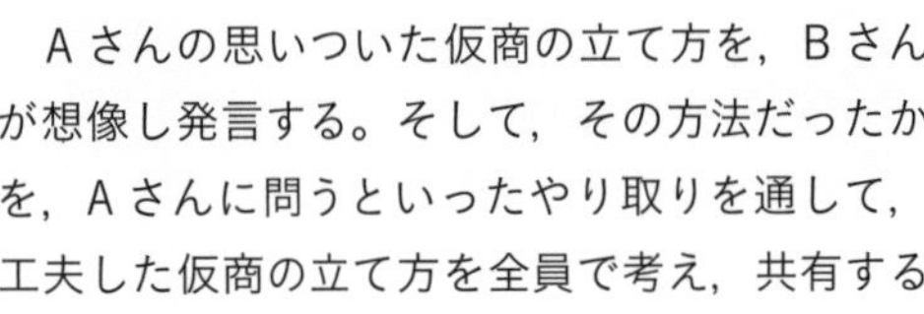

Ａさんの思いついた仮商の立て方を，Ｂさんが想像し発言する。そして，その方法だったかを，Ａさんに問うといったやり取りを通して，工夫した仮商の立て方を全員で考え，共有するようにする。

3 284÷42の仮商は７！

どうして７を思いついたんだろう……？

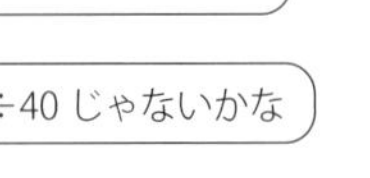
280÷40 じゃないかな

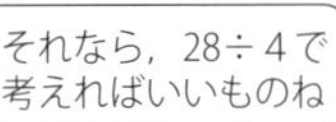
それなら，28÷４で考えればいいものね

一の位はおいておき，上の位だけで仮商を立てるという方法ならば，容易な暗算ができ仮商が立てられるということも，ぜひ共有しておきたいものである。

本時の評価

・「25という数の使い勝手のよさ」「上の位だけをみる」「わられる数，わる数の数値の関係を柔軟に捉える」などといった方法を用いて，柔軟に仮商を立てることができ，また，仲間の立てた仮商を柔軟に想像することができたか。

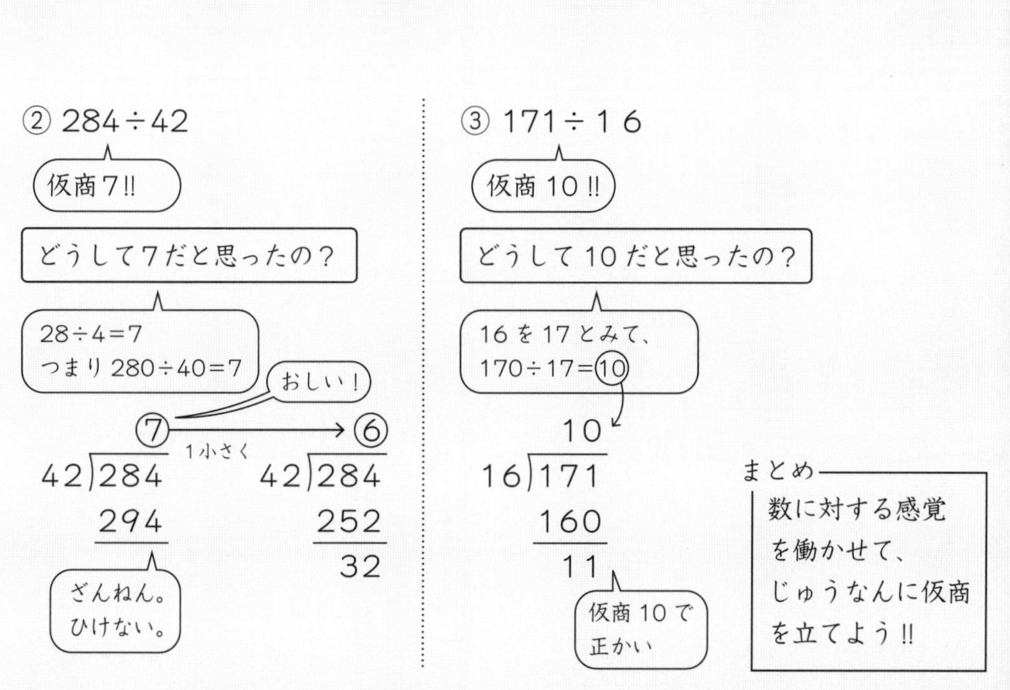

② 284÷42
仮商7!!
どうして7だと思ったの？
28÷4=7
つまり 280÷40=7
おしい！
⑦ 1小さく ⑥
42)284
294
ざんねん。
ひけない。
42)284
252
32
③ 171÷16
仮商 10 !!
どうして 10 だと思ったの？
16 を 17 とみて、
170÷17=⑩
10
16)171
160
11
仮商 10 で
正かい
まとめ
数に対する感覚
を働かせて、
じゅうなんに仮商
を立てよう !!

4 171÷16の仮商は10!

分かった。16 を 17 としてみたんだ

170÷17=10 だものね。10 倍で分かりやすい

「わられる数，わる数の数値の関係を柔軟に捉えて，仮商を立てやすいようにする」ということも，共有しておきたい方法である。

まとめ 数に対する感覚を働かせて，柔軟に仮商を立てよう

「25という数の使い勝手のよさ」「上の位だけをみる」「わられる数，わる数の数値の関係を柔軟に捉える」などといった方法を用いたことを振り返り，数の感覚を働かせることの重要性を確認し，それをまとめて板書するようにする。

本時案

十の位，一の位の商を順序よく進めよう

8/11

本時の目標

・商が 2 桁になる場合，一の位の商を想像することが困難であることに気付くことができる。
・十の位の商を立てて筆算を進め，残りで一の位の商を立てて進めればよいことが分かる。

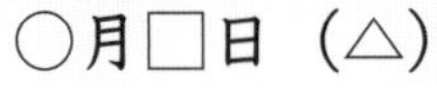
○月□日（△）

324÷13 の筆算をします。
仮商は何になりそう？

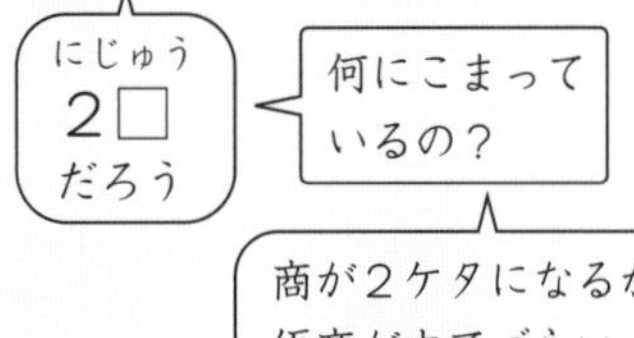
にじゅう
2□
だろう
何にこまっているの？
商が２ケタになるから仮商が立てづらい。

十の位が２は，13×20＝260 で分かる。
十の位がどのくらいになるかまでは想ぞうができない。

授業の流れ

1 仮商は何になりそう?

う〜ん…
二十…
何に困っているの？
商が２桁になるから
仮商が立てづらい

商が 2 桁になる場合のわり算である。これまでの学習から子どもたちは，商が 2 桁となっても「2 桁の仮商」を立てようとするだろう。しかし，そこに困難性を感じ，行き詰まると想定される。まずは，その行き詰まりの意味を共有しながら，とりあえず十の位の商だけ立てて進めてみるという方向性を見出させるという授業構成で行う。

2 十の位は分かるけど…

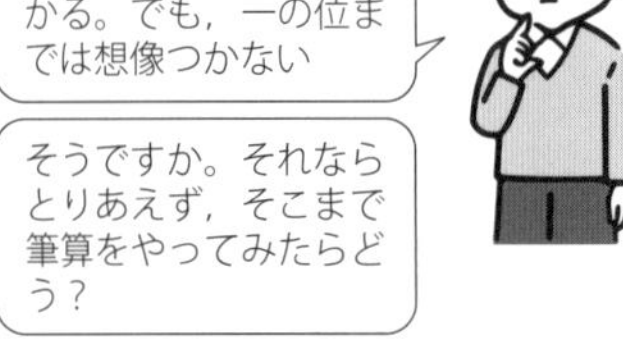
十の位が 2 になることは，13×20＝260 で分かる。でも，一の位までは想像つかない
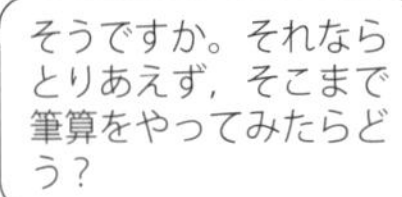
そうですか。それならとりあえず，そこまで筆算をやってみたらどう？

一の位の商を想像することの困難性を発言させる際に，十の位の商の立て方を丁寧に発表させ，それなら，とりあえずそこまで筆算を進めてみるのはどうかを問うようにする。

3 そうだね。とりあえず十の位の商が 2 まで筆算を進めてみよう

①立てる ②
13)324
②かける 26
③ひく 64
④おろす

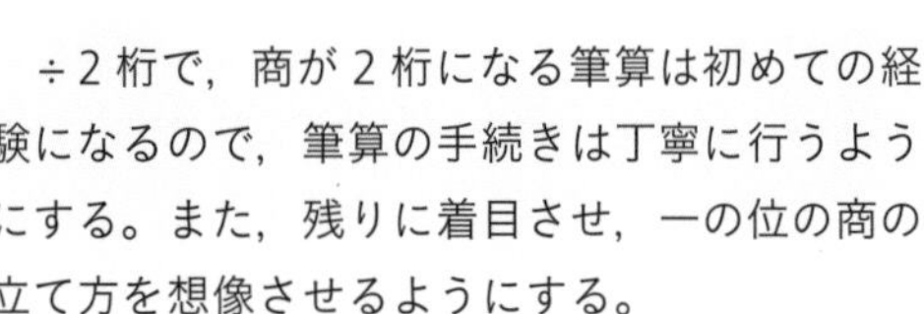

÷2 桁で，商が 2 桁になる筆算は初めての経験になるので，筆算の手続きは丁寧に行うようにする。また，残りに着目させ，一の位の商の立て方を想像させるようにする。

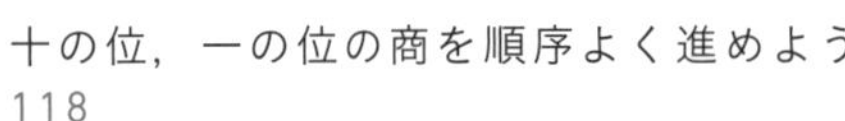

本時の評価

・商が２桁になる場合，一の位の商を想像することが困難であることに気付き，とりあえず十の位まで筆算を進めることができたか。
・十の位の商を立てた残りで，一の位の商を立てればよいことに気付くことができたか。
・これまでの筆算と同様の手続きであることを理解することができたか。

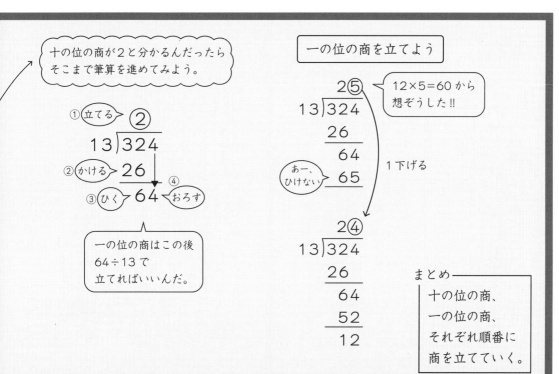

十の位の商が２と分かるんだったら そこまで筆算を進めてみよう。

一の位の商を立てよう

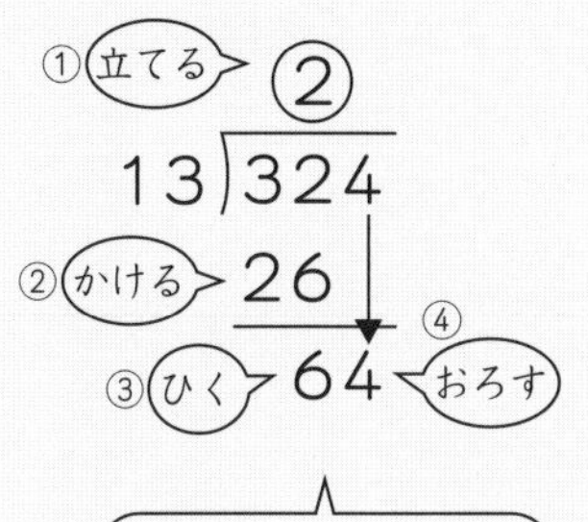

①立てる
2
13)324
②かける 26
③ひく 64
④おろす

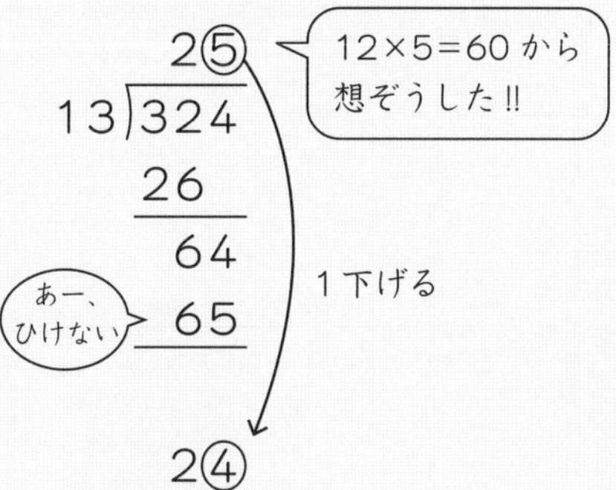

25
13)324
26
64
65
12×5＝60 から 想ぞうした!!
あー、ひけない
1下げる

一の位の商はこの後 64÷13で 立てればいいんだ。

24
13)324
26
64
52
12

まとめ
十の位の商、一の位の商、それぞれ順番に商を立てていく。

4 一の位の商は残りの64÷13で立てればいい

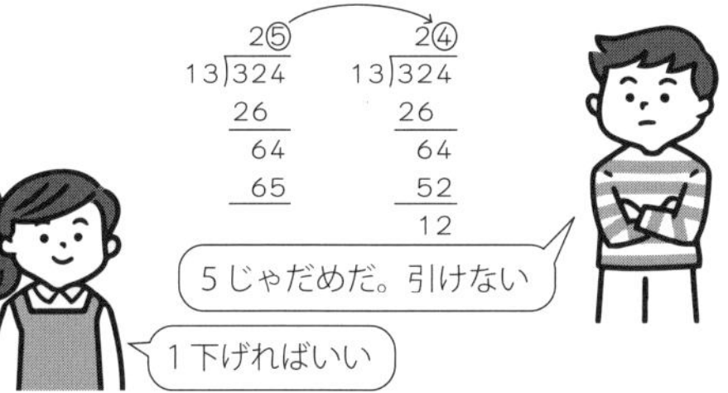

25
13)324
26
64
65
24
13)324
26
64
52
12
5じゃだめだ。引けない
1下げればいい

商の調整が必要であればこれまでの学習と同様に行えばよいことを確認しつつ，丁寧に一の位の商の立て方を子どもに説明させながら理解を進めるようにする。

まとめ 十の位の商，一の位の商，それぞれ順番に商を立てていく

「２桁の商の仮商を立てることの困難性」「十の位の商なら想像できる」「とりあえず十の位まで筆算を進める」「一の位の商は残りで考える」といった，本時の学習を振り返り，それを丁寧に確認しながらまとめとして板書するようにする。

本時案

どんな間違いをするかな？

9/11

本時の目標

・商に空位があるとき，商に0を立て忘れてしまうことがあることに気付くことができる。
・筆算を省略して書くときは，商に0を書き忘れることがあることが意識できる。

○月□日（△）

次のわり算の筆算はよくまちがえます。どんなまちがいをするのか想ぞうしながら筆算をしてみましょう。

① 939÷23

どこをまちがえてるの？

こんなまちがいするかも!!

$$\begin{array}{r} 4 \\ 23{\overline{\smash{\big)}939}} \\ 92 \\ \hline 19 \end{array}$$

答え　4あまり19

一の位の商を立てていない

⇓

あまり19になってもう23でわれないから筆算は終わったと思い，0を立てわすれた!!

授業の流れ

1 どんな間違いをするか想像しながら筆算をしてみましょう

939÷23
この筆算はよく間違いをする人がいるんです!!

わり算の筆算で商に0，すなわち空位があるとき，その空位を書き忘れて答えを間違えることがある。そのことを扱った授業である。

この間違いについては「わり算(1)」でも扱った。本時は，それが既習としてあるので，間違いは提示せずに，「どんな間違いをするか」と発問し，起こりうる間違いを想像することから始めることとした。

2 こんな間違いをするかも！

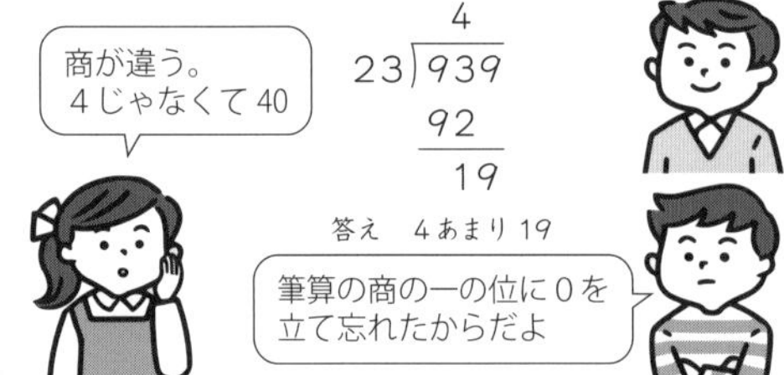
商が違う。4じゃなくて40
4
23)939
92
19
答え　4あまり19
筆算の商の一の位に0を立て忘れたからだよ

自力で考える時間を少しとる。そして間違いを想像できた人に発表させる。その際に，発表者に説明はさせず，提示するだけにし，全員に間違いを探させるようにする。

3 もう引けないから書き忘れたんだ

0を立てて引くのを省略するときは，商の立て忘れに気を付けないとね
40
23)939
92
19
0
19
4を立てて引いたら23で19は割れないから計算を終わらせて，つい書き忘れたんだね

一の位に0を立て忘れた理由を全員で考えるよう促す。わり算1の第8時でも扱っているので，さほど理解に困難さはないだろう。

本時の評価

・実際に筆算の処理を行う中で，商に空位があるとき，商に０を立て忘れてしまうことがあることに気付くことができたか。
・筆算を省略して書くときは，商に０を書き忘れることがあることを理解し，意識して筆算を行うことができたか。

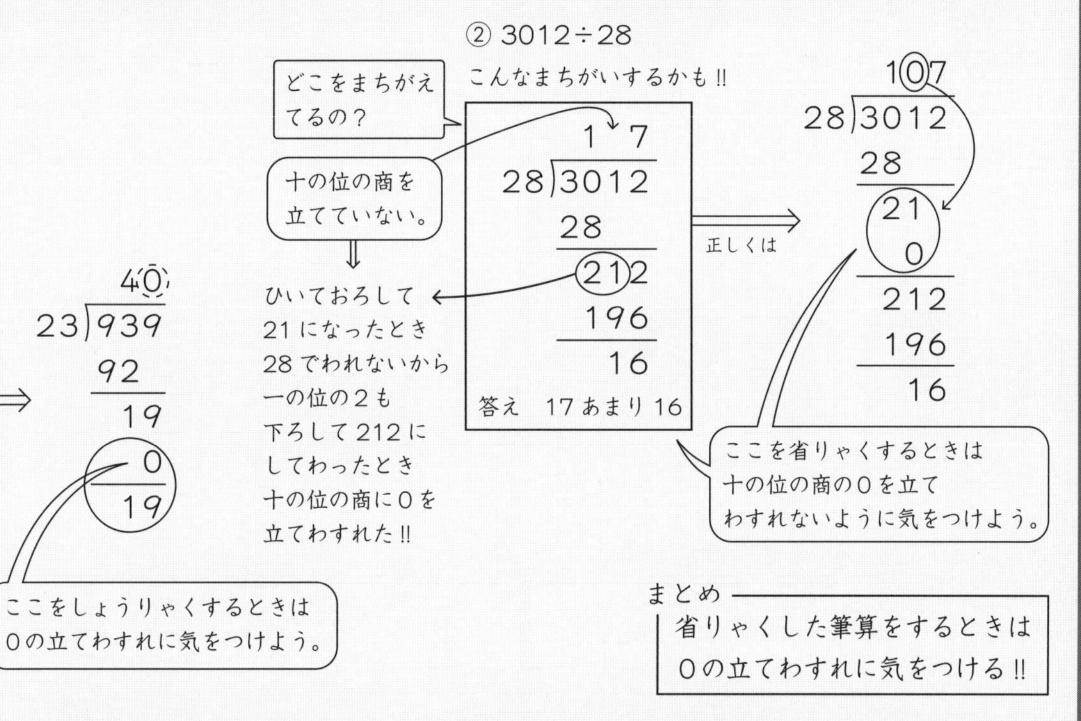
② 3012÷28
どこをまちがえてるの？
こんなまちがいするかも !!
1 7
28)3012
28
212
196
16
答え　17 あまり 16
十の位の商を立てていない。
ひいておろして
21 になったとき
28 でわれないから
一の位の２も
下ろして 212 に
してわったとき
十の位の商に０を
立てわすれた !!
正しくは
107
28)3012
28
21
0
212
196
16
ここを省りゃくするときは
十の位の商の０を立て
わすれないように気をつけよう。
40
23)939
92
19
0
19
ここをしょうりゃくするときは
０の立てわすれに気をつけよう。
まとめ
省りゃくした筆算をするときは
０の立てわすれに気をつける !!

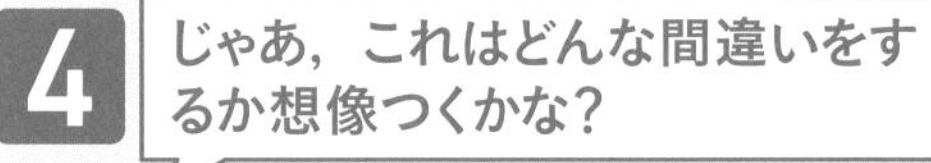
4
じゃあ，これはどんな間違いをするか想像つくかな？

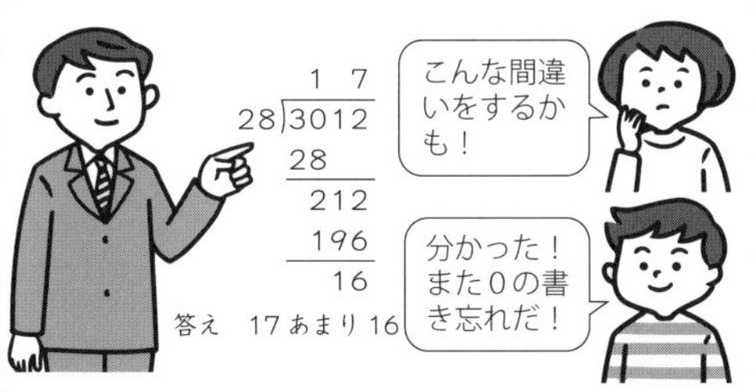
1 7
28)3012
28
212
196
16
答え　17 あまり 16
こんな間違いをするかも！
分かった！また０の書き忘れだ！

今度は十の位の商に０を書き忘れる場合である。先ほどと同様，どんな間違いをするかを考え，皆で共有するようにする。

まとめ

省略した筆算をするときは０の立て忘れに気を付ける！！

再度，本時の学習を全員で振り返り，引いた残りがもう割れないと思ったときに，つい，商に０を立て忘れることを確認し，それをまとめとして板書するようにする。

本時案

商が変わらない式は？

10/11

本時の目標

・わる数・わられる数に同じ数をかけても商は変わらないことに気付くことができる。
・わられる数がわる数の４倍の関係になっていることを理解することができる。

授業の流れ

1 商が４になる式をつくろう！

4÷1
8÷2
40÷10
まだつくれそう？
いくらでもある！

わり算のきまりを見出す授業である。まずは，商が４となる式を発言させ，それを短冊に書き，黒板に提示することから始める。いくつか提示されたところで，「まだありそうか」を問う。そこから，「いくらでもある」という発言を引き出し，「どうしていくらでもあるのか」を考える授業展開へとしていく。

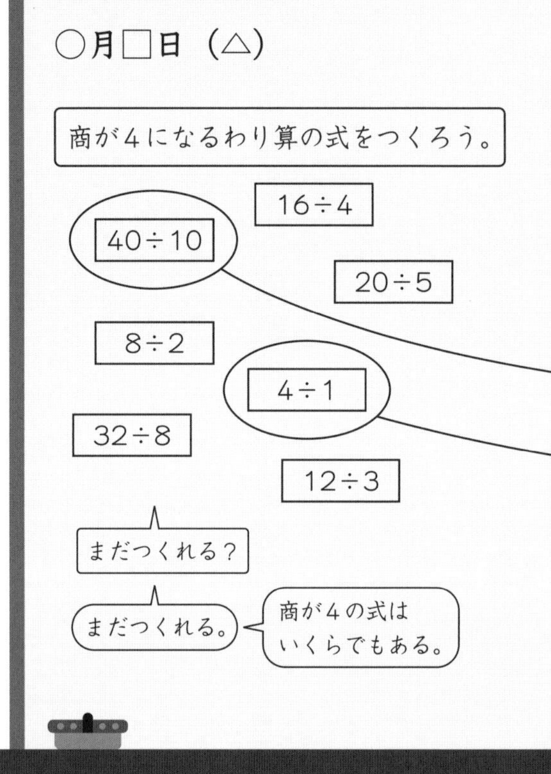
○月□日（△）
商が４になるわり算の式をつくろう。
16÷4
40÷10
20÷5
8÷2
4÷1
32÷8
12÷3
まだつくれる？
まだつくれる。
商が４の式はいくらでもある。

2 いくらでもあることを説明するためにもう１つ式をつくるとしたら，どんな式をつくる？

400÷100
400÷100 をつくった人の気持ちは分かりますか？

ノートに１つ式を書かせる。その中から，まずは商が同じになることの理解が容易である，400÷100のような「位を大きくした式」を選び発表させ，全員に「なぜその式をつくったのか」を問う。

3 分かる！両方の桁を上げれば商が同じになるから

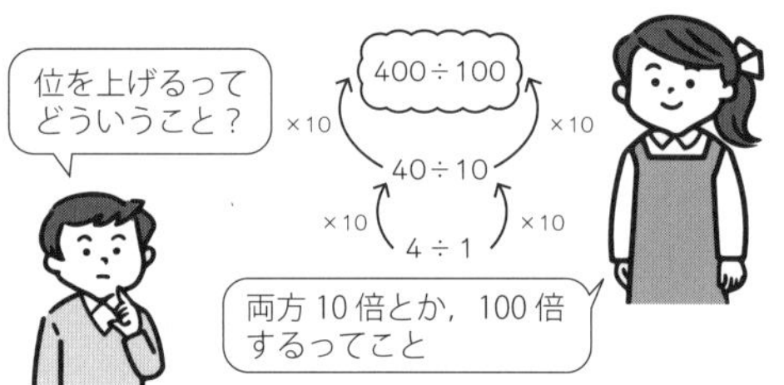
位を上げるってどういうこと？
400÷100
×10
×10
40÷10
×10
×10
4÷1
両方 10 倍とか，100 倍するってこと

「位を上げた」という発言を取り上げ，その意味を問うことで，わられる数，わる数をどちらも10倍，100倍したという言葉を引き出す。

本時の評価

・わる数，わられる数の両方の桁が上がれば，また２倍，３倍になれば商は変わらないことを理解することができたか。

・わられる数がわる数の４倍の関係になっていれば商が４であることを理解することができたか。

準備物

・画用紙を切った短冊

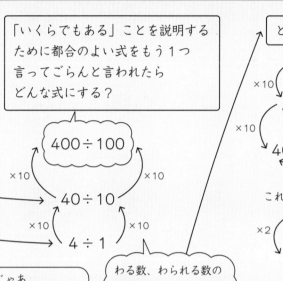

「いくらでもある」ことを説明するために都合のよい式をもう１つ言ってごらんと言われたらどんな式にする？

400÷100

×10　×10

40÷10

×10　×10

4÷1

じゃあ
4000÷1000、
40000÷10000
も !!

わる数、わられる数の両方のけたを上げれば商は同じになるでしょ。

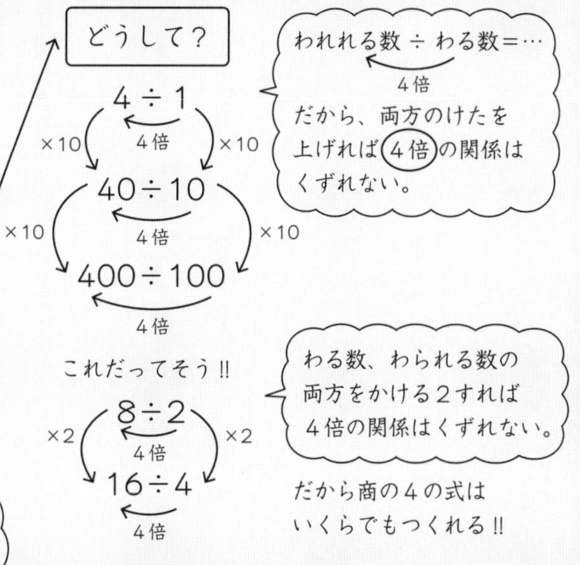

どうして？
4÷1
4倍
×10　×10
40÷10
4倍
×10　×10
400÷100
4倍
われれる数 ÷ わる数＝…
4倍
だから、両方のけたを上げれば 4倍 の関係はくずれない。
これだってそう !!
8÷2
4倍
×2　×2
16÷4
4倍
わる数、わられる数の両方をかける２すれば４倍の関係はくずれない。
だから商の４の式はいくらでもつくれる !!

まとめ

わる数、わられる数に同じ数をかければ（われば）商は変わらない。

4　どうして同じように両方の桁が上がると商が同じになるの？

8÷2
×2　×2
4倍
16÷4
4倍
われれる数 ÷ わる数＝…
4倍
両方の桁を上げれば４倍の関係は崩れない。
桁を上げなくても，両方とも２倍したってそう

位を上げても，わられる数とわる数が４倍になっている関係が崩れないこと。わる数・わられる数を２倍，３倍するのでもその関係は崩れないことに気付かせるようにする。

まとめ　わる数，わられる数に同じ数をかければ（割れば），商は変わらない

本時の学習を振り返り，わる数，わられる数の桁を10倍，100倍すれば商は変わらないこと。その理由を，わる数，わられる数の関係が４倍になっていること。そして，その関係は，わる数・わられる数を２倍，３倍するのでも崩れないことを確認し，それをまとめとして板書するようにする。

本時案

「商が変わらない」きまりを使おう

11/11

本時の目標

・わり算のきまりを使って，工夫して計算することができる。
・仲間の発想の思いを読み取ろうとし，また，理解することができる。

授業の流れ

1 きまり使って，暗算のできそうな簡単な式に直そう

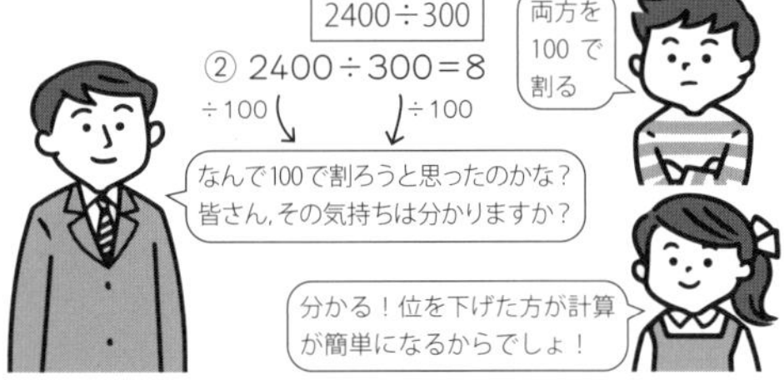

2400÷300
② 2400÷300＝8
÷100
÷100
両方を100で割る
なんで100で割ろうと思ったのかな？皆さん，その気持ちは分かりますか？
分かる！位を下げた方が計算が簡単になるからでしょ！

わり算のきまりを使う授業である。課題は，「きまりを使って，暗算できそうな簡単な式に直そう」である。大切なことは，ただ「どのようにきまり使ったか」を説明させるのではなく，「どうしてそのような式に直したかったのか」の思いに触れることである。発想の思いに触れながら，授業を進めるようにする。

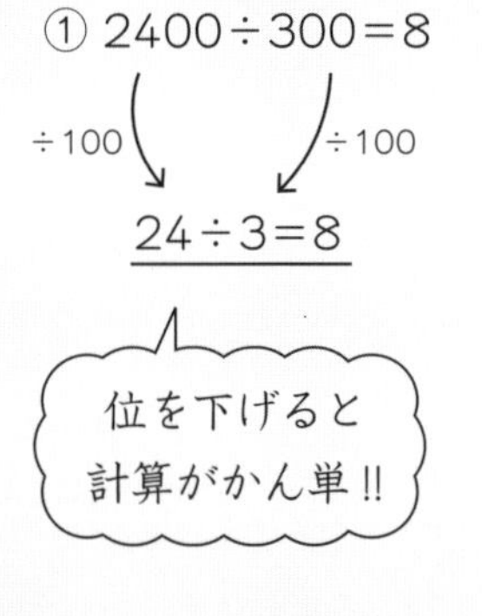

○月□日（△）
わり算のきまり
わる数、わられる数の両方を同じ数でかけていれば（われば）商は変わらない。
① 2400÷300＝8
÷100
÷100
24÷3＝8
位を下げると計算がかん単!!

2 どうして 2 倍しようと思ったのかなぁ？その気持ちが分かりますか？

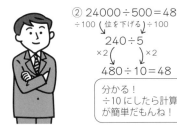

② 24000÷500＝48
÷100（位を下げる）÷100
240÷5
×2　×2
480÷10＝48

分かる！
÷10 にしたら計算が簡単だもんね！

このように「発想に至った気持ちを問う」ことで，何をしたかったのかを共有するようにしていく。

3 どうして数を大きくしようとしているの？

③ 750÷25＝30
×2　×2
1500÷50
×2　×2
3000÷100＝30

分かる！
÷100 にしようと思ったからでしょ！

上のように「×」だけを示し，どうして大きくしているのかを問い，発想の思いをともに考えるようにすることも大切である。

本時の評価

・わり算のきまりを使って，暗算のできる式に変形することができたか。
・「位を下げる」「わる数を10や100といったきりのよい数にする」といった仲間の発想の思いを読み取ることができたか。
・発想の思いを理解することができたか。

このきまりを使って
わり算の式を暗算ができそうな
かん単な式に直そう!!

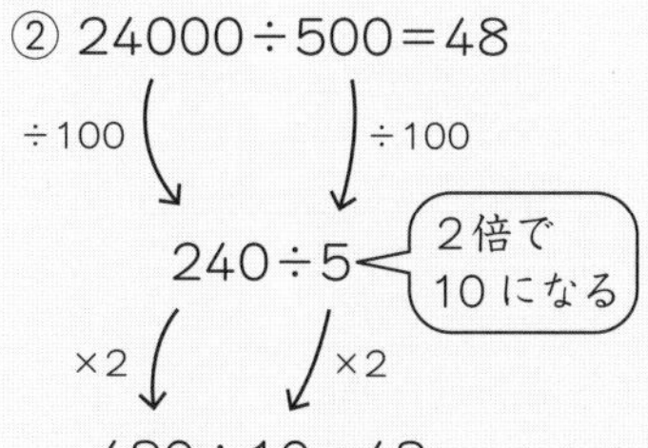

② 24000÷500＝48
÷100
÷100
240÷5
2倍で
10になる
×2
×2
480÷10＝48

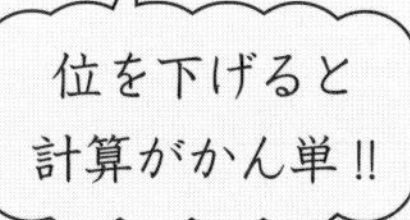

位を下げると
計算がかん単!!

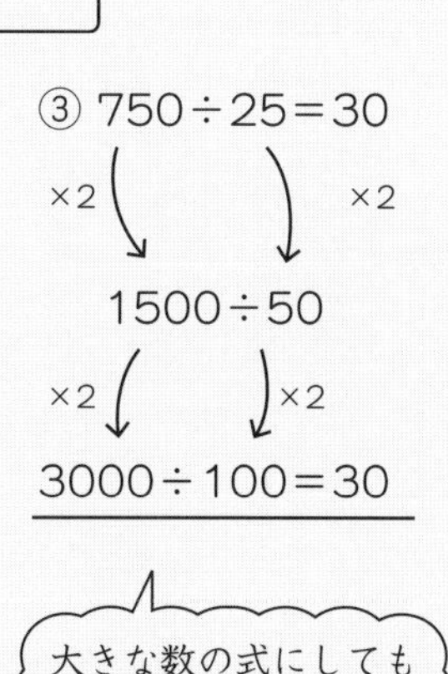

③ 750÷25＝30
×2
×2
1500÷50
×2
×2
3000÷100＝30
大きな数の式にしても
計算がかん単になる
こともあるね!!

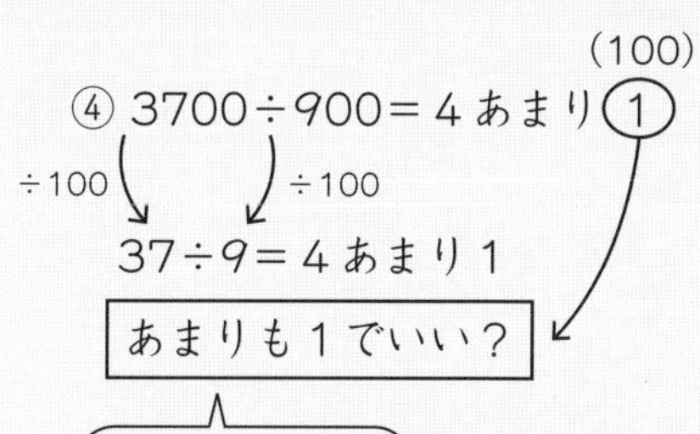

(100)
④ 3700÷900＝4あまり①
÷100
÷100
37÷9＝4あまり1
あまりも1でいい？

だめ、
あまりは100だ

900×4＋⑩⑩＝3700

位を下げて計算したとき、
もし、あまりがあるときは
もとの位にもどそう。

まとめ
わり算のきまりを使うと
暗算できる式にすることができる。

4 あまり1でいい？

④ 3700÷900＝4あまり①
÷100 ÷100
37÷9＝4あまり1

だめ！あまりは100。前にやったじゃん。
あまりがあるときは，もとの位に戻さないと

これまでにも「あまりの処理」は行ってきたが，とても間違いが多いところなので，本授業でも扱うようにし，注意喚起をするようにしたい。

まとめ わり算のきまりを使うと，暗算のできる式にすることができる

「位を下げる」「わる数を10や100といったきりのよい数にする」「位を上げて，式の数を大きくしても簡単になる場合がある」「きまりを使うときのあまりの処理に気を付ける」といった本授業で現れた大切な発想を子どもとともに振り返りながら，本時のまとめをするようにする。

6 倍の見方 （2時間扱い）

単元の目標

　二つの数量の関係とそれとは別の二つの数量の関係を比べる力を養うとともに，２つの数量を比べる場合には割合を用いることがあることを理解させる。また，簡単な場合について割合を求めることができるようにする。

評価規準

知識・技能	簡単な場合についての割合を活用して，ある二つの数量の関係と別の二つの数量の関係とを比べることができる。
思考・判断・表現	日常の事象における数量の関係に着目し，ある二つの数量の関係と別の二つの数量の関係について割合を用いて考え，説明している。
主体的に学習に取り組む態度	二つの数量の関係とそれとは別の二つの数量の関係を進んで比べようとし，その比べ方として割合を見出そうとしている。また，日常の数量を比較する場面で，その比べ方として進んで割合を用いようとしている。

指導計画　全２時間

次	時	主な学習活動
第１次 「倍」の比べ方	1	タケノコの成長を比べる活動を通して，倍で比べる方法があることを見出す。
	2	テストの成績の変化や長方形の長さを比べる活動を通して，倍で比べる方法についての理解を深める。

単元の基礎・基本と見方・考え方

二つの数量の関係とそれとは別の二つの数量の関係を比較する方法には，「差による比較」と「倍（割合）による比較」の２つの方法があること気付くことができる。そして，除法で「倍（割合）」が求まることの根拠を，数直線図などを用いることで理解し，説明することができる。

(1)「簡単な割合」が新たな単元として４年生の学習に組み込まれた意義

「割合」の学習に臨むに当たって，その明確な既習となる学習内容が「倍」の指導である。だから，「倍」を求める学習は，第４学年「小数÷整数」の学習の中で，以下のように扱ってきた。

A 君は80m，B 君は40m 泳ぐことができます。A は B の何倍泳ぐことができますか？ 80÷40＝２　答え　２倍

このように，「倍を求める学習」は行ってきたが，５年「割合」の学習で困難を抱く子どもが多い。それは，求めた「倍」を使って，「倍で比べる活動」を行ってこなかったことが要因である。だから，新単元「簡単な割合」を設定し，「倍で比べる」という経験をさせようとしたである。

(2)「倍で比べる」ということ

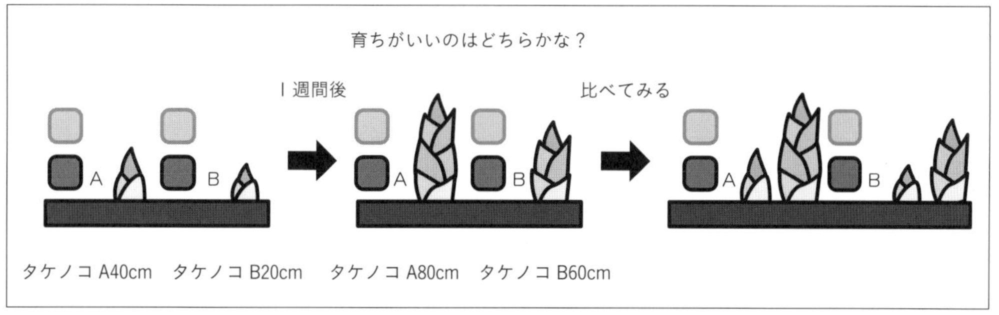
育ちがいいのはどちらかな？
１週間後
比べてみる
A
B
タケノコ A40cm　タケノコ B20cm　タケノコ A80cm　タケノコ B60cm

本誌でも素材として扱った「タケノコの成長」である。この場に直面させると，多くの子どもが「差」で比べ，「A は80−40＝40cm，B は60−20＝40cm で，どちらも１週間の伸びは40cm で同じ」と答える。しかしながら，現実であれば，「倍」で比べることもまた自然な行為であると言える。

だからこそ，実際の授業で表出する，「差は同じだけど，伸び方を見た感じは B の方が大きくなったように見える」という子どもの見方を取り上げ，その数値化を促し，「倍」，すなわち，「基準量を１（倍）と見たときに，比較量が何（倍）に当たるかを求めている」ということを確実に理解させるようにしたい。

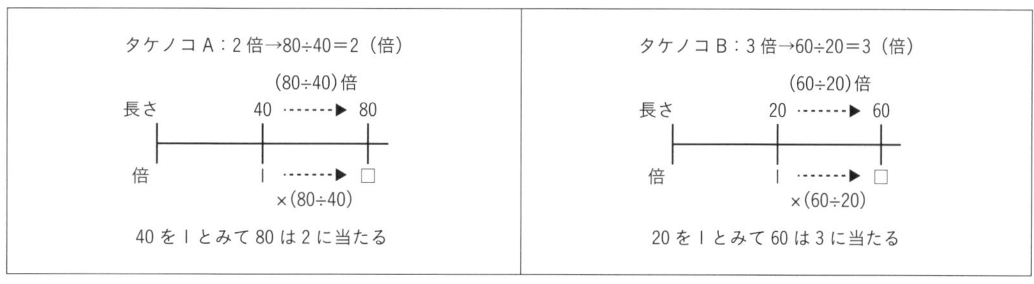
タケノコ A：2 倍→80÷40=2（倍）
(80÷40)倍
長さ　40　80
倍　１　□
×(80÷40)
40 を１とみて 80 は 2 に当たる
タケノコ B：3 倍→60÷20=3（倍）
(60÷20)倍
長さ　20　60
倍　１　□
×(60÷20)
20 を１とみて 60 は 3 に当たる

いずれにしても，４年「簡単な割合」では，「倍で比べる」という場面に豊富に触れさせることが大切である。

本時案　授業DVD

差で比べる？倍で比べる？①

1/2

本時の目標

・はじめと2週間後の成長したタケノコを比べる必要性を見出すことができ，比べ方には「差」と「倍」の2つの方法があることを見出すことができる。

授業の流れ

1 どのタケノコがよく育ったと感じますか？

これは2週間後の成長したタケノコです

C。一番長い

でも，はじめどうだったかを見ないと分からない

差と倍の比べ方を考える授業である。まずは，2週間後（成長後）のタケノコの画像を見せ，「どのタケノコがよく育ったと感じるか」を問う。見た目でCを選ぶ子どもがいると想定されるが，はじめがどうだったかが分からないと判断できないという子どもも現れるだろう。その理由を聞きながら，動画でどのように成長したかを見せるようにする。

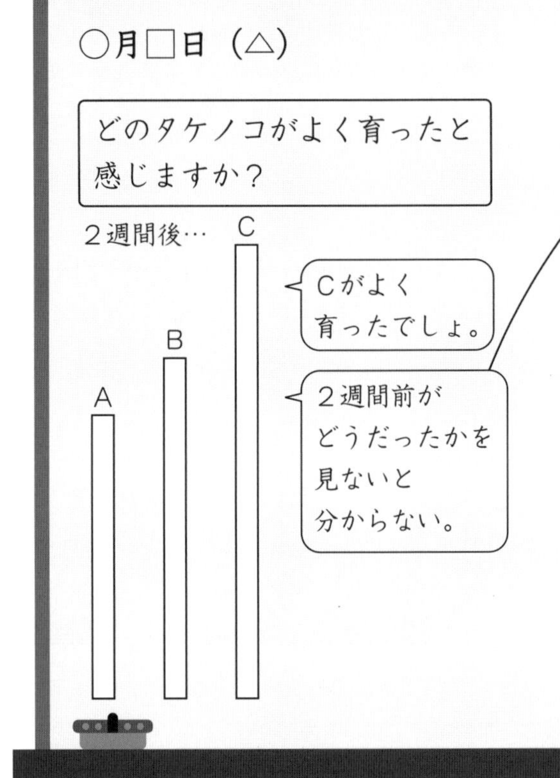
○月□日（△）
どのタケノコがよく育ったと感じますか？
2週間後…
A
B
C
Cがよく育ったでしょ。
2週間前がどうだったかを見ないと分からない。

2 Bがよく育ってたように感じる！

Bだ！よく伸びたように見えた
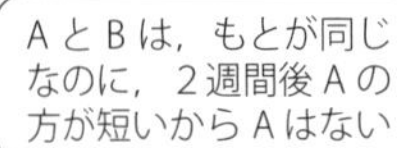
AとBは，もとが同じなのに，2週間後Aの方が短いからAはない

長さは示さず，はじめの状態からどのように2週間後の姿になったのかの映像を見せる。すると，感覚的に倍の見方でよく成長したBを選ぶ子どもが多数現れる。また，「Aはない」「BとCは決めかねている」という子どもも現れる。

3 はじめと2週間後を並べたい

並べて何を見たいの？

差が見たい

BとCは，どちらも40cm伸びているから同じだ

「並べて何を見たいの？」と問うと，差が見たいという反応が返ってくる。そうしたら，実寸大の紙テープとタケノコの長さを提示し，比べさせる。BとCは差が同じであることに気付き，同じ成長であると意見が変わる。

本時の評価

・はじめと2週間後の成長したタケノコを比べる必要性を見出すことができたか。
・比べ方には「差」と「倍」の2つの方法があることを見出すことができたか。

準備物

・スクールプレゼンター（内田洋行）で作成したタコノコの画像と動画
タケノコ実寸大の紙テープ

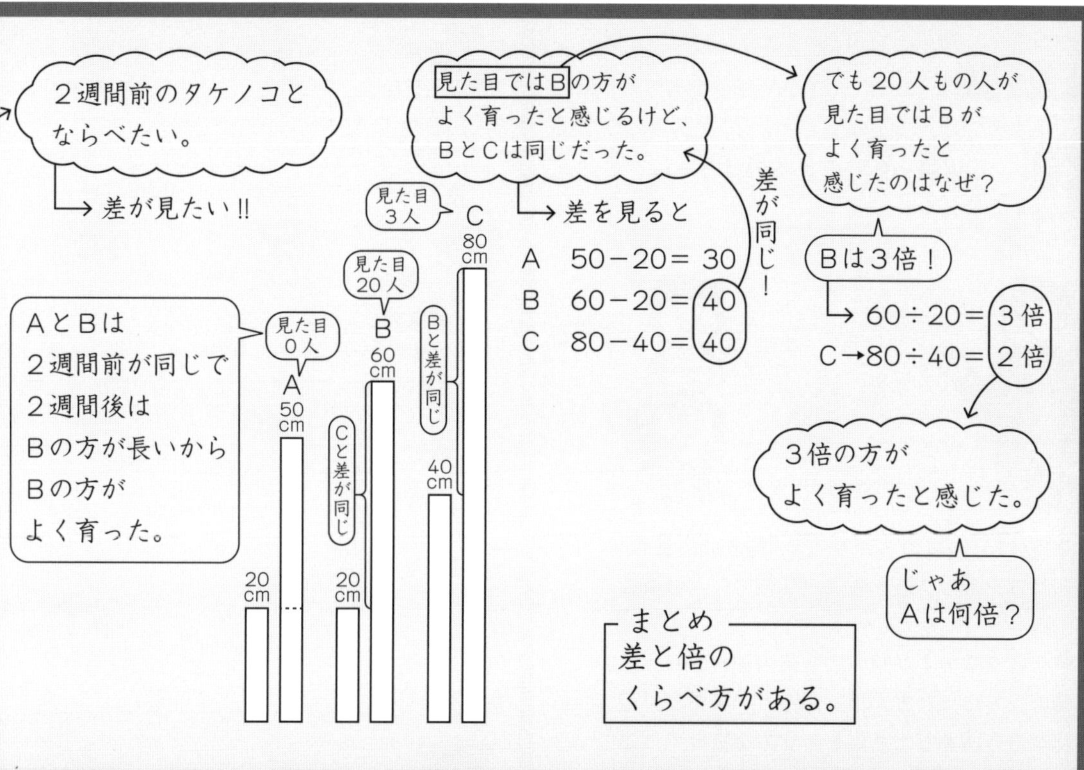
2週間前のタケノコとならべたい。
→差が見たい!!
AとBは2週間前が同じで2週間後はBの方が長いからBの方がよく育った。
見た目0人
A
50cm
20cm
Cと差が同じ
見た目20人
B
60cm
20cm
Bと差が同じ
見た目3人
C
80cm
40cm
見た目ではBの方がよく育ったと感じるけど、BとCは同じだった。
→差を見ると
A 50−20＝30
B 60−20＝40
C 80−40＝40
差が同じ！
でも20人もの人が見た目ではBがよく育ったと感じたのはなぜ？
Bは3倍！
→60÷20＝3倍
C→80÷40＝2倍
3倍の方がよく育ったと感じた。
じゃあAは何倍？
まとめ
差と倍のくらべ方がある。

4 見た目ではBがよく成長したと言ってたけど，理由があるのかな

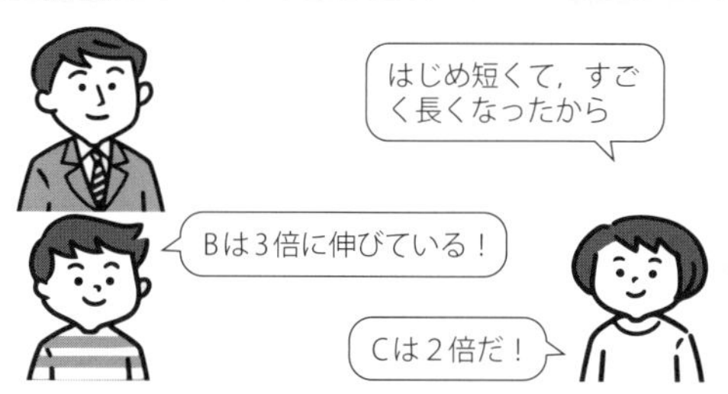
はじめ短くて，すごく長くなったから
Bは3倍に伸びている！
Cは2倍だ！

最初はなかなか倍には気付かない。それでも，見た目でBが成長したと感じた理由を語らせていくと，徐々に倍に関わる気付きが出てくる。その気付きを取り上げながら，倍を見出させていくようにする。

まとめ 差と倍の比べ方がある

本実践では，差と倍のどちらの比べ方が適切かの吟味はしない。あくまでも，比べ方には「差」と「倍」の2つの方法があるということを，本時の学習を振り返って，まとめるようにすればよい。

また，Aのタケノコについては，2.5倍に伸びている「小数倍」である。子どもの実態に応じて発展として扱うとよいだろう。

本時案

差で比べる？倍で比べる？②

2/2

本時の目標

・いろいろな場面において，「差」と「倍」の2つの方法で比べることができる。
・量と倍を2本の数直線で表すことの意味を理解し，また適切にかくことができる。

○月□日（△）

くらべよう

漢字テスト　1回目　2回目
Aさん　20点⟶60点
Bさん　40点⟶80点
1回目から2回目への変化を見て
よくがんばったと言えるのはA、Bどっち？

A、Bの長方形
たてにくらべて横が長いといえるのは
どっち？

A：60cm，120cm
B：30cm，90cm

授業の流れ

1　よく頑張ったと言えるのはどっちと感じる？

同じ
AもBも40点アップ！

本時は，「点数の上がり方」「長方形の長さ」の感じ方を扱う。倍を表現する際には，数直線の指導もしておきたい。

最初は点数の上がり方。前時の流れから，差と倍の両方の比べ方が出るだろう。まずは，差で比べる方法をした子どもの見方を取り上げることから始める。

2　Aの方が頑張ったと言える!

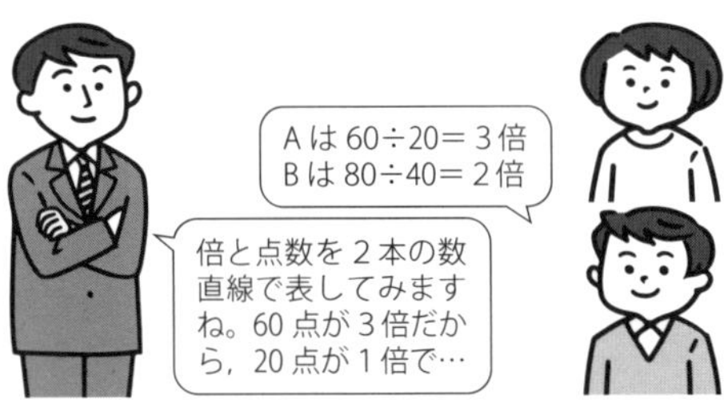
Aは60÷20＝3倍
Bは80÷40＝2倍
倍と点数を2本の数直線で表してみますね。60点が3倍だから，20点が1倍で…

倍の比べ方も，前時を想起できた子どもにとっては容易に見出すことができるだろう。ここでは，数直線の指導を丁寧に行い，量と倍を数直線で表す方法を確実に理解させるようにしたい。

3　縦に比べて，横が長いと感じるのはどっちの長方形？

同じ
AもBも縦に比べて横が60cm長い

長方形の横の長さについてである。ここでも当然，差と倍の両方の比べ方が出るだろう。まずは「同じ」，すなわち差で比べる方法をした子どもの見方を取り上げ，全員で確認するようにする。

本時の評価

・いろいろな場面において,「差」と「倍」の2つの方法で比べることができたか。
・量と倍を2本の数直線で表すことの意味を理解することができ, また適切にかくことができたか。

同じ⇒差でくらべた

2回目 1回目

A:60－20＝40点UP

B:80－40＝40点UP

どちらも40点UP
したので同じ

Aさん⇒倍でくらべた

2回目 1回目

A:60÷20＝3倍UP

(20×3(倍)＝60)

B:80÷40＝2倍UP

(40×2(倍)＝80)

3倍UPのAの方が
よくがんばった

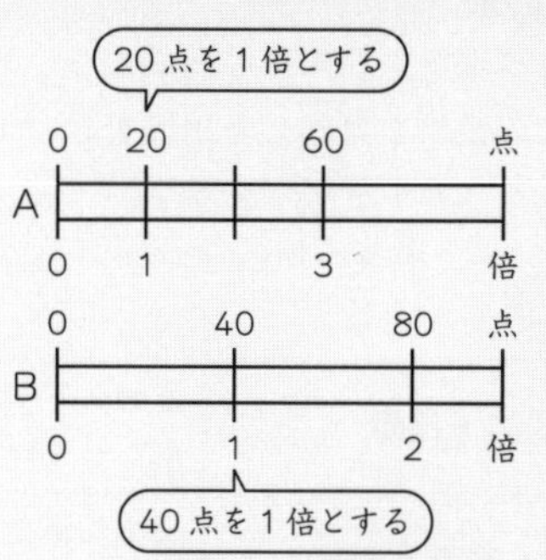

20点を1倍とする
0 20 60 点
A
0 1 3 倍
0 40 80 点
B
0 1 2 倍
40点を1倍とする

同じ⇒差でくらべた

横 たて

A:120－60＝60cm差

B: 90 －30＝60cm差

どちらも60cm差なので同じ

B⇒倍でくらべた

横 たて

A:120÷60＝2倍ちがう

(60×2(倍)＝120)

B: 90 ÷30＝3倍ちがう

(30×3(倍)＝90)

3倍ちがうBの方が横が長い

たて60cmを1倍とする

0 たて60 横120 cm

A

0 たて1 2 倍

0 30 横90 cm

B

0 1 2 3 倍

たて30cmを1倍とする

まとめ

差と倍の2つのくらべ方

4 Bの方が横長の長方形だと言える!

Aは120÷60＝2倍
Bは90÷30＝3倍
Bの方が縦に比べて横の長さが3倍だから横長と言える

縦と横の長さと倍を数直線で表してみましょう

倍での比べ方の確認ができたら, 先ほど指導した数直線を, 今度は子どもたちに自分たちでかかせてみて, かけるかどうかの確認をするようにする。

まとめ 「差」と「倍」の2つの比べ方

本実践でも, 前時と同様に差と倍のどちらの比べ方が適切かの吟味はしない。あくまでも, 比べ方には「差」と「倍」の2つの方法があるということを, 本時の学習を振り返って, まとめるようにすればよい。

また, 時間に余裕があれば, 差と倍の両方で比べることが起こりうる問題場面づくりをさせてもよいだろう。

7 垂直・平行と四角形 （13時間扱い）

単元の目標

直線の位置関係や四角形の構成について理解し，図形についての見方や感覚を豊かにできるようにする。図形の性質を考察した過程を通して，図形の構成の仕方を考える力を養い，これからの図形の学習に生かそうとする態度を養う。

評価規準

知識・技能	直線の平行や垂直の関係を理解し，それらを活用して平行四辺形やひし形，台形について理解している。
思考・判断・表現	辺の位置関係や構成要素に着目して，様々な四角形の性質を見出し表現したり，四角形の対角線の特徴を統合的に考えたり，説明している。
主体的に学習に取り組む態度	直線と直線の関係をかいたり操作したりする活動を進んで行う。辺と辺との関係や長さ，角に着目して四角形を分類しようとし，また，その性質をもとに既習の図形を捉え直そうとしている。

指導計画 全13時間

次	時	主な学習活動
第1次 垂直と平行	1	長方形に折る方法を考える活動を通して，垂直の意味を見出し，理解する。
	2	長方形に折る方法を考える活動を通して，平行の意味を見出し，理解する。
	3	垂直な2本の直線のかき方を考える。
	4	平行な2本の直線のかき方を考える活動を通して，平行の意味の理解を確かなものにする。
	5	平行な2本の直線のかき方を考える活動を通して，平行の定義を見出す。
第2次 いろいろな四角形	6	四角形の仲間分けの活動を通して，仲間分けする観点「辺の長さ，角の大きさ，“辺と辺の関係（平行と垂直）”」を見出す。
	7	四角形の仲間分けの活動を通して，ひし形について理解する。
	8	四角形の仲間分けの活動を通して，ひし形について理解する。平行四辺形，台形について理解する。
	9	四角形の包含関係を考える活動を通して，いろいろな四角形の構成について統合的に理解する。
	10	正方形・長方形の作図を通して，作図の意味と方法を見出し，理解する。
	11	ひし形の作図の仕方を考える活動を通して，ひし形についての理解を深める。
	12	平行四辺形・台形の作図の仕方を考える活動を通して，平行四辺形・台形についての理解を深める。
	13	いろいろな四角形の対角線の特徴を見出す。対角線の特徴をもとに，四角形の作図の仕方を考える。

単元の基礎・基本と見方・考え方

直線と直線の関係をかいたり操作したりする活動を通して，垂直や平行の関係を理解することができる。四角形を，辺と辺との関係や長さ，角に着目して分類し，平行四辺形，ひし形，台形について知ることができる。四角形の観察や構成を通して性質を見出し，また，その性質をもとに既習の図形を捉え直すことができる。

〈垂直・平行〉

垂直と平行は，どちらも２つの直線の位置関係を表す言葉である。垂直は，直線と直線が直角に交わっている位置関係のことをいい，平行は，１つの直線に同じ角度で交わっている２つの直線（平行ならば同位角が等しい）の位置関係のことをいう。

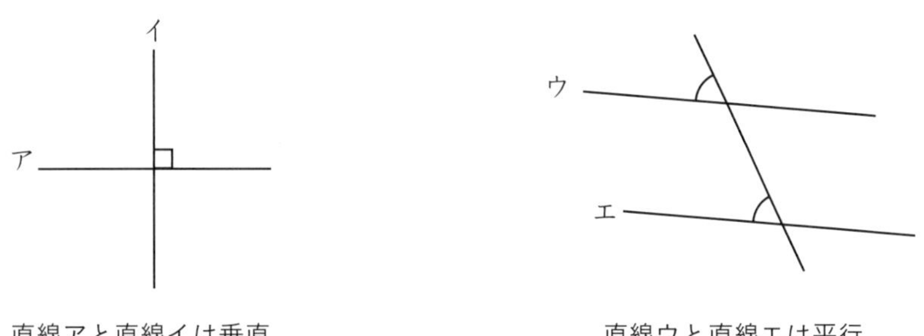

イ
ア
ウ
エ

直線アと直線イは垂直　　直線ウと直線エは平行

垂直と直角を混同しやすいが，直角は２直線がなす形であるのに対して，垂直は２直線の交わり方である。その違いを理解させるようにしたい。また，平行についても，教科書では「１つの直線に垂直に交わる」と指導するが，１歩踏み込み，上記のように「１つの直線に同じ角度で交わる」と指導することで，「平行ならば同位角・錯覚が等しい」ことの理解を深めるようにしたい。

〈いろいろな四角形〉

⑴新しい観点で四角形をみる活動

３年生までは，図形をみる観点として，辺や頂点の数，辺の長さ，角の大きさに着目してきたが，４年生ではこれらに加えて，辺の位置関係（垂直・平行）や対角線の長さと交わり方に着目して四角形を分類していく活動を行う。本単元では，四角形の定義づけや性質を見出していく活動を通して，図形を考察する観点を理解させ，今後の学習に活かせるようにすることが大切である。

⑵授業の導入の仕方について

本単元の導入授業に２つの活動が考えられる。１つは，本書でも実践しているが，たくさんの四角形を提示して仲間分けをしていくという，図形の弁別を扱うものである。これは，「集合の考え」を用いて，四角形の定義づけや性質を見出していくことを目的として行われていることである。

もう一つの方法が，四角形をとにかくつくり，そして，その四角形の特徴について調べていく活動である。これは，実際に辺の長さや角の大きさを測るとか，折る・切る・重ねるといった操作を通して，実感的に四角形について理解していくことを目的としている。

本時案

直角に折れるかな？

1/13

本時の目標

・紙を直角に折り畳むことができる。
・折り畳んだときにできた角が直角である理由を筋道立てて説明することができる。

授業の流れ

1 この紙を折り畳んで長方形にします。何回折りましょうか？

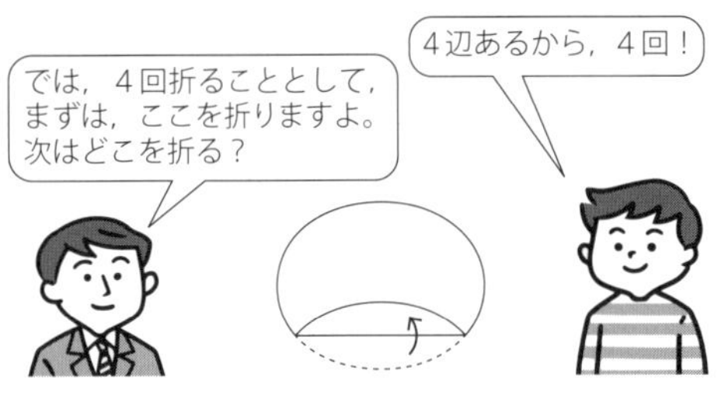
では，４回折ることとして，まずは，ここを折りますよ。次はどこを折る？
４辺あるから，４回！

垂直・平行の導入授業である。丸形の紙を子どもに渡し，「長方形に折り畳もう」という課題で２時間にわたって授業を展開する。

本時は垂直である。長方形なので，４回折る必要があることを確認し，そのうち１辺は教師が折って提示し，「次はどこを折る？」という問いかけから，授業を展開していく。

○月□日（△）

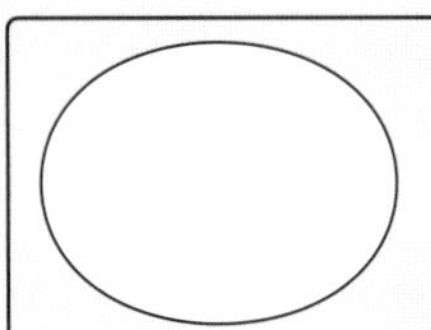

この紙を折りたたんで長方形にしましょう。

何回折る？

長方形は４辺あるから４回折る。

まずここを折って

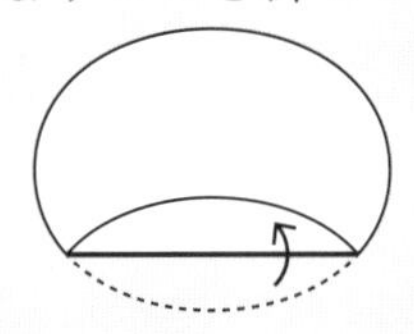

次はどこを折る？

2 向かい側の辺を折る！

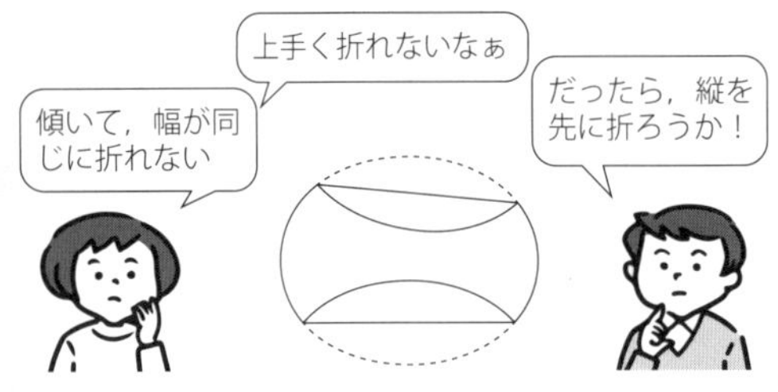
傾いて，幅が同じに折れない
上手く折れないなぁ
だったら，縦を先に折ろうか！

向かいの辺を折ろうとする反応を捉え，実際に折らせる。しかし，うまく折れない。その理由を聞くことで，「幅が同じに折れない」という，次時に扱う，「平行」に関わる言葉を引き出しつつ，「縦を先に折る」ことを促す。

3 でも，直角に折れるかな？

辺どうしがぴったりと重なるように折ればいいんだよ

長方形の４つの角が直角であることは既習なので，「直角に折れるか」という課題が生まれる。実際に折らせながら，上のような折り方をしている子どもを取り上げていく。

本時の評価

・向かい合う辺の幅が同じである必要性に気付き，紙を直角ができるように折り畳むことができたか。
・折り畳んだときにできた角が直角である理由を，４つの角は等しいこと，１周360°という言葉を用いて筋道立てて説明することができたか。

準備物

・丸形の画用紙を人数分

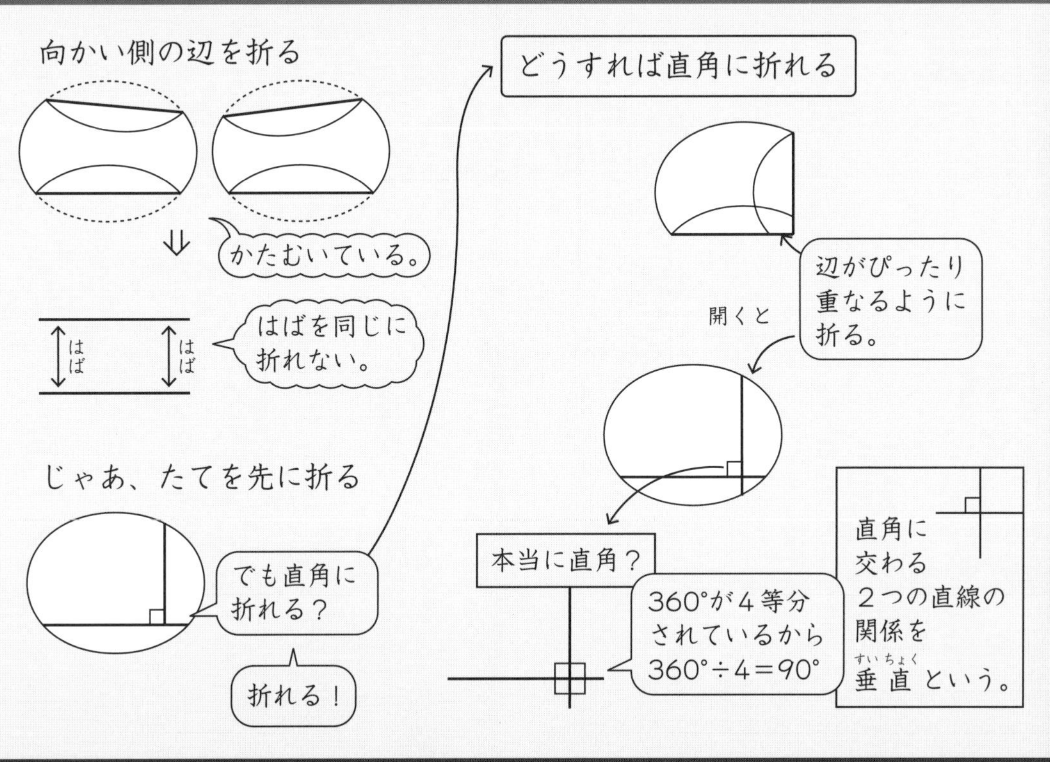
向かい側の辺を折る
かたむいている。
はば
はば
はばを同じに折れない。
じゃあ、たてを先に折る
でも直角に折れる？
折れる！
どうすれば直角に折れる
辺がぴったり重なるように折る。
開くと
本当に直角？
360°が４等分されているから 360°÷4＝90°
直角に交わる２つの直線の関係を垂直（すいちょく）という。

本当に直角かなぁ？

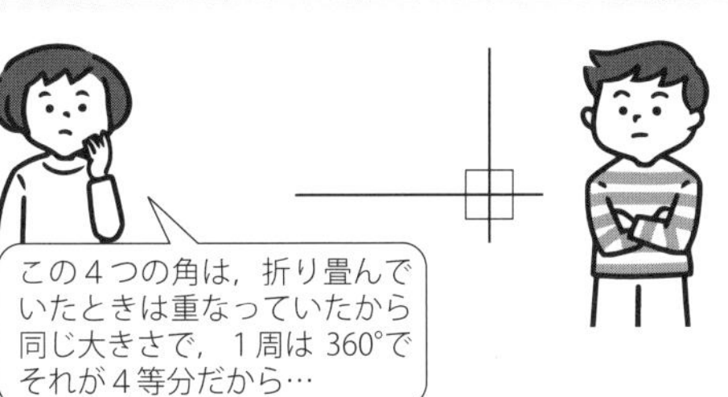
この４つの角は，折り畳んでいたときは重なっていたから同じ大きさで，１周は 360°でそれが４等分だから…

「本当に直角か？」という疑問を持つ子がいなければ教師が問うてもよい。子どもの話を丁寧に聞きながら，直角である理由を筋道立てて説明できるようにする。

まとめ　直角に交わる２つの直線の関係を垂直という

「辺が重なるようにぴったり折る」「開いたときにできていた４つの角は360°が４等分されているから360÷４＝90°」といった学びを振り返りながら，最後に「直角に交わる２つの直線の関係を垂直という」といった垂直の用語の指導をして，本時のまとめとする。

本時案

幅は一定かな？

2/13

本時の目標

・長方形に折ることができる。
・向かい合う辺が平行であることを，長方形の性質をもとに説明することができる。

授業の流れ

1 さあ，あと１本！

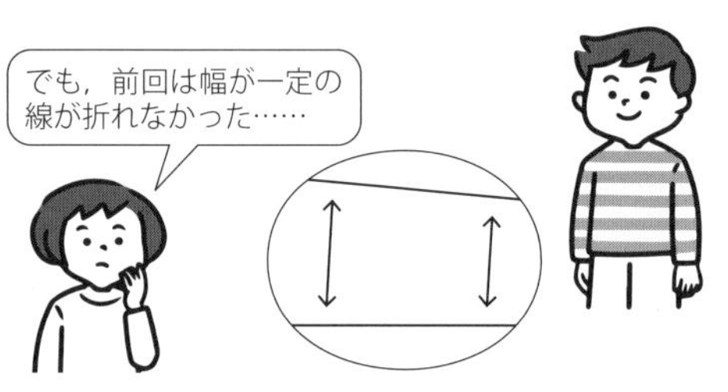
でも，前回は幅が一定の線が折れなかった……

本時は平行の学習である。前時の冒頭で，向かい合う辺を幅が一定（平行）になるようには折れないことが確認されている。本時は，その克服が課題となる。

前時の流れから，もう１本が垂直に折れることを確認する。そして「幅を一定にできなかった」ことを課題として掲げる。

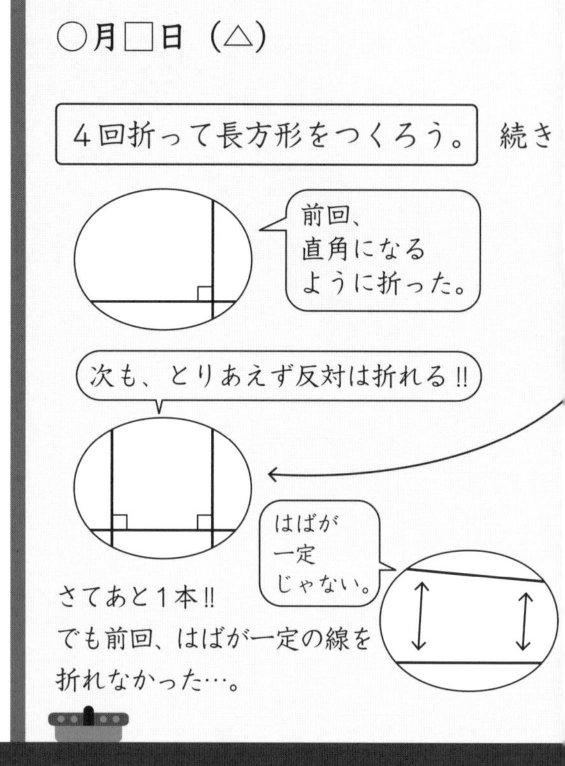
○月□日（△）
4回折って長方形をつくろう。
続き
前回、直角になるように折った。
次も、とりあえず反対は折れる!!
はばが一定じゃない。
さてあと１本!!
でも前回、はばが一定の線を折れなかった…。

2 ここまで折れたなら，幅が一定の線が折れそうかな？

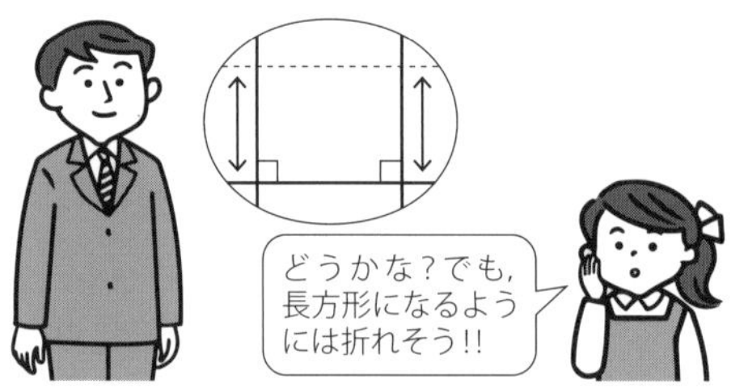
どうかな？でも，長方形になるようには折れそう!!

「最後の１本が幅を一定に折れるか」を問う。折れる，折れない，とりあえず長方形には折れそうという様々な反応が想定できる。

そこで，とりあえず長方形になるよう折ることを促す。

3 長方形に折れた！

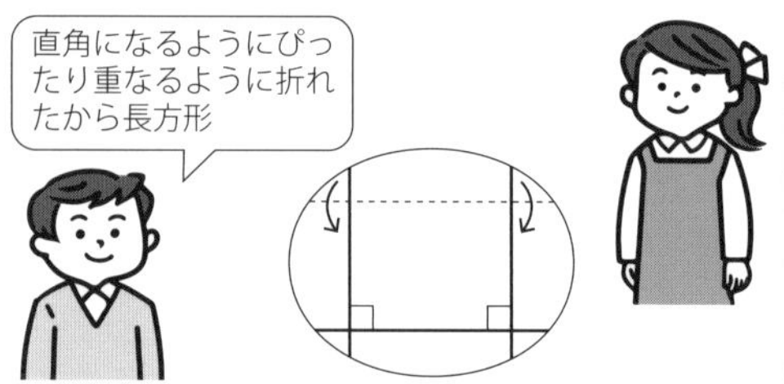
直角になるようにぴったり重なるように折れたから長方形

折る前は半信半疑だが，実際に折ることで，最後の１本が両角とも，ぴったり辺が折り重なることから直角になることに気付き，長方形が折れることが実感できるだろう。

本時の評価

・両端の角が直角になることを確認しながら，最後の１本を折り，長方形に折ることができたか。
・向かい合う辺の幅が一定であることを，長方形の性質である「辺が直角に交わり，かつ長さが等しい」ことを理由として，筋道立てて説明することができたか。

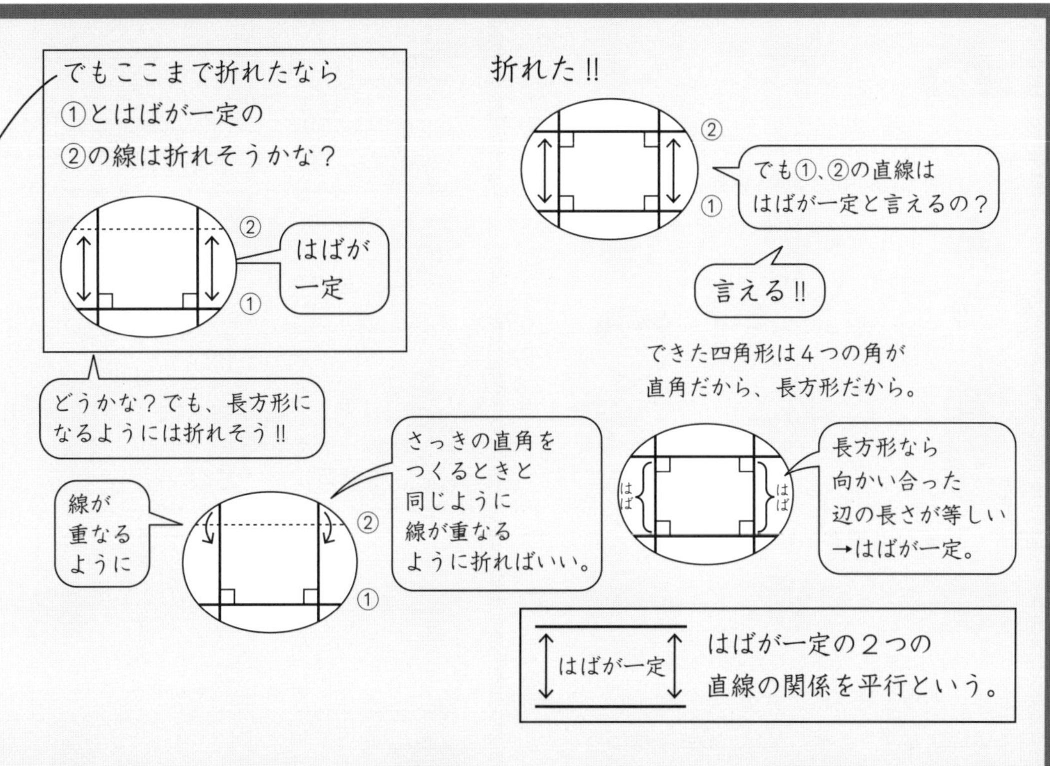
でもここまで折れたなら
①とはばが一定の
②の線は折れそうかな？
はばが一定
どうかな？でも、長方形になるようには折れそう!!
線が重なるように
さっきの直角をつくるときと同じように線が重なるように折ればいい。
折れた!!
でも①、②の直線ははばが一定と言えるの？
言える!!
できた四角形は４つの角が直角だから、長方形だから。
長方形なら向かい合った辺の長さが等しい→はばが一定。
はばが一定
はばが一定の２つの直線の関係を平行という。

4 ところで，いま折った線は向かい合う辺と幅が一定だと言えるの？

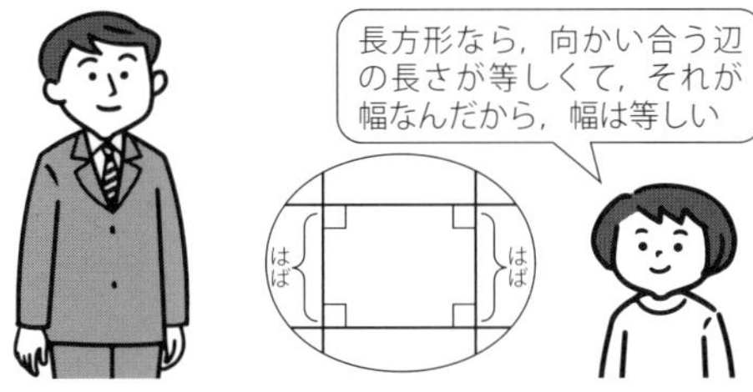
長方形なら，向かい合う辺の長さが等しくて，それが幅なんだから，幅は等しい
はば
はば

折った線が向かい合う辺と幅の等しいことを筋道立てて説明できるよう，子どもの話を丁寧に聞きながら，長方形の性質をもとに語るよう促していく。

まとめ 幅が一定の２つの直線の関係を平行という

「最後の１本の両端が直角になるよう折れたこと」「長方形だとすれば，向かい合う辺は，両端の辺が直角に交わり，かつ長さが等しいことから幅が一定である」という学びをつくったことを子どもとともに振り返り，最後に「平行」の用語の指導をして，まとめとするようにする。

本時案

垂直な２本の直線をかこう

3/13

本時の目標

・垂直な２本の直線をかくには，三角定規の直角部分や分度器を使えばよいことに気付き，正しく，垂直な２本の直線をかくことができる。

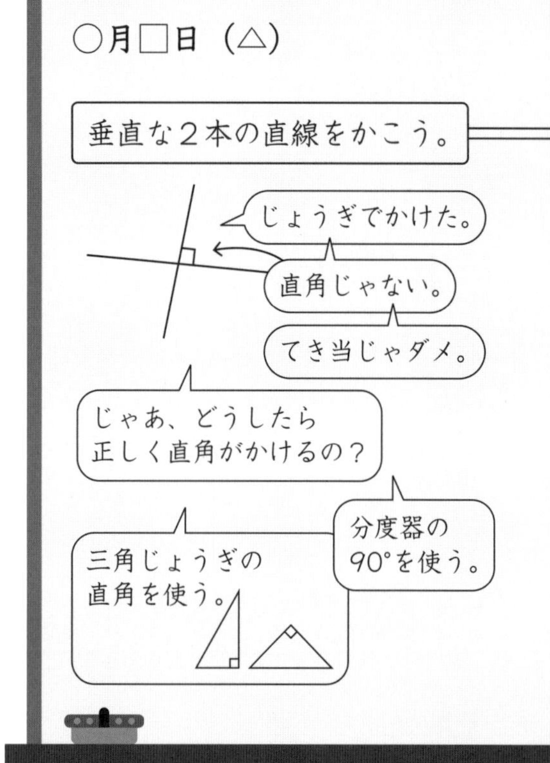
○月□日（△）
垂直な２本の直線をかこう。
じょうぎでかけた。
直角じゃない。
てき当じゃダメ。
じゃあ、どうしたら
正しく直角がかけるの？
三角じょうぎの
直角を使う。
分度器の
90°を使う。

授業の流れ

1 垂直な２本の直線をかこう

先生，定規でかけたよ
定規で適当に引いたんじゃだめ。直角って分からないじゃん

垂直な２本の直線を作図する授業である。前回までの学習をもとに，直角に交わっている理由を明確に持たせて作図させることが大切である。本時は，まず教師が見た目では垂直に見える２本の直線を適当に定規でひいて提示し，それでよいかを問う。そこから，適当ではだめという反応を引き出し，授業を展開していく。

2 じゃあ，どうしたら正しく直角がかけるの？

分度器の 90°を使う
三角定規を使えばいい

「正しく」を問うことによって，三角定規や分度器を使うことを引き出し，作図に取り組ませるようにする。

3 三角定規の直角を使ってかいた！

まず，１本の直線を引いて，それに三角定規の直角を合わせて…

子どもに説明をさせながら黒板に作図させる。一人だけでなく複数名に説明させながら作図させ，確実に理解できるようにする。また，直角の記号の確認をここで行う。

本時の評価

・垂直な２本の直線をかくには，三角定規の直角部分や分度器を使えばよいことに気付くことができたか。
・三角定規の直角部分や分度器を使って，垂直な２本の直線を正しくかくことができたか。

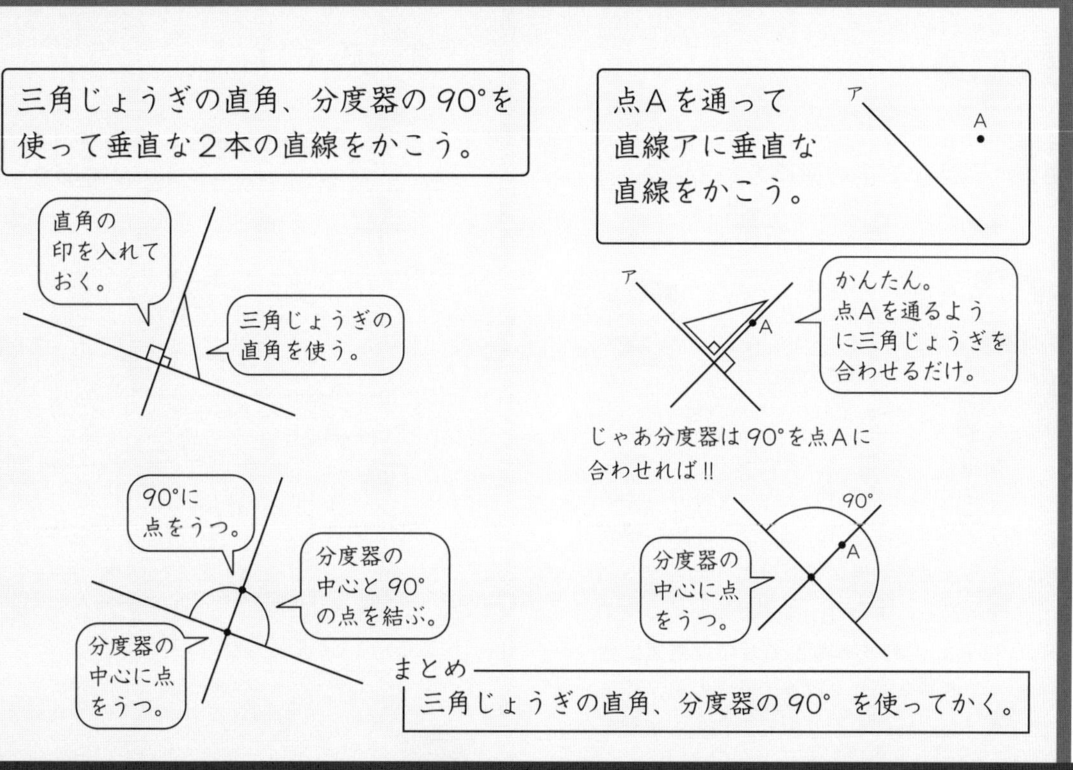

三角じょうぎの直角、分度器の90°を使って垂直な２本の直線をかこう。
点Aを通って直線アに垂直な直線をかこう。
ア
A
直角の印を入れておく。
三角じょうぎの直角を使う。
かんたん。点Aを通るように三角じょうぎを合わせるだけ。
じゃあ分度器は90°を点Aに合わせれば!!
90°に点をうつ。
分度器の中心と90°の点を結ぶ。
分度器の中心に点をうつ。
90°
分度器の中心に点をうつ。
まとめ
三角じょうぎの直角、分度器の90° を使ってかく。

4 分度器を使ってかいた！

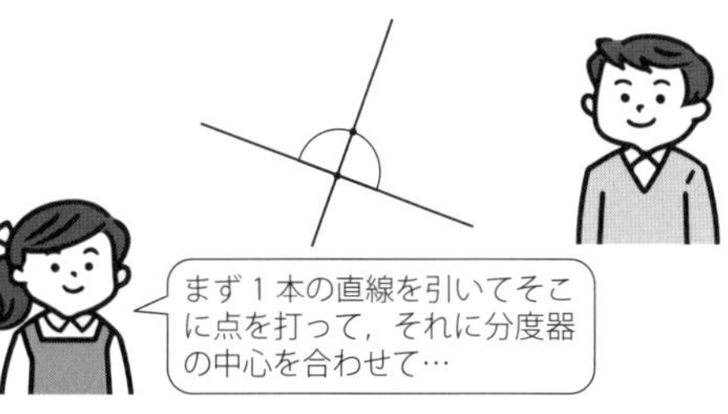

まず１本の直線を引いてそこに点を打って，それに分度器の中心を合わせて…

角の学習で学んでいるとはいえ，分度器の使い方に困難を抱く子どもは少なくない。そこで，子どもに分度器を用いた90°のかき方を丁寧に説明させながら黒板に作図させるようにする。

まとめ 三角定規の直角，分度器の90°を使ってかく

三角定規の直角や分度器の90°を用いて作図したことを振り返りながら，まとめとして板書する。

そして，適用問題に取り組ませることで，確実な定着を図るようにする。

本時案

平行な２本の直線をかこう

4/13

本時の目標

・平行な２直線をかくには，幅の線の長さ，傾きに着目すればよいことに気付くことができる。
・幅の線の長さ，傾きをそろえることで，平行な２直線を作図することができる。

授業の流れ

1 平行な２本の直線をかこう

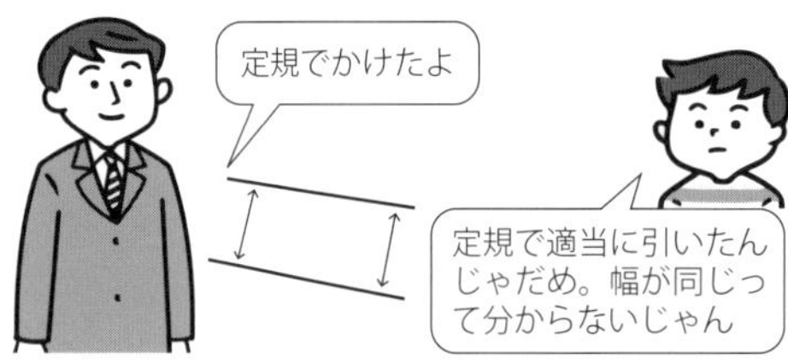
定規でかけたよ
定規で適当に引いたんじゃだめ。幅が同じって分からないじゃん

平行な２本の直線を作図する授業である。前回までの学習をもとに，２つの直線の幅が一定である理由を明確に持たせて作図させることが大切である。本時は，まず教師が見た目で平行に見える２本の直線を適当に定規でかき提示し，それでよいかを問う。そこから，適当ではだめという反応を引き出し，授業を展開していく。

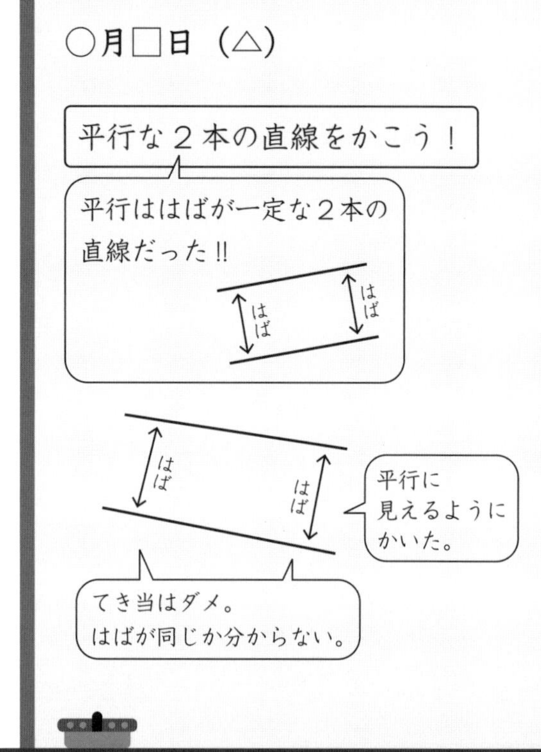
○月□日（△）
平行な２本の直線をかこう！
平行ははばが一定な２本の直線だった!!
はば
はば
はば
はば
平行に見えるようにかいた。
てき当はダメ。はばが同じか分からない。

2 じゃあ，どうやったら幅を同じにできるの？

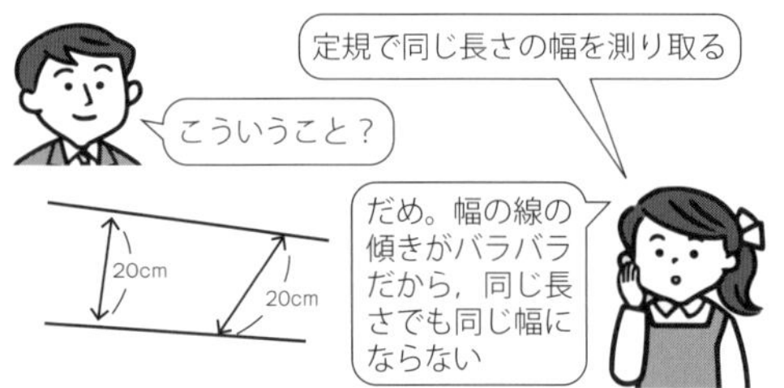
定規で同じ長さの幅を測り取る
こういうこと？
20cm
20cm
だめ。幅の線の傾きがバラバラだから，同じ長さでも同じ幅にならない

幅の長さについて意見する子どもがいると想定されるので，その言葉を捉え，あえて間違えて板書し，幅の線の向きに着目させる。

3 じゃあ，どうやって幅の線の傾きをそろえるの？

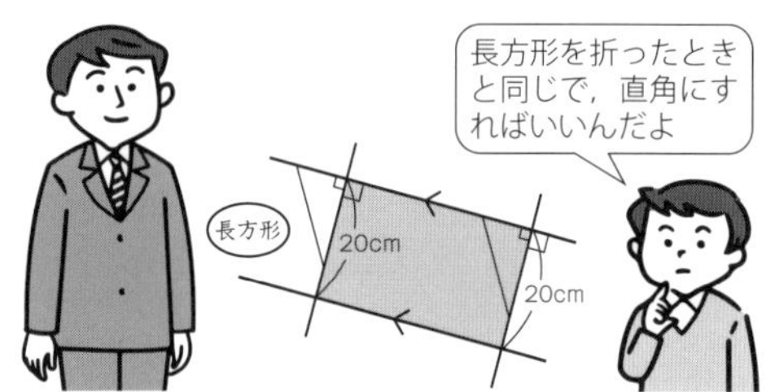
長方形を折ったときと同じで，直角にすればいいんだよ
長方形
20cm
20cm

長方形を折ったときを想起して，幅の線を平行にする直線に対して直角にすることに気付く子がいると想定される。その話を丁寧に聞きながら全員に作図させるようにする。

本時の評価

・平行な 2 直線をかくには，幅をそろえる必要性に気付き，そのためには幅の線の長さ，傾きをそろえればよいことを見出すことができたか。
・幅の線の長さ，傾きをそろえることで，平行な 2 直線を作図することができたか。
・実は，平行な 2 直線を作図するための 2 本の幅の線自体が平行であることに気付くことができたか。

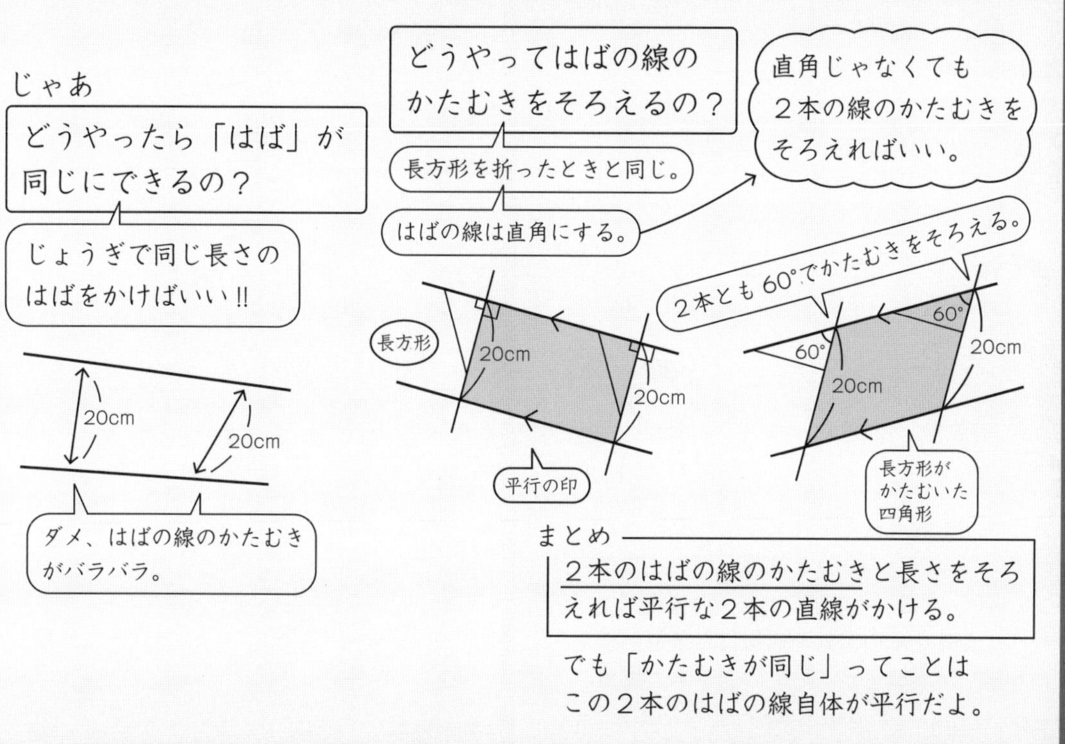
じゃあ
どうやったら「はば」が同じにできるの？
じょうぎで同じ長さのはばをかけばいい!!
20cm
20cm
ダメ、はばの線のかたむきがバラバラ。
どうやってはばの線のかたむきをそろえるの？
長方形を折ったときと同じ。
はばの線は直角にする。
長方形
20cm
20cm
平行の印
直角じゃなくても2本の線のかたむきをそろえればいい。
2本とも60°でかたむきをそろえる。
60°
60°
20cm
20cm
長方形がかたむいた四角形
まとめ
2本のはばの線のかたむきと長さをそろえれば平行な2本の直線がかける。
でも「かたむきが同じ」ってことはこの2本のはばの線自体が平行だよ。

4 直角じゃなくても，幅の線の傾きが同じならいい

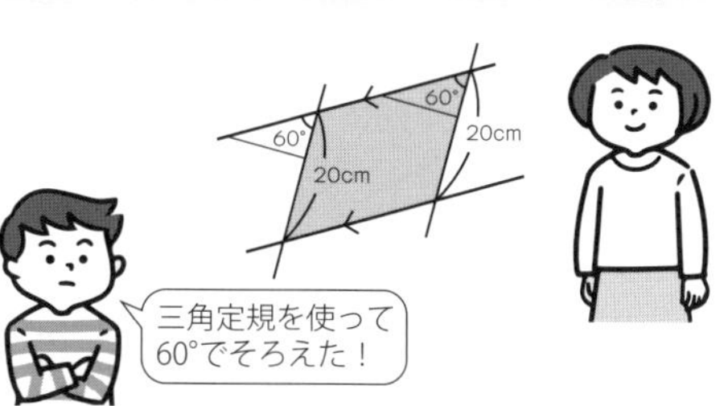
60°
60°
20cm
20cm
三角定規を使って60°でそろえた！

平行四辺形の素地指導の意味も込め，傾きが直角でない場合も指導したい。子どもから出ないときは「いつでも幅の線は直角じゃないといけない？」と教師から促してもよい。

まとめ 2 本の幅の線の傾きと長さをそろえれば，平行な 2 本の直線がかける

「幅の線の長さをそろえる」「幅の線の傾きを直角にする」「幅の線の傾きは直角でなくても同じならいい」といった学習の流れを子どもとともに振り返り，それらをまとめとして板書するようにする。

本時案

幅の２本の直線，それ自体が平行！

5/13

本時の目標

・１本の直線に対して同じ角度で交わる２本の直線を作図することができ，そのことを２本の直線は平行であることを感得することができる。

授業の流れ

1 ２本の幅の線，それ自体が平行ではありませんか？

えっ，本当？
でも，確かに当たり前といえば当たり前のような…

とりあえず，傾きが同じ幅の線をかいて確かめてみましょう

平行な２本の直線を作図する授業である。前時で「幅の２つの直線自体が平行」と気付いていれば，本時はその続きとしての位置づけにすればよい。気付いていなければ，「前時に平行な２つの直線をかくために，２本の幅の線をかいたが，それ自体が平行ではないのか」という問いかけで始める。

○月□日（△）

平行な２本の直線をかこう ②

平行をかくために作った２本のはばの線、それ自体が平行ではありませんか？はばの線をかいてたしかめてみましょう。

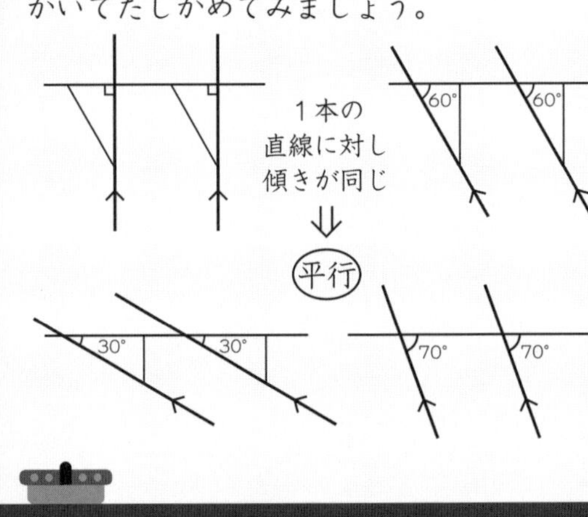

60°
60°
１本の直線に対し傾きが同じ
⇓
平行
30°
30°
70°
70°

2 幅の線ってどうやってかくんだったっけ？

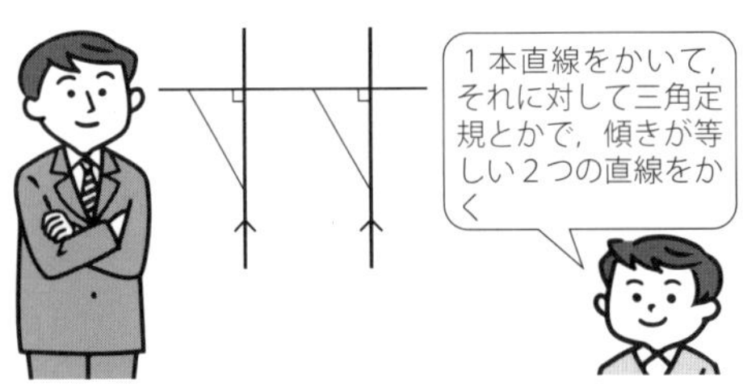

１本直線をかいて，それに対して三角定規とかで，傾きが等しい２つの直線をかく

前時にかいた「幅の線のかき方」それ自体が，「１本の直線に対して，同じ角度で交わる２本の直線は平行である」という平行の定義となるので，そのかき方を丁寧に確認する。

3 平行に決まってる！

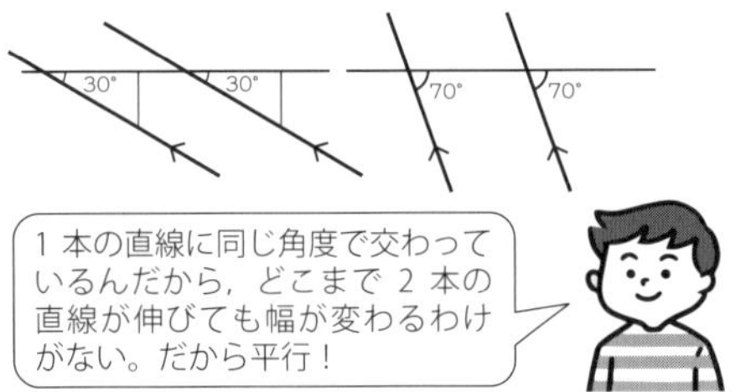

30°
30°
70°
70°
１本の直線に同じ角度で交わっているんだから，どこまで２本の直線が伸びても幅が変わるわけがない。だから平行！

定義であるので根拠を説明する必要はない。つまり，当たり前であると捉えられるように，作図をさせることで感じさせるようにする。

本時の評価

・1本の直線に対して同じ角度で交わる2本の直線を作図することができたか。
・1本の直線に対して同じ角度で交わっていることから，2本の直線はどこまで伸びても決して交わらないことが分かり，だから平行であると理解することができたか。

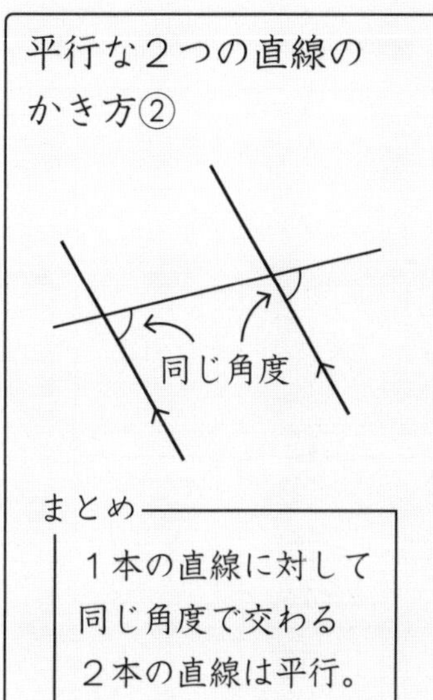

平行な２つの直線のかき方②
同じ角度
まとめ
１本の直線に対して
同じ角度で交わる
２本の直線は平行。

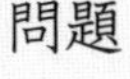

問題

①直線アに対してはばが２cmの平行な直線をかこう。

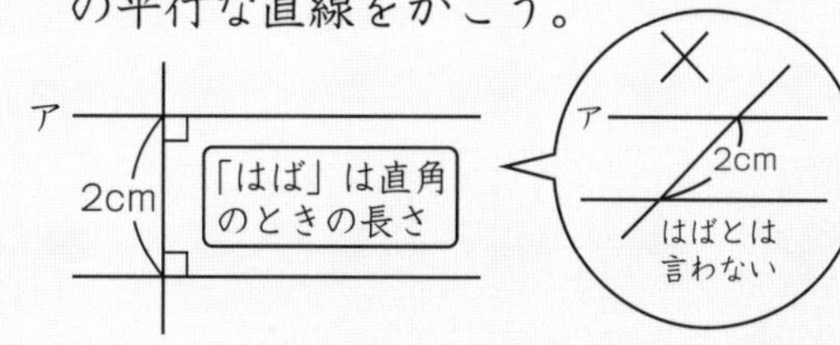

ア
2cm
「はば」は直角のときの長さ
ア
2cm
はばとは言わない

②直線アに対して点Ａを通る平行な直線をかこう。

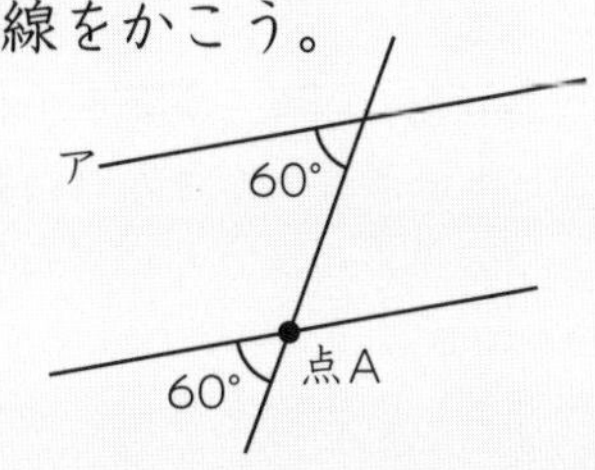

ア
60°
点A
60°

4 問題①②の作図をしよう

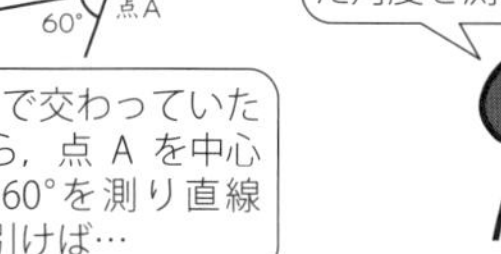

ア
60°
60°
点A
アと交わって，点Aを通る１本の直線を引いて，アと交わった角度を測る
60°で交わっていたから，点Aを中心に60°を測り直線を引けば…

定義を活用して作図をさせる。作図の仕方は，子どもの話を丁寧に聞きながら，筋道立てて説明できるようコーディネートする。

まとめ １本の直線に対して同じ角度で交わる。２本の直線は平行

「２本の直線は，１本の直線に対して同じ角度で交わっていることから，２本の直線はどこまで伸びても決して交わらない」という本時の学びを子どもとともに振り返り，だから「平行である」と結論づけ，それを板書してまとめとする。

本時案

「同じ」があるの？

6/13

本時の目標

・一見異なる四角形に，共通性があることに気付き，共通とみる観点として，「辺の長さ」，「角の大きさ」，辺と辺の関係の「平行」を見出すことができる。

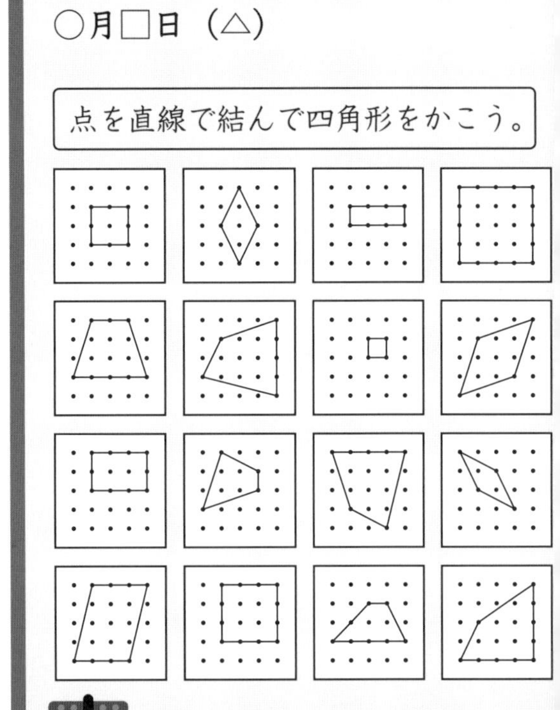
○月□日（△）
点を直線で結んで四角形をかこう。

授業の流れ

1 点を直線で結んで四角形をかこう

「いろいろな四角形」の導入授業である。

まずは，子どもにドットがかかれた紙を配り，自由に４つの頂点を決定し結ばせることで，四角形をかかせる。

そして，かかれた四角形を黒板に掲示させる。その際，合同な四角形は掲示しないようにする。

2 同じ四角形は貼りませんでした。全て違う四角形ですよね？

同じのがあるよ！
えっ，同じのはないけど…

「同じ四角形は貼りませんでしたよ。全て違う四角形だよね？」と問いかけることで，逆に，「同じのがある」という反応を子どもから引き出すようにする。

3 同じ四角形はないのに，どうして「同じ」と感じたのかなぁ？

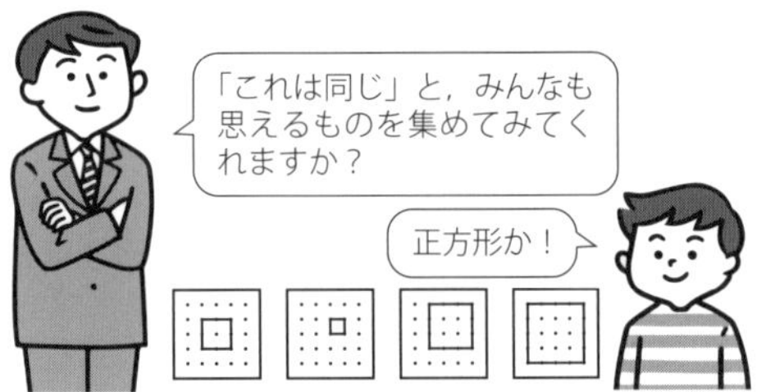
「これは同じ」と，みんなも思えるものを集めてみてくれますか？
正方形か！

「同じものはないのに，なぜ同じと感じたのか」を問い，「全員が同じ」と思えるものを集めさせることで，まずは「正方形」を引き出す。

本時の評価

・一見異なる四角形に，「正方形」といった形に共通性があることに気付くことができたか。
・形を共通とみる観点として，「辺の長さ」「角の大きさ」，辺と辺の関係の「平行」を見出すことができたか。

準備物

・ドットのかかれた画用紙

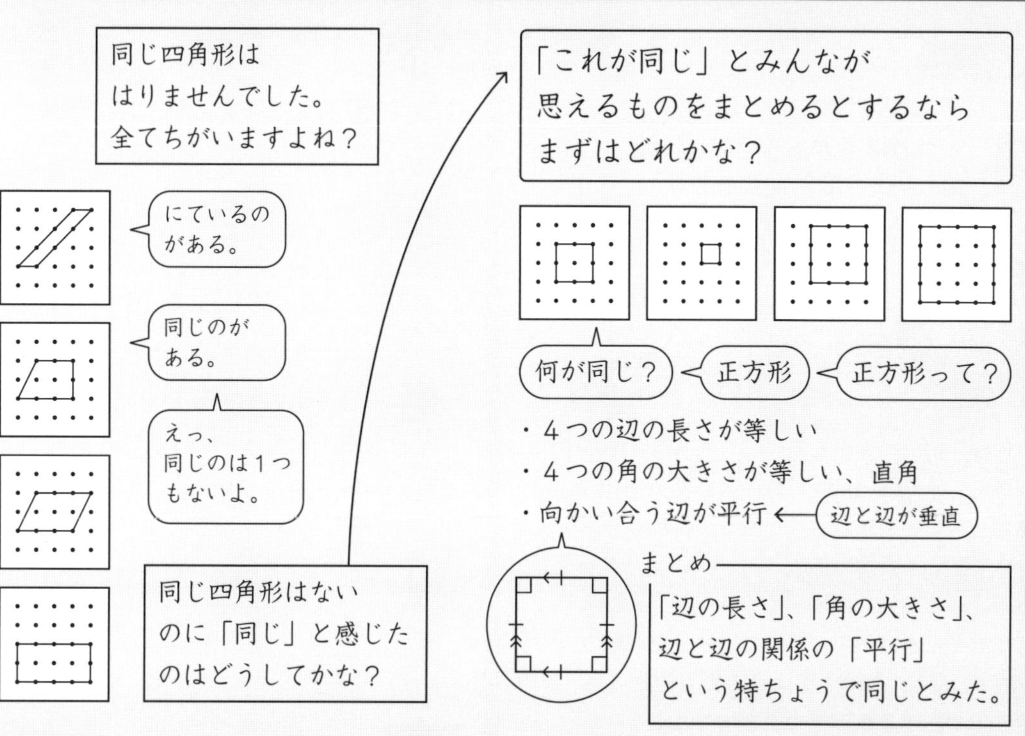

同じ四角形は
はりませんでした。
全てちがいますよね？
にているの
がある。
同じのが
ある。
えっ、
同じのは1つ
もないよ。
同じ四角形はない
のに「同じ」と感じた
のはどうしてかな？
「これが同じ」とみんなが
思えるものをまとめるとするなら
まずはどれかな？
何が同じ？
正方形
正方形って？
・4つの辺の長さが等しい
・4つの角の大きさが等しい、直角
・向かい合う辺が平行
辺と辺が垂直
まとめ
「辺の長さ」、「角の大きさ」、
辺と辺の関係の「平行」
という特ちょうで同じとみた。

4 正方形だと何が同じなの？

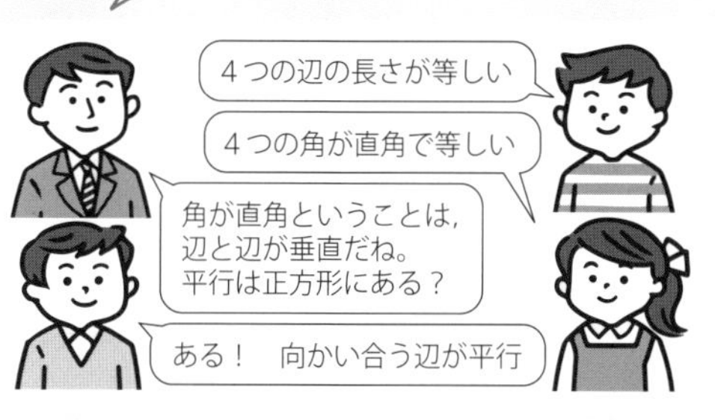

4つの辺の長さが等しい
4つの角が直角で等しい
角が直角ということは，
辺と辺が垂直だね。
平行は正方形にある？
ある！　向かい合う辺が平行

正方形の共通性を問い，まずは「辺の長さ」「角の大きさ」を引き出す。さらに，直角から，辺と辺の関係である「垂直」を促し，そこから「平行はあるか」を問うことで，向かい合う辺が平行であることを確認する。

まとめ

「辺の長さ」「角の大きさ」，辺と辺の関係の「平行」という特徴で同じとみた

再度，正方形であるということは，何を観点にして同じとみたのかを子どもとともに振り返り，「辺の長さ」「角の大きさ」，辺と辺の関係の「平行」という特徴で「同じとみていた」ことを確認し，それをまとめとして板書するようにする。

本時案

3つの特徴で仲間分けをしよう①

7/13

本時の目標

・3つの特徴を捉え，ひし形の仲間分けができる。
・平行であることをドット図から捉え，それを根拠に角の大きさが等しいことが説明できる。
・実測を通してひし形の特徴が理解できる。

授業の流れ

1 3つの特徴がある，同じ仲間と言える四角形は他にもある?

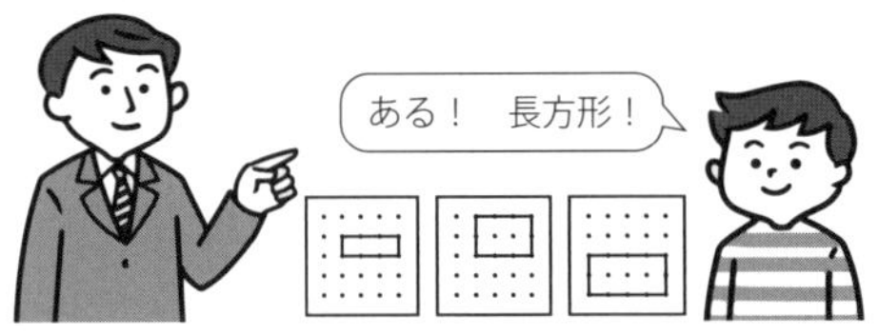
ある！　長方形！

本時は，前時に見出した同じ形であるとみる観点である，「辺の長さ」「角の大きさ」「平行」に着目して，前時掲示された残りの四角形を仲間分けしていく授業である。

既習として名称を知識として持っている四角形は正方形と長方形である。だから，正方形の次に仲間分けする四角形は長方形と想定される。そこで，まず長方形を引き出すところから展開していく。

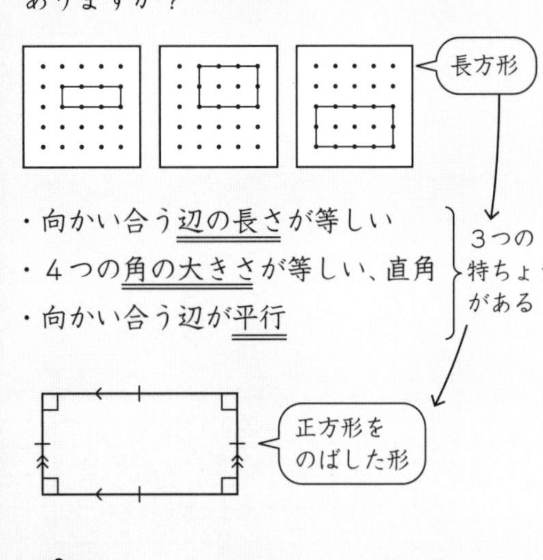
○月□日（△）
「3つの特ちょう」があり、同じ仲間と言える四角形は、正方形の他にもありますか？
長方形
・向かい合う辺の長さが等しい
・4つの角の大きさが等しい、直角
・向かい合う辺が平行
3つの特ちょうがある
正方形をのばした形

2 長方形に3つの特徴はある?

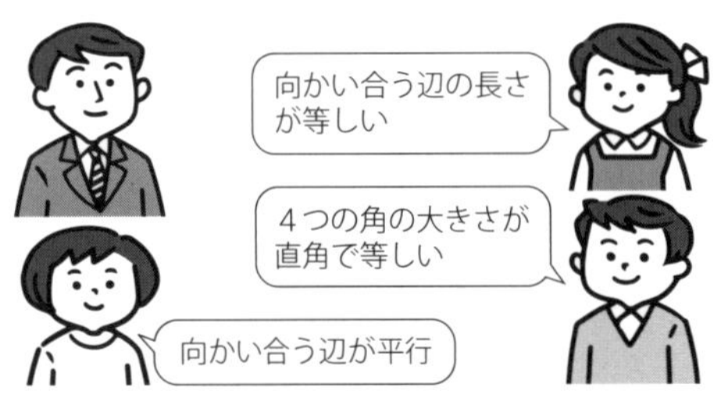
向かい合う辺の長さが等しい
4つの角の大きさが直角で等しい
向かい合う辺が平行

長方形にも，「辺の長さ」「角の大きさ」「平行」の3つの特徴があることを丁寧に確認するようにする。

3 これも仲間。同じ3つの特徴がある!

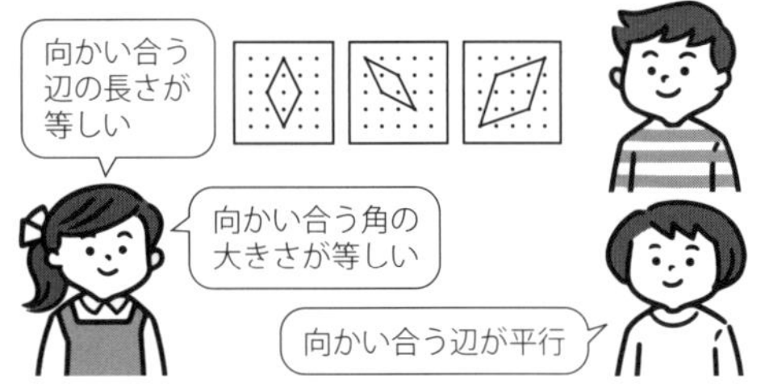
向かい合う辺の長さが等しい
向かい合う角の大きさが等しい
向かい合う辺が平行

根拠のない感覚でも，角や平行の特徴を取り上げるようにする。

本時の評価

・3つの特徴を捉え，ひし形の仲間分けができ，ひし形の特徴を理解することができたか。
・平行であることをドット図から捉え，それを根拠に角の大きさが等しいことが説明できたか。
・実測を通して，ひし形の特徴を理解することができたか。

準備物

・ドットのかかれた画用紙

3つの特ちょう「辺の長さ」「角の大きさ」「平行」で仲間分けをしよう

これも仲間。
同じ3つの特ちょうがある！

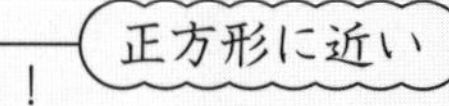

正方形に近い

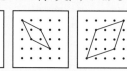

まとめ
・4つの辺の長さが等しい
・向かい合う角の大きさが等しい
・向かい合う辺が平行
↓
ひし形

・4つの辺の長さが等しい ＜ 正方形と同じ

角に特ちょうはある？

向かい合う角の大きさが等しい

向かい合う辺が平行だったら、1つの辺に対して交わる角の大きさが等しい。
↕
1つの辺に対して向かい合う辺が同じかたむきで交わっている。

平行はある？

向かい合う辺が平行

ひし形

正方形を上下からつぶした形

4 本当に向かい合う辺は平行？ 向かい合う角の大きさも等しい？

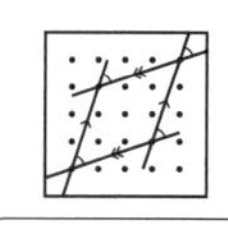

1つの辺に対して向かい合う辺が同じ傾きで交わっているから平行

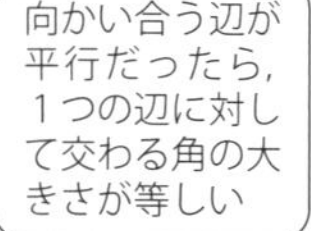

向かい合う辺が平行だったら，1つの辺に対して交わる角の大きさが等しい

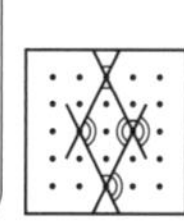

ドットをもとに辺の傾きが同じになっていることに着目させ，平行や角の大きさが等しいことを捉えさせていく。理解が難しい場合は，実測を通して理解させてもよい。

まとめ

・4つの辺の長さが等しい
・向かい合う角の大きさが等しい → 平行
・向かい合う辺が平行

再度，何を観点にして同じとみたのかを子どもとともに振り返り，「辺の長さ」「角の大きさ」，辺と辺の関係の「平行」という特徴で「同じとみていた」ことを確認し，それを「ひし形」ということを押さえ，板書してまとめる。

本時案

3つの特徴で仲間分けをしよう②

8/13

本時の目標

・3つの特徴に着目し，平行四辺形の仲間分けをすることができる。
・他の四角形との関連を考えて平行四辺形，台形について理解することができる。

○月□日（△）

まだ3つの特ちょうがある四角形がある。

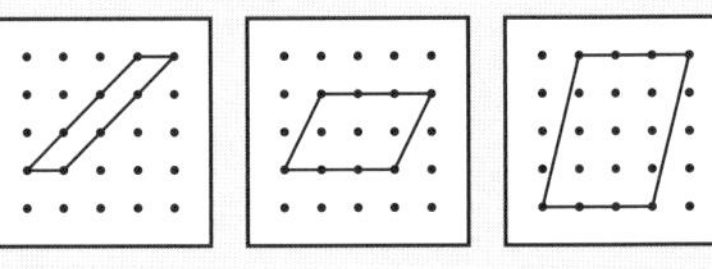

・向かい合う辺の 長さが等しい
・向かい合う角の大きさが等しい
・向かい合う辺が平行

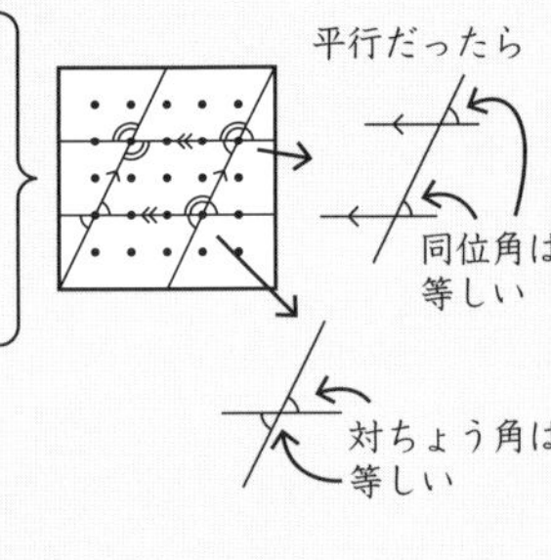

平行だったら
同位角は等しい
対ちょう角は等しい

授業の流れ

1 まだ3つの特徴がある四角形があるよ！

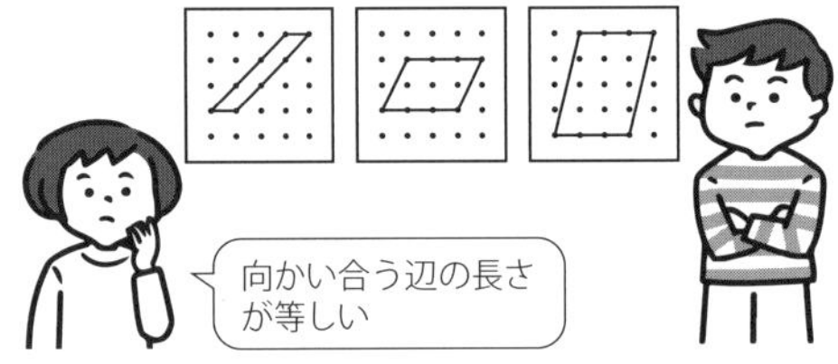

向かい合う辺の長さが等しい

本時も「辺の長さ」「角の大きさ」「平行」に着目して，前時掲示された残りの四角形を仲間分けしていく授業である。

まず，「3つの特徴が共通する四角形があるか，残りの四角形にもあるか？」を問う。そうすることで，平行四辺形を見出させていくようにする。辺の長さが等しいことは，ドットに着目させて説明させるとよい。

2 向かい合う辺が平行

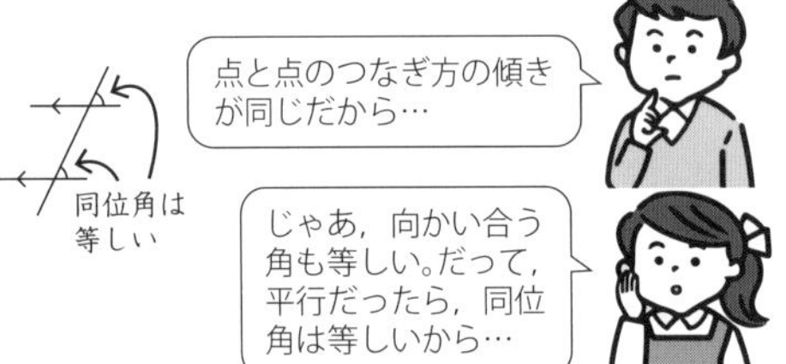

点と点のつなぎ方の傾きが同じだから…
じゃあ，向かい合う角も等しい。だって，平行だったら，同位角は等しいから…
同位角は等しい

向かい合う辺の傾きが等しくなっていることをドットのつなぎ方に着目させることで捉えさせて説明させるとよい。そこから，「平行だったら…」と，角の大きさが等しいことを説明させていくようにする。

3 そんな3つの特徴がある四角形を平行四辺形といいます

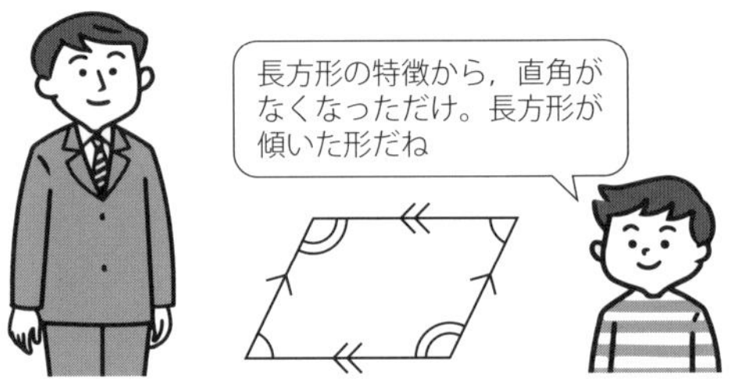

長方形の特徴から，直角がなくなっただけ。長方形が傾いた形だね

子どもたちが，3つの特徴を捉えたら，そのことをもとに「平行四辺形」という名称を教える。その際に，直角以外に長方形とほとんど特徴が変わらないことを押さえるようにし，四角形の共通性をつかませるようにする。

本時の評価

・３つの特徴に着目し，平行四辺形の仲間分けをすることができたか。
・平行である理由と角が等しい理由を，双方を関連付けながら説明することができたか。
・他の四角形との関連を考えて平行四辺形，台形について理解することができたか。

準備物

・ドットのかかれた画用紙

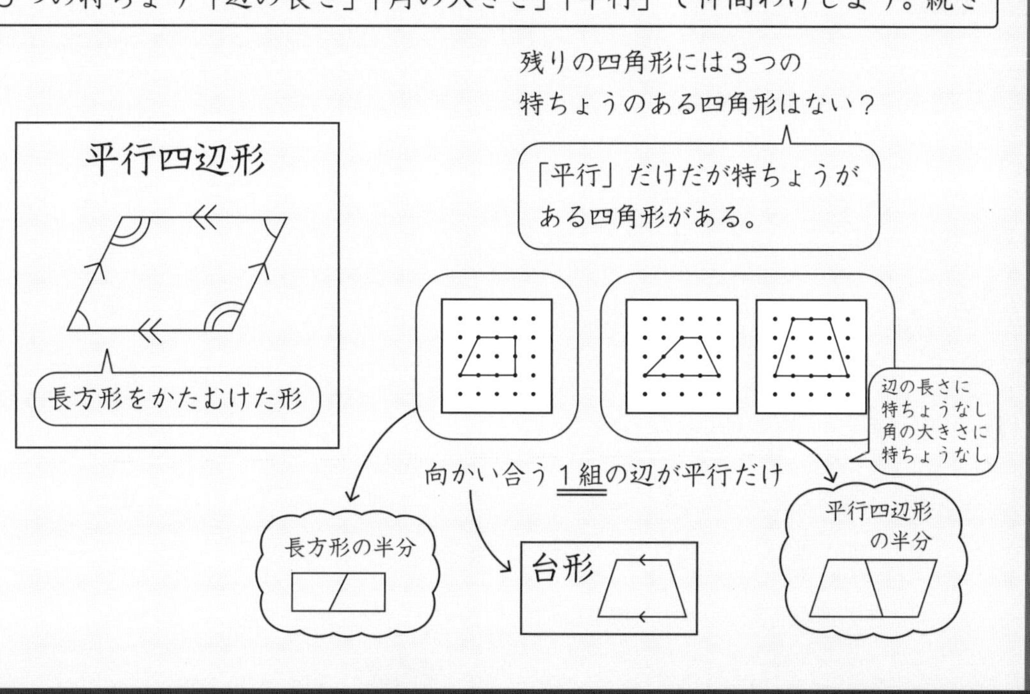

３つの特ちょう「辺の長さ」「角の大きさ」「平行」で仲間わけしよう。続き
平行四辺形
長方形をかたむけた形
残りの四角形には３つの特ちょうのある四角形はない？
「平行」だけだが特ちょうがある四角形がある。
辺の長さに特ちょうなし
角の大きさに特ちょうなし
向かい合う１組の辺が平行だけ
長方形の半分
台形
平行四辺形の半分

4 「平行」がある四角形がある

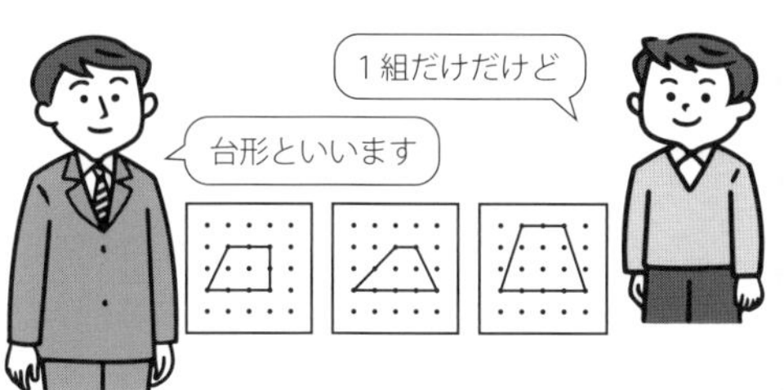

１組だけだけど
台形といいます

残りの四角形から，１組の辺が平行な四角形を取り出させ，「台形」を教える。その際に，片側が直角になっている台形は長方形の半分。それと関連付け，台形を組み合わせると平行四辺形になることも押さえたい。

まとめ

長方形を傾けた「平行四辺形」
平行四辺形（長方形）の半分の「台形」

平行四辺形が新たな四角形ではなく，長方形が傾いた形であることや，ひし形を伸ばした形であること。台形も平行四辺形や長方形の半分や切り取った形であることとして捉えさせるようにし，四角形の特徴の共通性を踏まえたまとめとすることが大切である。

本時案

伸ばす・傾ける・分割する

9/13

本時の目標

・正方形から始まり，「伸ばす・傾ける・分割する」ことで四角形が形を変えていくことを理解することができる。

授業の流れ

1 四角形についてまとめよう

まずはたくさんの特徴がある，四角形の中の王様「正方形」から始まります

正方形を少し変化させると，違う四角形になります。どう変化させましょうか

四角形の特徴をまとめる学習である。正方形から始まり，「伸ばす」「傾ける」「分割する」といった操作により四角形が変化していく様子を捉えさせるようにする。そうすることで，四角形に対する理解を統合的に捉えられるようにする。まずは，正方形を提示し，その特徴を振り返り，そこからどう変化させていくのかを問い，変化の様子を表現させていく。

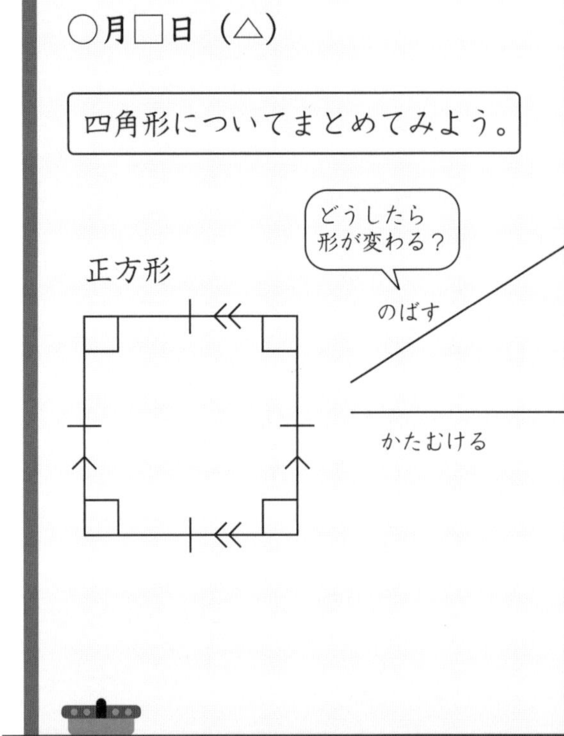
○月□日（△）
四角形についてまとめてみよう。
どうしたら形が変わる？
正方形
のばす
かたむける

2 伸ばすと長方形だ！

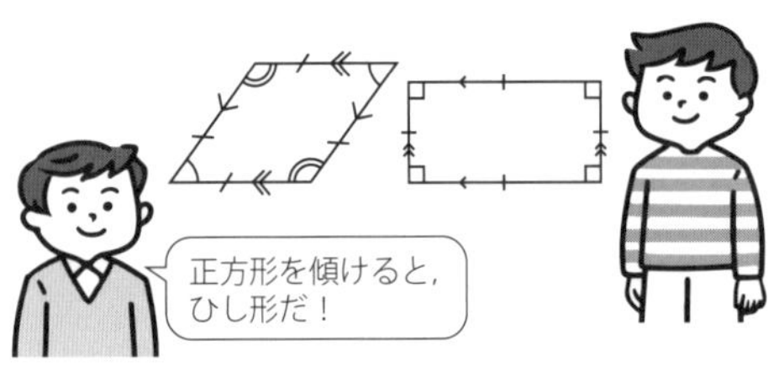
正方形を傾けると，ひし形だ！

まずは「伸ばすと長方形」が表現されるだろう。そこから，正方形を他の変化で違う四角形にできないか問うことで，「傾けてひし形」を引き出していく。ひし形を変化させて，タコ型，凹型も扱ってもいいだろう。

3 長方形を傾けて平行四辺形だ

ひし形を伸ばしても平行四辺形になる

「伸ばす・傾けるで次はどんな四角形になる？」という発問をし，平行四辺形は「長方形を傾けた形」「ひし形を伸ばした形」と捉えさせていくようにする。

本時の評価

・正方形をはじめとして，「伸ばす・傾ける・分割する」ことで四角形がどう形を変えていくかを見出すことができたか。

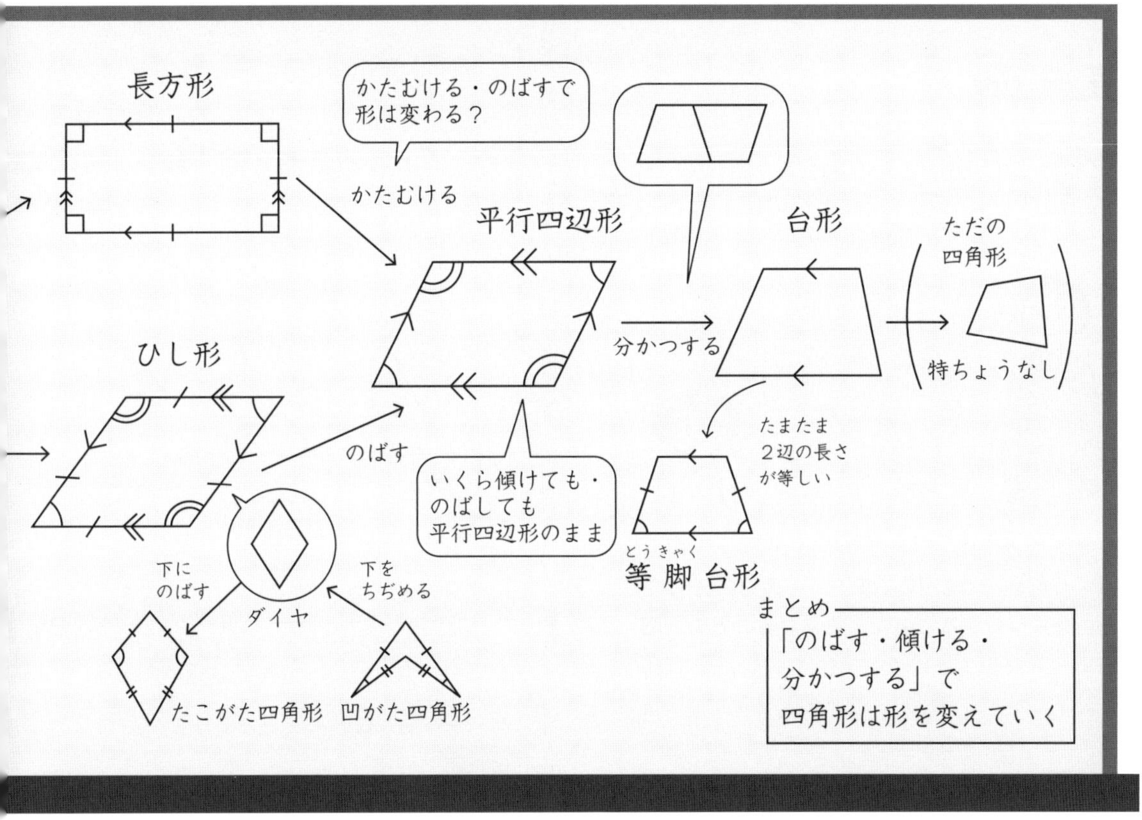

長方形

かたむけるるのばすで形は変わる？

かたむける

平行四辺形

台形

ただの四角形

特ちょうなし

分かつする

ひし形

のばす

いくら傾けても・のばしても平行四辺形のまま

たまたま2辺の長さが等しい

等脚（とうきゃく）台形

ダイヤ

下にのばす

下をちぢめる

たこがた四角形　凹がた四角形

まとめ

「のばす・傾ける・分かつする」で四角形は形を変えていく

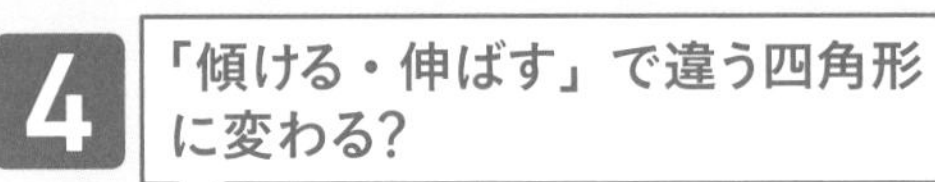
4
「傾ける・伸ばす」で違う四角形に変わる?

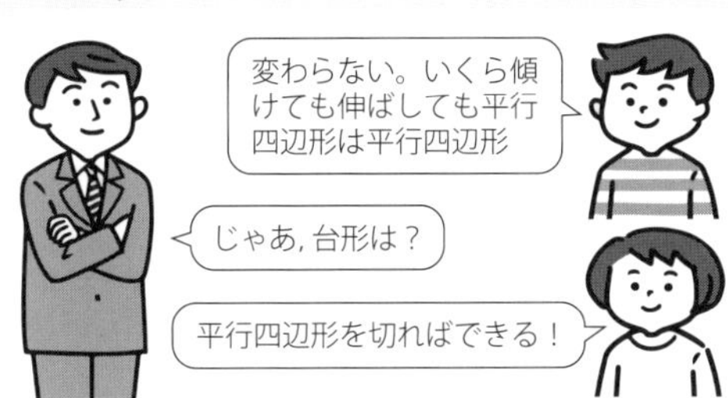
変わらない。いくら傾けても伸ばしても平行四辺形は平行四辺形
じゃあ，台形は？
平行四辺形を切ればできる！

まずは「傾ける・伸ばす」では平行四辺形のままであることを確認する。そして，「じゃあ何をどう変形すれば台形になるのか」を問うことで「分割」を引き出す。

まとめ

「伸ばす・傾ける・分割する」で四角形は形を変えていく

本時の学習を振り返り，「正方形」から始まり，「伸ばす・傾ける」そして「分割する」ことで，四角形は形を徐々に変えていっていることを再度確認し，それをまとめとして板書するようにする。

本時案

正方形の作図は簡単！

10/13

本時の目標

・三角定規・分度器・コンパスを用いて，根拠を明確に作図することが理解できる。
・正方形には特徴が多いことから，作図が容易であることを見出すことができる。

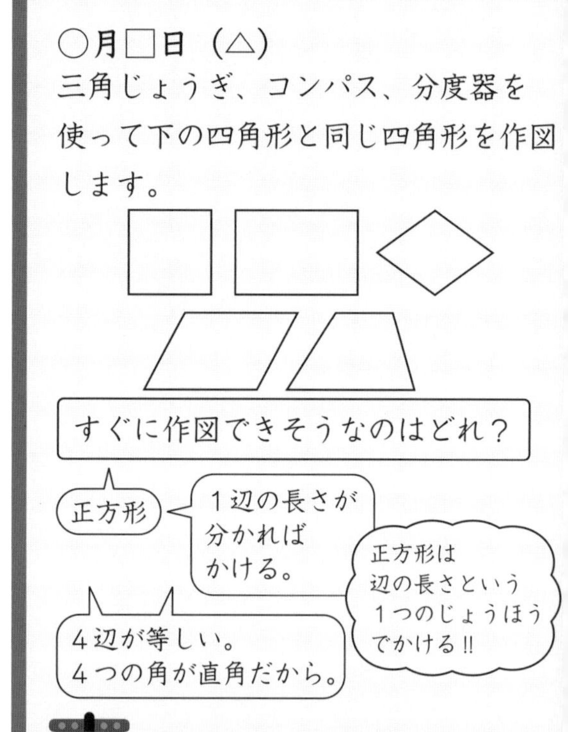
○月□日（△）
三角じょうぎ、コンパス、分度器を使って下の四角形と同じ四角形を作図します。
すぐに作図できそうなのはどれ？
正方形
1辺の長さが分かればかける。
正方形は辺の長さという1つのじょうほうでかける!!
4辺が等しい。
4つの角が直角だから。

授業の流れ

1 同じ四角形を作図します。すぐに作図できそうなのはどれ？

正方形。
1辺の長さが分かればかける
辺の長さだけでいいの？
どうして？
4辺の長さが等しくて，4つの角が直角ということは分かっているから

3時間かけた作図の授業。作図は三角定規・分度器・コンパスの3つを用い，かけた理由を説明できることが前提となることを確認する。本時は「すぐかけそうなのは？」と問う。多くが「正方形」と答え意図を聞けば，正方形の性質を語るだろう。それを，性質をもとに作図していくことの動機づけとする。

2 1辺4cmの正方形を作図します。何を使ったら作図できそう？

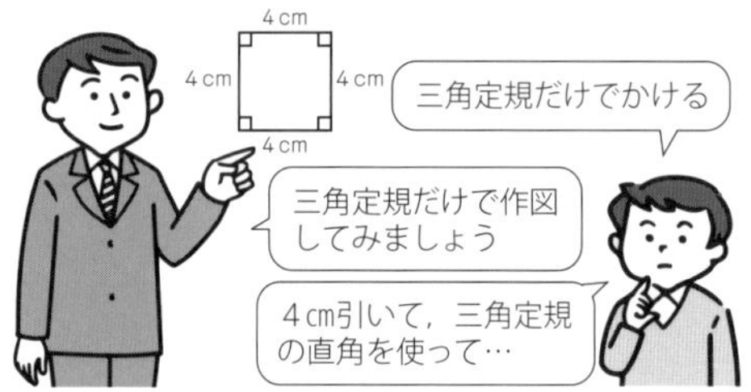
4cm
4cm
4cm
4cm
三角定規だけでかける
三角定規だけで作図してみましょう
4cm引いて，三角定規の直角を使って…

三角定規を使ってかけるという子どもを取り上げ，まずは，全員に三角定規を使って作図させるように促す。作図の仕方についても丁寧に説明させる。

3 コンパスを使っても作図できる!

コンパスをどう使うの？

4cm引いて，三角定規の直角を使ってまた4cm引いて，そこからコンパスを使って…

三角定規で作図させた後，「他の道具を使って作図しよう」と促し，自力で作図させる。様々な作図の仕方をすることが想定されるが，中でも板書に示したコンパスを用いた作図などは，紹介するようにしたい。

本時の評価

- 作図は，三角定規・分度器・コンパスを用いて，根拠を明確に行うことを理解することができたか。
- 正方形には特徴が多いことから，作図が容易であることを見出すことができ，三角定規を用いて作図することができたか。
- 長方形の作図は，似た特徴を持つ正方形と同様の方法で作図できることが分かり，作図できたか。

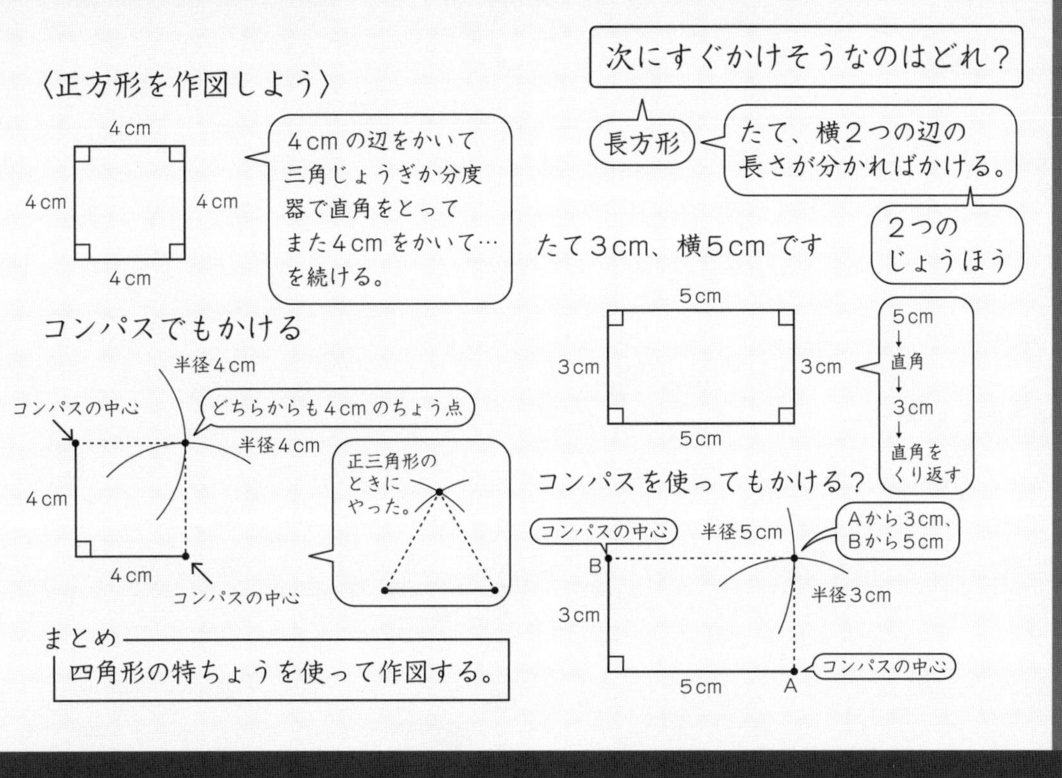
〈正方形を作図しよう〉
4cm
4cm
4cm
4cm
4cmの辺をかいて三角じょうぎか分度器で直角をとってまた4cmをかいて…を続ける。
コンパスでもかける
半径4cm
コンパスの中心
どちらからも4cmのちょう点
半径4cm
4cm
4cm
コンパスの中心
正三角形のときにやった。
まとめ
四角形の特ちょうを使って作図する。
次にすぐかけそうなのはどれ？
長方形
たて、横2つの辺の長さが分かればかける。
2つのじょうほう
たて3cm、横5cmです
5cm
3cm
3cm
5cm
5cm→直角→3cm→直角をくり返す
コンパスを使ってもかける？
コンパスの中心
半径5cm
Aから3cm、Bから5cm
B
半径3cm
3cm
コンパスの中心
5cm
A

4 正方形の次に簡単に作図できそうな四角形はどれ？

長方形。
縦と横，両方の辺の長さが分かれば作図できる
正方形とかき方は同じ

正方形の作図を理解できた子どもたちは，長方形の作図も簡単であると捉えるだろう。そこで，長方形の作図に取り組ませ，正方形の作図と同じであることを確認する。

まとめ 四角形の特徴を使って作図する

四角形の作図は，四角形の特徴をもとに，作図される根拠を明らかにしながら，三角定規・分度器・コンパスを用いて行うことを確認し，まとめとして板書するようにする。

本時案

間の角の大きさも必要！

11/13

本時の目標

・ひし形は，正方形の作図と同じ方法で，コンパスを用いて作図できることが分かる。
・角の大きさが分からないと，同じひし形を作図できないことが理解でき，作図ができる。

○月□日（△）

作図の続き
正方形…辺の長さ　→じょうほう１つ
長方形…たて・横　→じょうほう２つ
で作図できた。

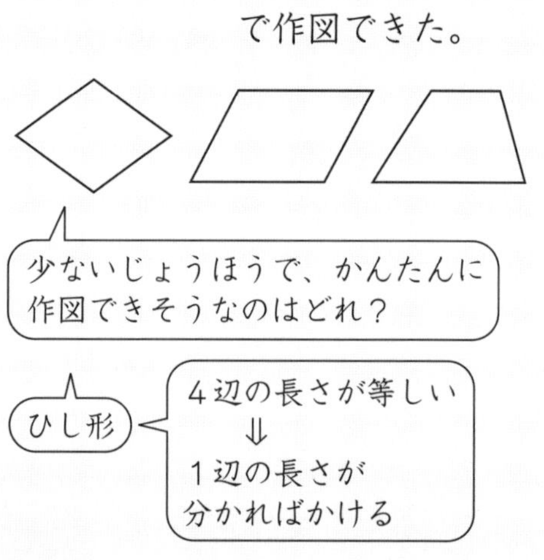
少ないじょうほうで、かんたんに作図できそうなのはどれ？
ひし形
４辺の長さが等しい
⇓
１辺の長さが
分かればかける

授業の流れ

1　作図するために調べる情報が少なくて済む四角形はどれかな？

１辺の長さ４cmのひし形を作図しよう

１つの辺の長さが分かれば作図できる

ひし形。４辺の長さが等しいから

まずは，「作図するために調べる情報が少なくて済む」という問いかけによって，特徴の多い「ひし形」の作図が簡単なことに気付かせる。何を知りたいかを問い，「辺の長さが分かれば作図できる」という反応が出たら，辺の長さを４cmと示し，作図させる。そして，ひし形はかけるが，同じ（合同な）ひし形はかけないことに気付かせる展開とする。

2　正方形の作図でコンパスを使ったときと同じように…

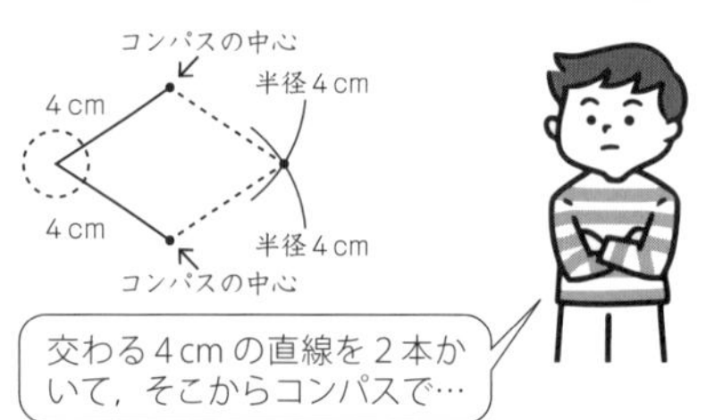
コンパスの中心
4cm
半径4cm
4cm
半径4cm
コンパスの中心
交わる４cmの直線を２本かいて，そこからコンパスで…

４辺の長さが等しいという性質から，正方形の作図を想起させ，コンパスを用いた作図の方法を見出させるようにする。

3　ただ，いろいろなひし形が作図されちゃう

同じひし形をかくには，間の角の大きさが分からないと…

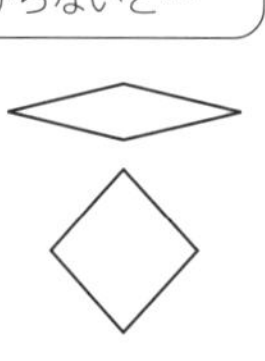

実際に作図をすると，左の方法では，正方形に近いひし形や，潰れたひし形などが作図されることに気付くだろう。そのことから，見本と同じひし形を作図するには，辺と辺の間の角の大きさが必要なことに気付かせる。

本時の評価

・１辺の長さが分かれば，正方形の作図と同じ方法で，コンパスを用いて作図ができることが理解できたか。
・角の大きさが分からないと，同じひし形を作図できないことが理解できたか。
・ひし形を作図することができたか。

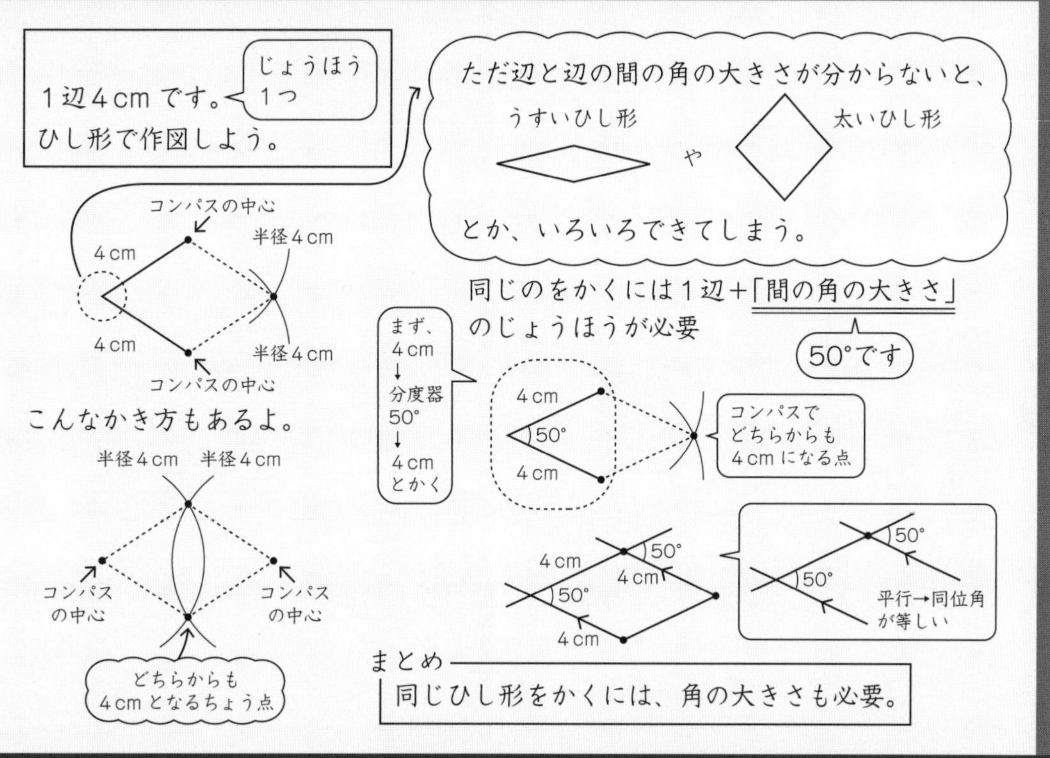

１辺４cm です。
じょうほう１つ
ひし形で作図しよう。
ただ辺と辺の間の角の大きさが分からないと、
うすいひし形
や
太いひし形
とか、いろいろできてしまう。
コンパスの中心
４cm
半径４cm
４cm
半径４cm
コンパスの中心
同じのをかくには１辺＋「間の角の大きさ」のじょうほうが必要
50°です
まず、４cm↓分度器50°↓４cm とかく
4cm
50°
4cm
コンパスでどちらからも４cm になる点
こんなかき方もあるよ。
半径４cm　半径４cm
コンパスの中心
コンパスの中心
どちらからも４cm となるちょう点
4cm
50°
4cm
50°
4cm
50°
50°
平行→同位角が等しい
まとめ
同じひし形をかくには、角の大きさも必要。

4　１辺が４cm の角を50°として，ひし形の作図をしましょう

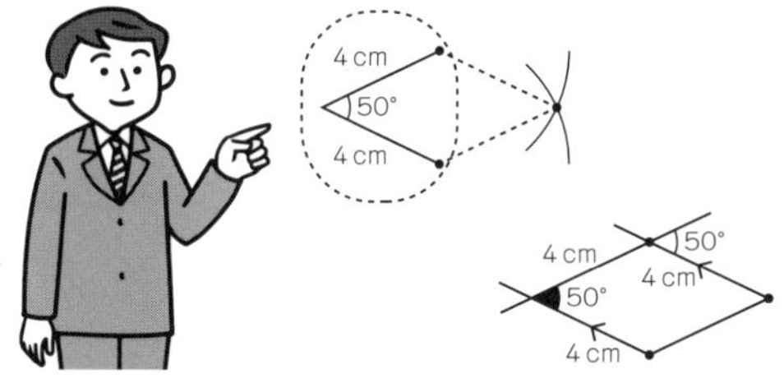

4cm
50°
4cm
4cm
50°
4cm
50°
4cm

間の角を50°に設定し，再度，見本のひし形と同じひし形を作図できるか取り組ませる。作図の仕方については，丁寧に説明させるようにし，確実に理解できるようにする。

まとめ　同じひし形をかくには，角の大きさも必要

１辺の長さが分かれば，正方形の作図と同じ方法で，コンパスを用いて作図ができたこと。角の大きさも分からないと，いろいろなひし形が作図されてしまうことから，同じひし形を作図するには角の大きさも知る必要があることを振り返り，板書にまとめるようにする。

本時案

作図するには多くの情報が必要！

12/13

本時の目標

・平行四辺形の作図の仕方は，ひし形と同じ方法で作図できることを見出すことができる。
・台形の作図には，４つの情報が必要なことを見出し，作図することができる。

授業の流れ

1 作図するために調べる情報が少なくて済む四角形はどちらかな？

２つの辺の長さと間の角の大きさが分かれば作図できる

平行四辺形。ひし形と同じようにかける

前時同様，「作図するために調べる情報が少なくて済む」という問いかけによって，特徴の多い「平行四辺形」の作図が簡単なことに気付かせる。前時の「ひし形」の作図を想起し，「２つの辺の長さと間の角の大きさを知りたい」という子どもが現れると想定される。その反応を捉え授業を展開していくようにする。

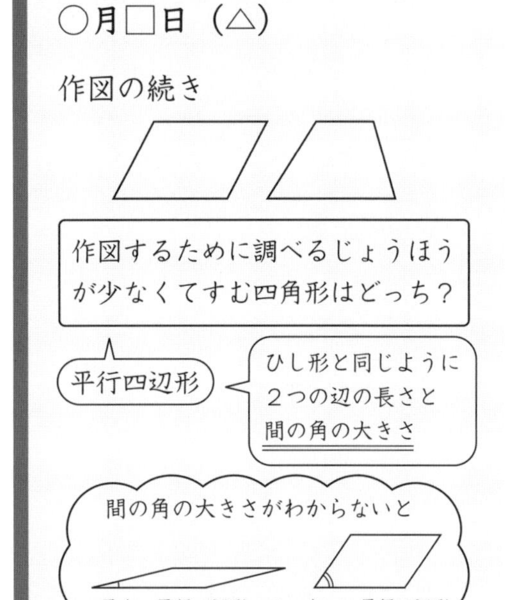
○月□日（△）
作図の続き
作図するために調べるじょうほうが少なくてすむ四角形はどっち？
平行四辺形
ひし形と同じように２つの辺の長さと間の角の大きさ
間の角の大きさがわからないと
平たい平行四辺形　や　あつい平行四辺形
ができて同じにならない。

2 間の角の大きさが分からないと…

平たい平行四辺形や厚い平行四辺形とかいろいろ作図できて，同じ平行四辺形にならない

ひし形のときと同様に，平行四辺形も間の角の大きさが分からないと，板書に示したような様々な平行四辺形ができてしまうことを確認するようにする。

3 3 cm，5 cm，70°の３つの情報で平行四辺形の作図をしましょう

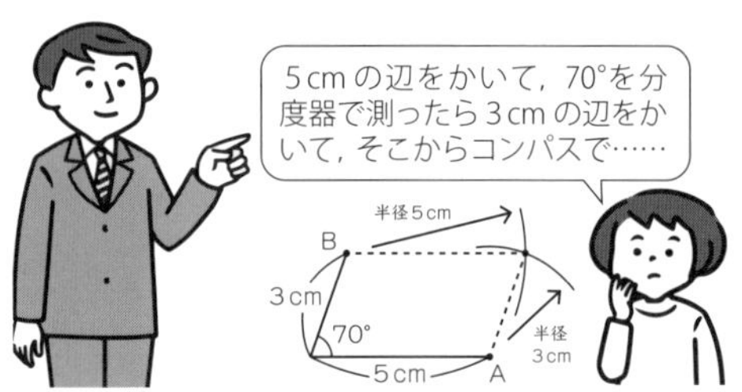
5 cm の辺をかいて，70°を分度器で測ったら 3 cm の辺をかいて，そこからコンパスで……
半径5cm
B
3cm
70°
5cm
A
半径3cm

平行四辺形の作図は，ひし形の作図と同様の方法で作図できることを確認し，丁寧に説明させるようにする。

本時の評価

・平行四辺形の作図の仕方は，ひし形と同じ方法で作図できることを見出し，作図することができたか。
・台形の作図には，４つの情報が必要なことを見出し，作図することができたか。
・作図するには，特徴の多い四角形ほど調べる情報が少なくて済み，逆に特徴の少ない四角形ほど調べる情報が多く必要なことを理解することができたか。

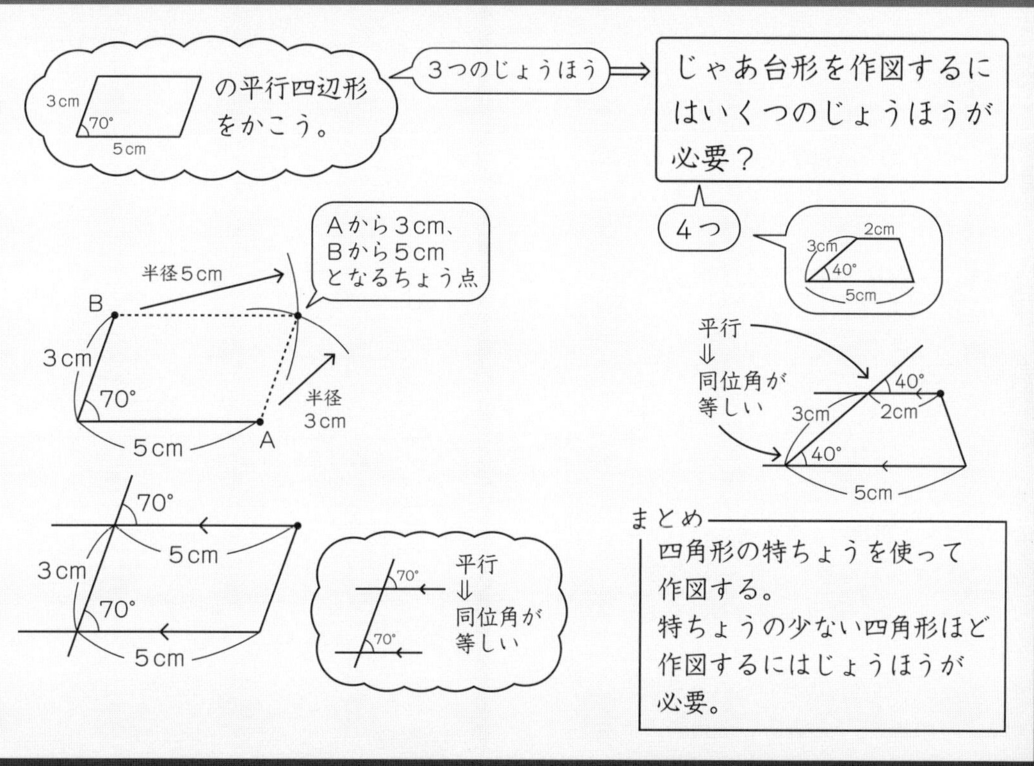

の平行四辺形をかこう。
3つのじょうほう
じゃあ台形を作図するにはいくつのじょうほうが必要？
4つ
Aから3cm、Bから5cmとなるちょう点
半径5cm
半径3cm
平行
⇓
同位角が等しい
まとめ
四角形の特ちょうを使って作図する。
特ちょうの少ない四角形ほど作図するにはじょうほうが必要。

4 台形を作図するにはいくつの情報を調べる必要がありますか？

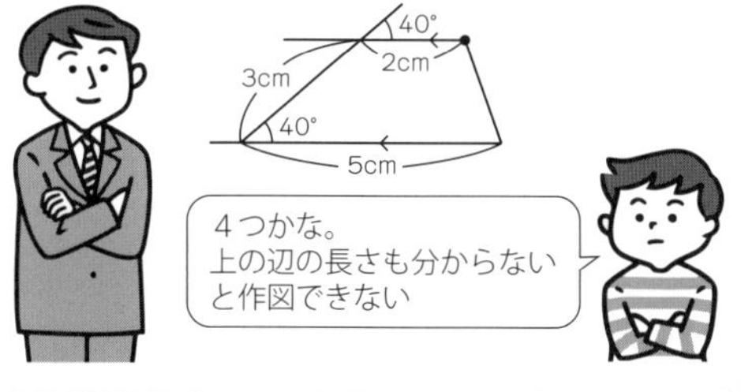

4つかな。
上の辺の長さも分からないと作図できない

「いくつの情報が必要か」と問われても，想像できない子どもは多いだろう。そこで実際に作図をさせながら，作図するために調べる必要のある情報を見出させるようにする。

まとめ 特徴の少ない四角形ほど作図するには辺の長さや角の大きさの情報が必要

これまで３時間かけて行ってきた作図の学習を振り返り，四角形の特徴を使って作図すること，特徴が多い四角形ほど辺の長さや角の大きさの情報が少なくてよく，逆に特徴があまりない四角形ほど辺の長さや角の大きさの情報が必要なことを確認しながら，まとめとするようにする。

本時案

対角線の特徴は？ 13/13

本時の目標

・長さ・交わる角度（直角）・交わる場所（中点）に特徴を見出し，整理することができる。
・対角線の特徴を理解し，対角線の特徴をもとに四角形の作図をすることができる。

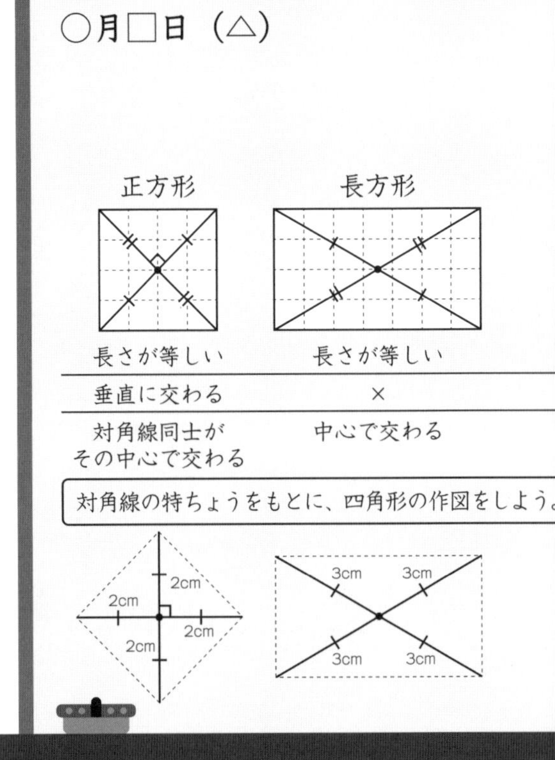

○月□日（△）
正方形
長方形
長さが等しい
長さが等しい
垂直に交わる
×
対角線同士が
その中心で交わる
中心で交わる
対角線の特ちょうをもとに、四角形の作図をしよう。
2cm
2cm
2cm
2cm
3cm
3cm
3cm
3cm

授業の流れ

1 ノートのマス目を使って，次の四角形をかき，対角線を結びましょう

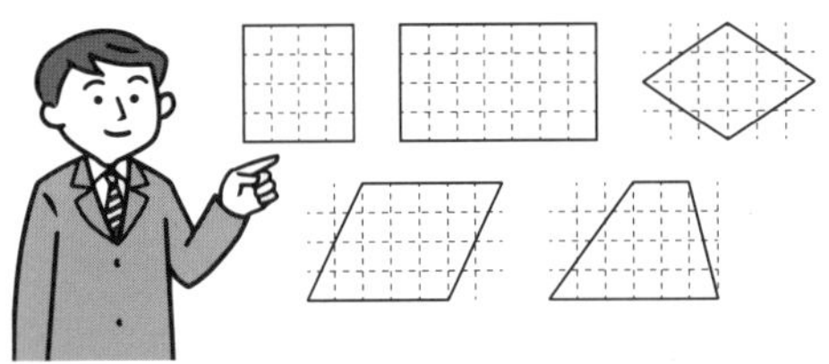

本時は，対角線の特徴を調べ，その特徴をもとに作図をする授業である。まずは，方眼上にかかれた四角形を提示し，ノートのマス目を使って，提示した四角形と同じものをノートにかくように促す。

そして，その四角形の向かい合った頂点を結ばせる。その際に，「対角線」の用語の指導を行う。

2 それぞれの四角形の対角線に，何か特徴を見つけることができる？

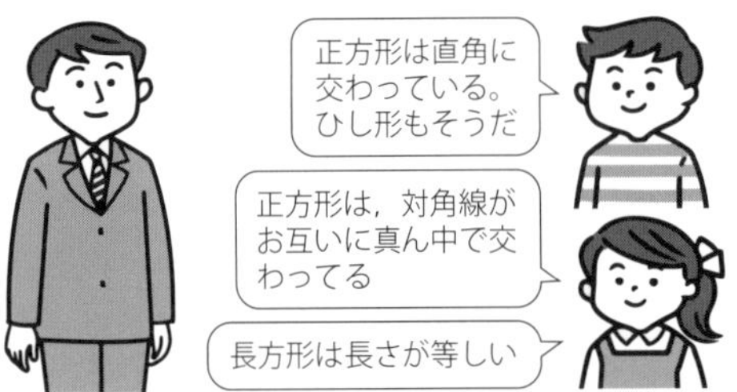

正方形は直角に交わっている。ひし形もそうだ
正方形は，対角線がお互いに真ん中で交わってる
長方形は長さが等しい

気付いた特徴を次々に発言させ，「長さ・交わる角度（直角）・交わる場所（中点）」に共通した特徴があることに気付かせる。

3 見つけた特徴を観点にして，四角形の対角線の特徴を整理しよう

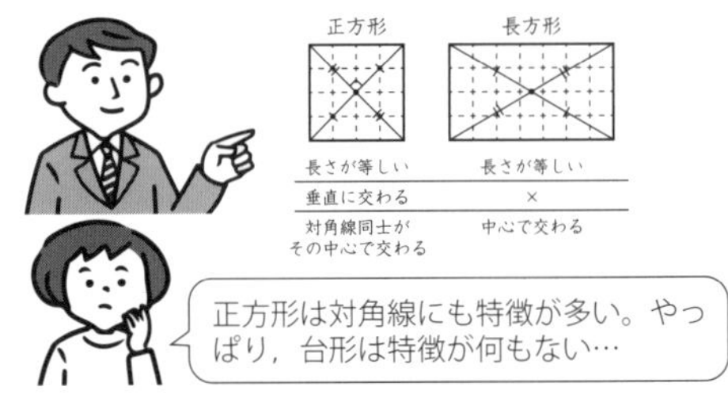

正方形
長方形
長さが等しい
長さが等しい
垂直に交わる
×
対角線同士が
その中心で交わる
中心で交わる
正方形は対角線にも特徴が多い。やっぱり，台形は特徴が何もない…

「長さ・交わる角度（直角）・交わる場所（中点）」を観点として，特徴を整理させるようにする。

本時の評価

・長さ・交わる角度（直角）・交わる場所（中点）に特徴を見出し，整理することができたか。
・特徴の多い四角形には対角線の特徴も多いことなどを理解することができたか。
・対角線の特徴から作図することができたか。

準備物

・方眼紙

ノートのマス目を使って次の四角形をかき、向かい合ったちょう点を直線で結びます。

「対角線」という

それぞれの四角形について対角線の特ちょうを調べて整理してみましょう。

ひし形	平行四辺形	台形
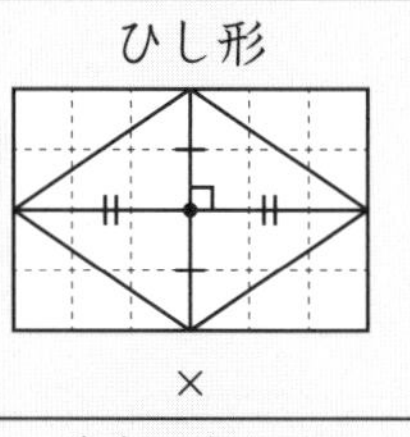	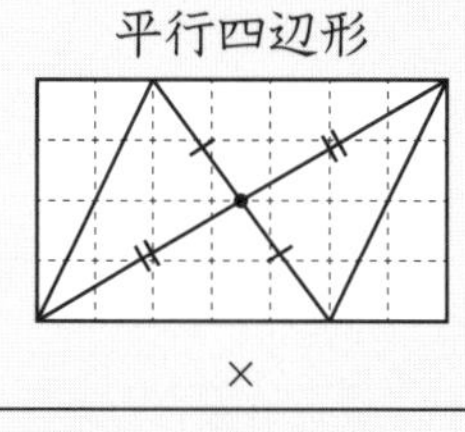	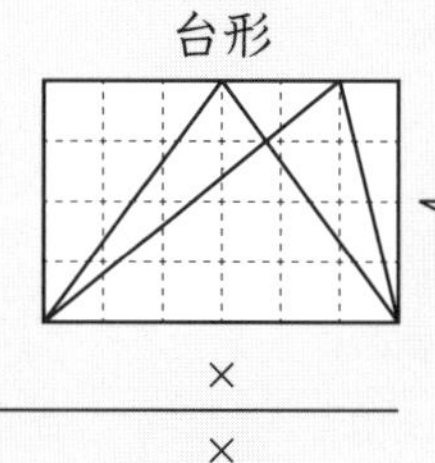
×	×	×
垂直に交わる	×	×
中心で交わる	中心で交わる	×

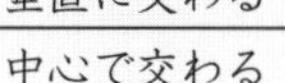

台形は対角線に特ちょうなし

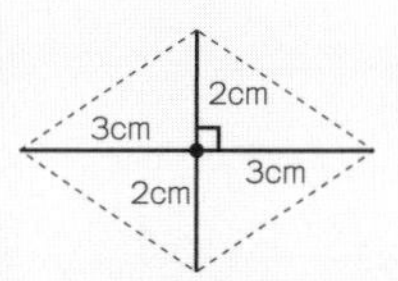
2cm
3cm
3cm
2cm

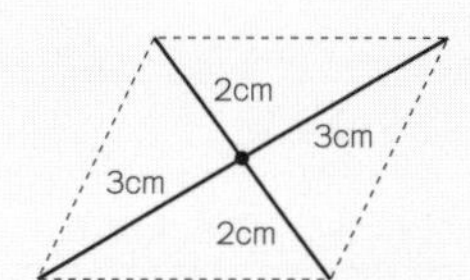
2cm
3cm
3cm
2cm

まとめ
・特ちょうの多い四角形には対角線にも特ちょうが多い。
・対角線の特ちょうを知るとそれぞれの四角形の作図ができる。

4 対角線の特徴をもとに，四角形を作図しよう

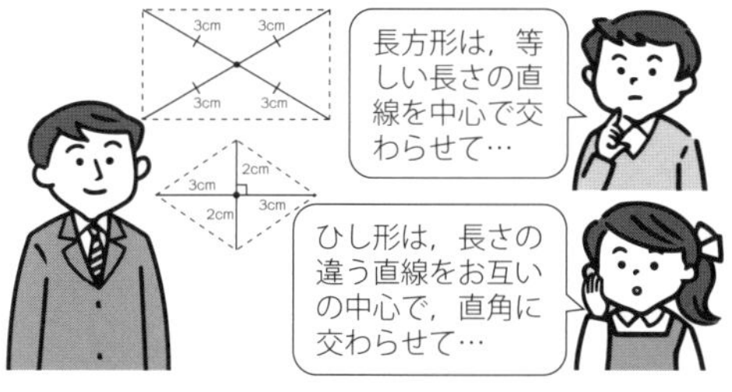
3cm
3cm
3cm
3cm
長方形は，等しい長さの直線を中心で交わらせて…
ひし形は，長さの違う直線をお互いの中心で，直角に交わらせて…

まずは対角線の特徴をもとに対角線をかかせ，そのまわりを囲むと，想定していた四角形がかけることを経験させる。

まとめ 特徴の多い四角形には，対角線の特徴も多い

見出した対角線の特徴をもとに，そもそも特徴の多い四角形には対角線の特徴も多いことや，対角線の特徴を知ると対角線から作図ができることを子どもとともに振り返り，それをまとめとする。

8 概数 （7時間扱い）

単元の目標

概数について理解し，概数を用いたり四捨五入や四則計算の結果の見積もりをしたりすることができるようにする。また，目的に合った概数の処理の仕方を考える力を養うとともに，概数を用いて考えた過程を振り返り，日常の事象に生かそうとする態度を養う。

評価規準

知識・技能	概数の用いられる目的や四則計算の見積もりの仕方を理解し，それらを活用して目的に応じて用いることができる。
思考・判断・表現	日常の事象における場面において，数の処理の仕方に着目し，目的に応じて概数にするよさについて考え，説明している。
主体的に学習に取り組む態度	日常の事象において，目的に応じて数を処理したことを振り返り，多面的に捉え検討してよりよいものを求めて粘り強く考えようとしている。また，概数で表現することや概算することのよさに気付き，今後の生活や学習に活用しようとしたりしている。

指導計画 全7時間

次	時	主な学習活動
第1次 概数・ 四捨五入の意味や方法	1	概数を用いる場合と，概数の意味について考える。
	2	四捨五入について考え，「以上」「以下」「未満」の意味を理解する。
	3	四捨五入を習得するとともに，目的に応じた四捨五入について考える。
	4	状況と目的に応じた四捨五入について考える。
第2次 概数を使った計算 「概算」	5	状況と目的に応じた，たし算を用いた見積りについて考える活動を通して，概算の意味や切り上げについて理解する。
	6	状況と目的に応じた，かけ算を用いた見積りの仕方について考える。
	7	状況と目的に応じた，わり算を用いた見積りの仕方について考える。 切り捨てについて理解する。

単元の基礎・基本と見方・考え方

概数の意味を理解し，数を手際よく捉えたり処理したりすることができるようにするとともに，その場面における適切な数の捉え方を考え，目的に応じて概数を用いることができるようにする。また，概数を用いると数の大きさが捉えやすくなることや，物事の判断や処理が容易になること，見通しを立てやすくなることなどのよさに気付き，目的に応じて自ら概数で事象を把握しようとする態度を養うようにする。

(1)概数について

概数は，人口や予算，観客者数などのようにある事柄を分かりやすくするために，実際の値を目的に応じて，ある位までまるめて表した数（round number）である。子どもたちは，数はきちっと表すべきものだと思っている傾向があるので，目的によっては「およそ〜」「約〜」で表す方がよいことを理解させるようにすることが大切である。

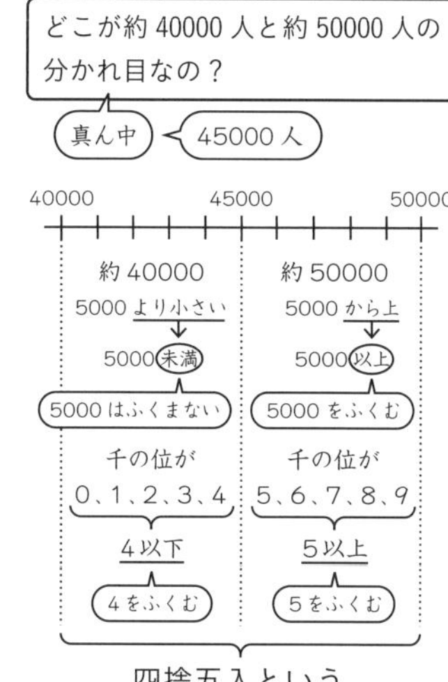
どこが約 40000 人と約 50000 人の分かれ目なの？
真ん中
45000 人
40000
45000
50000
約 40000
約 50000
5000 より小さい
5000 から上
5000未満
5000以上
5000 はふくまない
5000 をふくむ
千の位が
0、1、2、3、4
千の位が
5、6、7、8、9
4 以下
5 以上
4 をふくむ
5 をふくむ
四捨五入という

概数の表し方には，「四捨五入」「切り捨て」「切り上げ」の３つがあるが，本単元では，主に「四捨五入」の考え方に重点を置いて指導することになる。四捨五入を指導する際には，単純に四捨五入の仕方を指導するのではなく，本書の第２時で示したように，「０から４までの数は切り捨て，５から９までの数は切り上げる」ということを，授業での議論を通して子どもたちに見出させるようにすることが大切である。

ただし，現実場面では，「切り上げて表す方がよい」という場合もある。例えば，「全員に何かを配るために，およその人数を知りたいときには，不足すると困るので，実際の数よりも多く伝えてもらう方がいいね」ということになるだろう。いずれにしても，ただ機械的に処理をする方法を教えるのではなく，意味のある場面で，概数にする方法を考え，そのよさを具体的に理解させるようにすることが大切である。

(2)どの位を四捨五入するか

四捨五入について知っていても，「どの位の数を四捨五入すればよいのか？」で戸惑う子どもは少なくない。それは，練習問題などの問い方に，様々な指示があることが理由の一つに挙げられる。例えば，次の３つのパターンの言い回しが挙げられる。

①百を位を四捨五入して，概数にしましょう。
②四捨五入して，千の位までの概数にしましょう。
③四捨五入して，上から２桁の概数にしましょう。

このように，いろいろな言い回しがあるので，混同しないように正しく理解できるようにしたい。

(3)概算について

概数は，見積りでも用いられる。見積りとは例えば，63＋28の答えを見積もるとき，63を60，28を30とみて計算することである。ここで大切なことは，見積もる目的である。実際の数値より上で見積もればよいのか，下で見積もればよいのかを状況から読み取り，子どもが適切な見積りの方法を見出すことができるようにすることが大切である。

本時案

コンサートの来場者ってぴったり？

1/7

本時の目標

・約50000人について，自分なりに約50000人の実数の範囲を考えることができる。
・仲間の考えた概数について理解することができる。

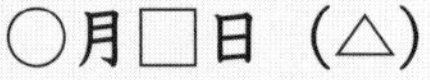
○月□日（△）

どちらが多い？

49136人（A市の人口）
50000人（コンサートの来場者）

50000人って ぴったり？
ぴったりは おかしい

がい数…約（やく）、およその数

「だいたい」のこと

授業の流れ

1 どちらが多い？

49136人（A市の人口）
50000人（コンサートの来場者）
コンサートに5万人ぴったりっておかしくない？
そうなんです。5万人は大体です。
この大体の数のことを概数といいます

本授業は概数の導入である。

学習内容は，まずは実数である「49136」人と「約50000人」を対比して，「約50000人」は実数としたときの範囲がどの程度と感じているのかを発表し合い，個々の考えを共有することである。つまり本時のねらいは，概数の感覚の共有で，具体的な指導は次時からとなる。

2 じゃあ，約50000人だとしたらどちらが多い？

分からない。約50000人が49136人より少ないかもしれないし……
10000人とかってこと？
そんなに少なくない。それじゃあ，約50000人じゃない

約50000人とした上で，再度，「どちらが多いか」を問うことで，約50000人の実数やその範囲について考えなければならないことを促していく。

3 じゃあ，実際の人数が何人なら約50000人と言ってよいと感じる？

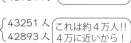

49052人
48731人
43251人
42893人

約5万人。5万に近いから！

これは約4万人!! 4万に近いから！

上のように実数を提示し，約50000と言えるかを問いながら，約50000人に対しての個々の感覚を引き出し，共有していく。

本時の評価

・49136人と対比した上での約50000人について，自分なりに約50000人の実数の範囲を考え，表現することができたか。
・仲間の考えた，概数についてその意味を理解することができたか。

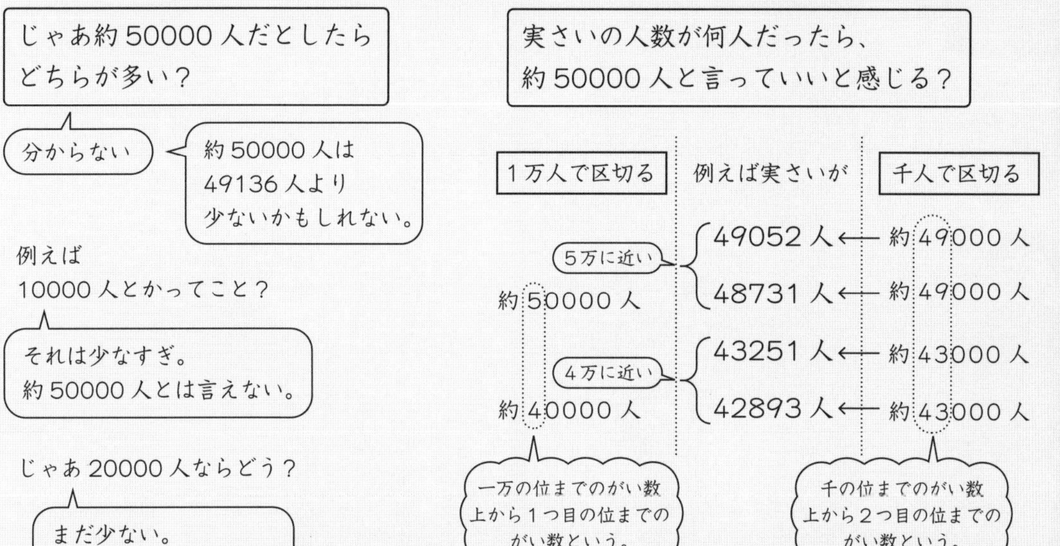

じゃあ約 50000 人だとしたら
どちらが多い？
分からない
約 50000 人は
49136 人より
少ないかもしれない。
例えば
10000 人とかってこと？
それは少なすぎ。
約 50000 人とは言えない。
じゃあ 20000 人ならどう？
まだ少ない。
約 50000 人じゃない。
実さいの人数が何人だったら、
約 50000 人と言っていいと感じる？
1 万人で区切る
例えば実さいが
千人で区切る
5 万に近い
約 50000 人
49052 人 ← 約 49000 人
48731 人 ← 約 49000 人
4 万に近い
約 40000 人
43251 人 ← 約 43000 人
42893 人 ← 約 43000 人
一万の位までのがい数
上から 1 つ目の位までの
がい数という。
千の位までのがい数
上から 2 つ目の位までの
がい数という。
まとめ
がい数にする見方はさまざまある。

みんなも同じように感じている?

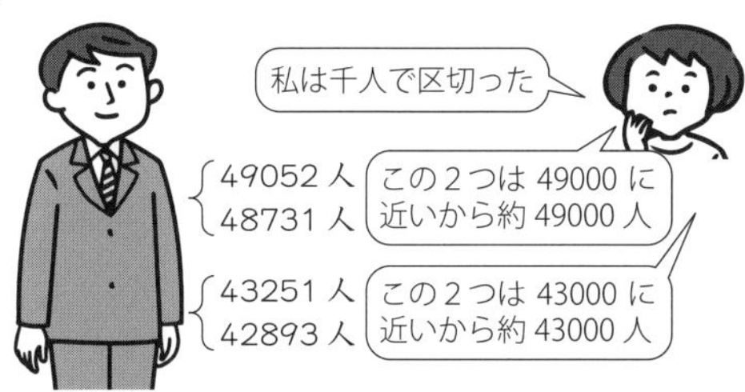

私は千人で区切った
49052 人
48731 人
この 2 つは 49000 に
近いから約 49000 人
43251 人
42893 人
この 2 つは 43000 に
近いから約 43000 人

違う概数の見方を引き出していく。その際に，上のような1000人単位の見方を取り上げるようにすると，どう区切っているのかということに話題が焦点化される。

まとめ 概数にする見方は様々ある

「50000に近いのか，40000に近いのか」「１万人区切り」「千区人切り」といった，子どもから出た感覚を，再度，子どもとともに振り返り，それを確認しながら，まとめをするようにする。

本時案

どこが分かれ目？

2/7

本時の目標

・感覚的に近いと思っていたことが，４と５が分かれ目であったことに気付くことができる。
・四捨五入の意味を理解することができる。
・「以上」「以下」「未満」の意味が分かる。

○月□日（△）

前回の続き

約 50000 人 { 49052 人 / 48731 人

約 40000 人 { 43251 人 / 42893 人

どれも４万人台なのにがい数が変わるのはなぜ？

49052、48731 は５万に近くて 43251、42893 は４万に近いから。

「近い」ってどういうこと？

4(9000)、4(8000)
9000 や 8000 なら４万より５万の方が近い。

4(2000)、4(2000)
3000 や 2000 なら５万より４万の方が近い。

授業の流れ

1 どれも４万人台なのに，なぜ約５万人，約４万人と概数が変わるの？

{49052 人 / 48731 人}
前回も言ったけど，５万に近いから，約５万人

{43251 人 / 42893 人}
これは，４万に近いから，約４万人

前時の続きである。前時は，子どもの感覚を発言させただけで，その感覚の根拠については言及していなかった。そこで，本時では，上記のような「近い」という感覚の根拠を掘り下げていき，概数の範囲を明らかにしながら，四捨五入の指導へとつなげていくようにする。

2 近いってどういうこと？

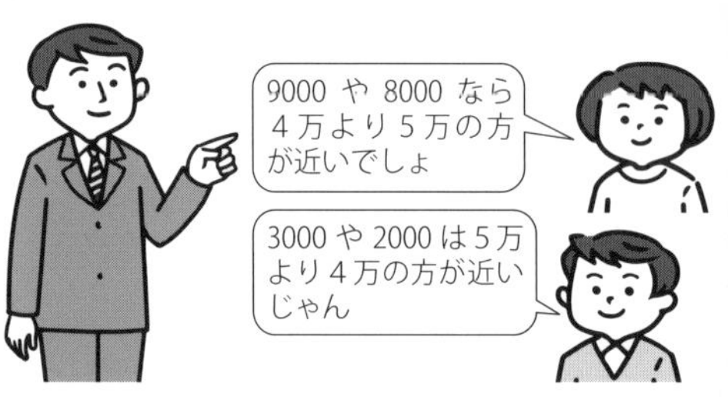
9000 や 8000 なら４万より５万の方が近いでしょ
3000 や 2000 は５万より４万の方が近いじゃん

「近い」の意味を問い，概数の範囲について考えるように促していく。しかし，上の状態では，まだ範囲の区切りが明確になっていないので，それを次の場面で言及する。

3 どこが約４万人と約５万人の分かれ目なの？

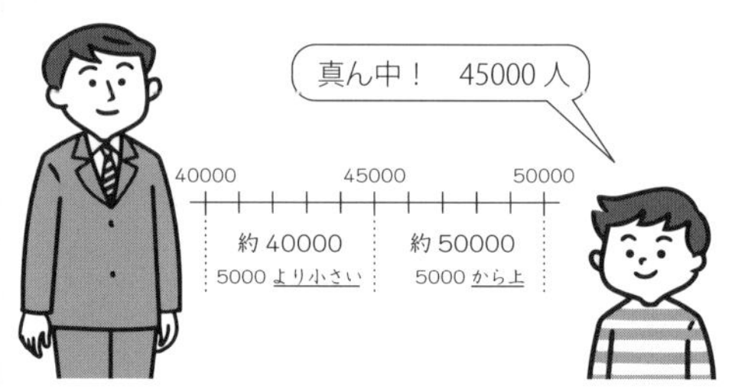
真ん中！　45000 人
40000
45000
50000
約 40000
5000 より小さい
約 50000
5000 から上

「どこが分かれ目か」を問うことで，45000人を引き出し，板書に示したように，図を用いて，その意味を丁寧に確認しつつ，四捨五入の指導へつなげる。その際，「より小さい」「以上」「以下」「未満」の用語指導も行う。

本時の評価

・感覚的に近いと思っていたことが，話し合いを通して，4と5が分かれ目であったことに気付くことができたか。
・感覚的に用いていたことが，四捨五入であったと理解することができたか。
・日常的に用いていた「以上」「以下」「未満」の意味を正しく理解することができたか。

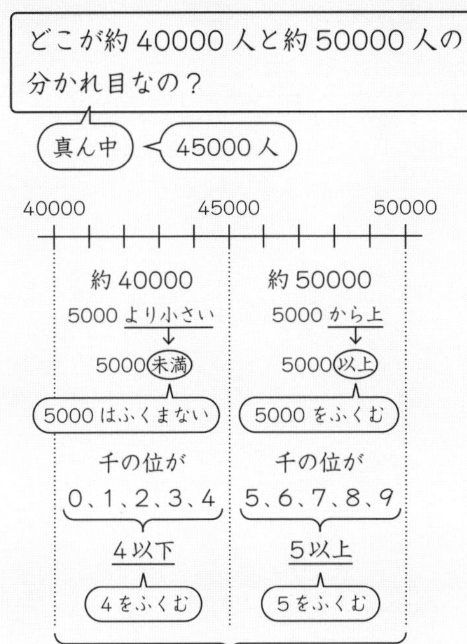

どこが約40000人と約50000人の分かれ目なの？
真ん中
45000人
40000
45000
50000
約40000
5000より小さい
5000未満
5000はふくまない
千の位が
0、1、2、3、4
4以下
4をふくむ
約50000
5000から上
5000以上
5000をふくむ
千の位が
5、6、7、8、9
5以上
5をふくむ

四捨五入（しゃ）という

じゃあ、千人区切りの49052人、48731人…約49000人
どこからどこまでが約49000人なの？

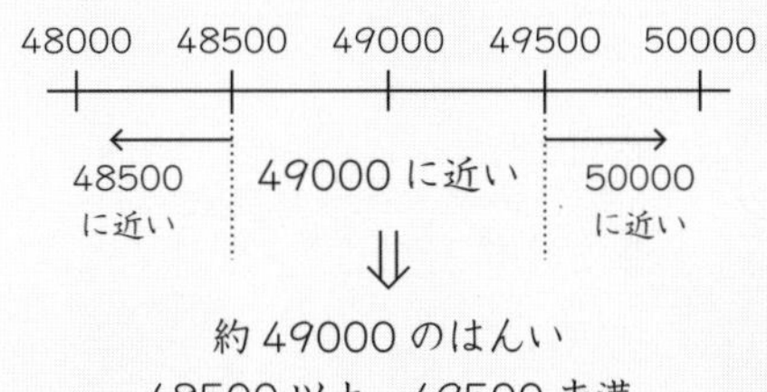

48000
48500
49000
49500
50000
48500に近い
49000に近い
50000に近い

約49000のはんい
48500以上　49500未満

まとめ
真ん中の4と5をさかい目にして。

4 千人区切りの約49000人はどこから，どこまでなの？

49000に近い48500から上
上の範囲は？
49500 より下。49500からは5万に近い

前時で子どもから出た，千人区切りの範囲について言及することで，再度，四捨五入の確認をするようにし，その理解を確かなものにする。その際に，もう一度，「以上」「以下」「未満」などの用語指導を丁寧に行う。

まとめ 真ん中の4と5を境目にして

本時の学習を子どもとともに振り返り，感覚的に用いていた概数の分かれ目は，4と5であったことを確認し，まとめとして板書するようにする。また，その際に，線分図を用いると明確に説明できることの有用性や，「以上」「以下」「未満」「より大きい」などの意味についても振り返るとよいだろう。

本時案

四捨五入をしよう!

3/7

本時の目標

・それぞれの位で正しく四捨五入ができる。
・それぞれの位で四捨五入することで，数が切り捨てられる，切り上がることを感じることができる。

授業の流れ

1 一の位を四捨五入しましょう

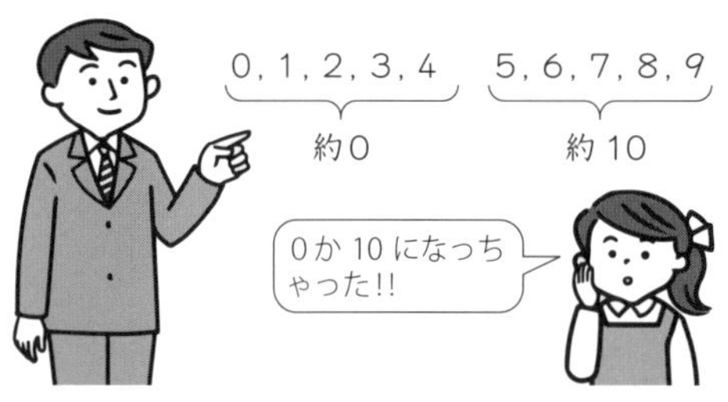
0，1，2，3，4
約0
5，6，7，8，9
約10
0か10になっちゃった!!

四捨五入の習熟である。「～の位を四捨五入して，…の位までの概数にしましょう」という問題があるが，この意味を理解できない子どもは少なくない。そこで本授業では，それぞれの位を四捨五入する経験を積ませるとともに，板書に示したように，四捨五入することでどのような概数になるのかの感覚を味わわせたい。

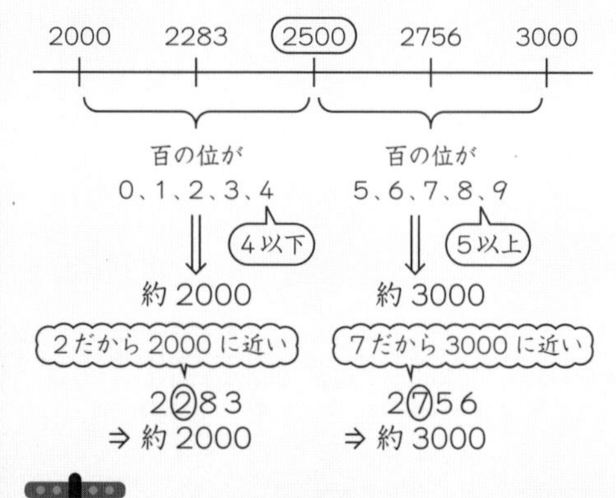
○月□日（△）
四捨五入をしよう
がい数（およそ、約）で表す方法
の一つに「四捨五入」がある
例えば… 2000～3000の間にある数を
約2000、約3000と表すとき
2000
2283
2500
2756
3000
百の位が
0、1、2、3、4
4以下
約2000
百の位が
5、6、7、8、9
5以上
約3000
2だから2000に近い
2283
⇒約2000
7だから3000に近い
2756
⇒約3000

2 十の位を四捨五入しよう!!

10，20，30，40
約0
50，60，70，80，90
約100
50を境に0に近いか100に近いかだからだね
0か100になっちゃった!!

このように，2桁の数を十の位で四捨五入すると0か100になってしまう経験を通して，切り上げ・切り捨ての感覚を持たせるようにする。

3 百の位を四捨五入しよう

152，243，367，481…
約0
523，671，789，811，921
約1000
500を境に0に近いか1000に近いかだからだね
0か1000になっちゃった!!

この場面でも前と同様に，3桁の数を百の位で四捨五入すると0か1000になってしまう経験を通して，切り上げ・切り捨ての感覚を持たせるようにする。

本時の評価

・それぞれの位で正しく四捨五入することができたか。
・それぞれの位で四捨五入することで，四捨五入した位以下の数が切り捨てられる，切り上がるということが起こることを，自ら感じることができたか。

四捨五入をしよう

（一の位で四捨五入）

0、1、2、3、4 → 約0　　5、6、7、8、9 → 約10

20、21、22、23、24 → 約20　　25、26、27、28、29 → 約30

（十の位で四捨五入）

30、31、32、33、34、35、36、37、38、39 → 約0 ＜ 十の位は3→0に近い

10、20、30、40 → 約0　　50、60、70、80、90 → 約100

50をさかいに0に近いか、100に近いか

（百の位で四捨五入）

152、243、367、481 → 約0 … 523、671、789、811、921 → 約1000

500をさかいに0に近いか、1000に近いか

四捨五入をしよう

283529

一の位：283530
十の位：283500
百の位：284000
千の位：280000
一万の位：300000
十万の位：0 ＜ 0になっちゃった!!

まとめ
0～4は下げ、5～9は上げる。

4 それぞれの位で四捨五入しよう

四捨五入した位の下の位からは0になる

十万の位で四捨五入したら0になった!!

283529
一の位：283530
十の位：283500
百の位：284000
千の位：280000
一万の位：300000
十万の位：0

　このように，それぞれの位で四捨五入して数の変化を見ることで，四捨五入した位より下の位は切り捨てになる感覚を持たせる。

まとめ　0 ～ 4 は下げ，5 ～ 9 は上げる

　本時では「切り上げ」「切り捨て」の用語までは学習しない。しかし，それぞれの位を四捨五入し，その変化の様子を見ることで，「切り上げる」「切り捨てる」という感覚は味わった。そのことを子どもとともに振り返り，まとめるようにする。

本時案

何の位で四捨五入する？

4/7

本時の目標

・状況に応じて，上から何桁の概数で表せばよいのかを考え，判断することができる。

授業の流れ

1 約何人という？

A市 21056人　B市 32884人
Aが約20000人 Bが約30000人
千の位を四捨五入した
Aが約21000人 Bが約33000人
百の位を四捨五入した

本授業の重点は，状況や場面に応じて「何の位までの概数」にするかを考えることである。はじめは，A市とB市を提示し，概数にさせてみる。おそらく板書に示した2つの見方をするだろう。そうしたら，これらを引き出し，まずは「○○の位までの概数」「上から○つ目の位までの概数」という表現を指導する。

○月□日（△）

約何人という？

A市　21056人　　B市　32884人

千の位を四捨五入して

1万の位までのがい数　　上から1つ目の位までのがい数

A市　約②0000人　B市　約③0000人

百の数を四捨五入して

千の位までのがい数　　上から2つ目の位までのがい数

A市　約(21)000人　B市　約(33)000人

十の位の四捨五入をした人がいないのはどうして？

何万人もいるのにおよその数に百の位はいらない。

2 十の位や一の位を四捨五入した人はいないの？

何万人もいるのに，およその数に白の位は必要ないでしょ

十の位で四捨五入をした子どもがいないことを確認し，その理由を問うことで，何の位の概数にするのが適切なのかを考えさせるための意識付けをするようにする。

3 A市とB市を比べるとき，千の位と百の位の四捨五入どちらがいい？

どちらでもいい。
大雑把でいいなら，千の位を四捨五入だし，少し細かく比べるなら百の位を四捨五入する

A市とB市を比べるのであれば，千の位の四捨五入でも，百の位の四捨五入でも，どちらでもよい。この感覚を持たせておくことが，次の場面への仕込みとなる。

本時の評価

・A 市と B 市を比べるのであれば，上から 1 桁の概数でも上から 2 桁の概数でもよいと判断することができたか。
・何万の人数を比べる際は，概数に百の位は必要ないと判断することができたか。
・C 市があるなら上から 2 桁の概数にする必要があると判断することができたか。

千の位と百の位を四捨五入し、A市とB市の人口を表すにはどちらがふさわしい？

おおざっぱでいいなら千の位を四捨五入した方
⇓
一万の位まで、上から1つ目の位までのがい数

細かく見るなら百の位を四捨五入した方
⇓
千の位まで、上から2つ目の位までのがい数

でも、どちらでもいい。

どちらでもいいですか…じゃあ、次のC市を見たらどう感じるかな？

C市　34218人

C市があるなら千の位まで。上から2つ目の位までがい数の方がいい！

なぜそう感じたの？

B市とのちがいを出すため

C市を千の位で四捨五入すると
約 30000 人　B市との区別がつかない

だから百の位で四捨五入して
約 34000 人　B市と区別がつく!!

まとめ
じょうきょうにおうじてどこで四捨五入すべきか考える。

4 C 市を見たらどう感じる?

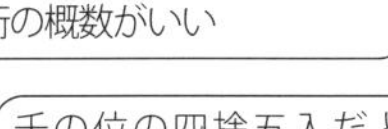
A市 21056人　B市 32884人
C市 34218人
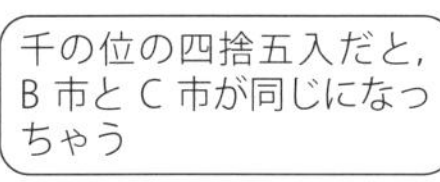
C 市があるなら，上から 2 桁の概数がいい
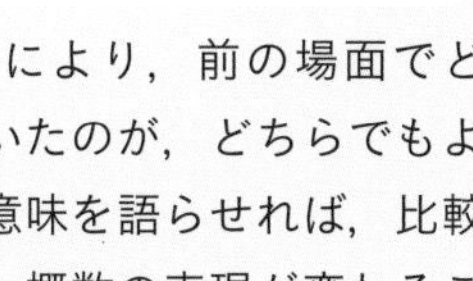
千の位の四捨五入だと，B 市と C 市が同じになっちゃう

C 市を提示することにより，前の場面でどちらでもよいと思っていたのが，どちらでもよくないに変わる。その意味を語らせれば，比較の対象が変わることで，概数の表現が変わることが共有されるだろう。

まとめ 状況に応じてどこで四捨五入すべきか考える

「この状況では概数に百の位はいらない」「A 市と B 市であれば，上から 1 桁の概数でも上から 2 桁の概数でもよい」「C 市があるなら上から 2 桁の概数にする必要がある」という学びがあったことを子どもとともに振り返り，それをまとめとするようにする。

本時案

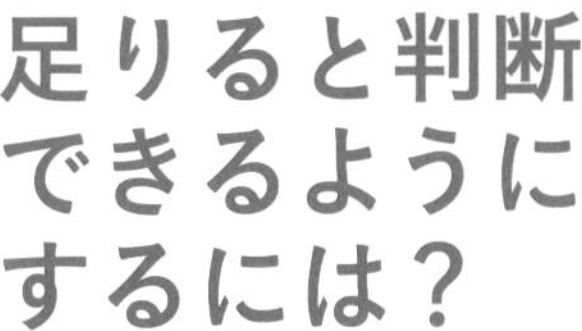

足りると判断できるようにするには？

5/7

本時の目標

- 概算の意味が理解できる。
- 四捨五入では，下に見積もられてしまうことがあることを見出すことができる。
- 切り上げだと上に見積もれることが分かる。

授業の流れ

1 どうやって全部で大体いくらかの見当をつけようか？

全部足してから概数にする

それじゃあ意味ない。正しい全部の値段が分かってる。１品ごと概数にしながら足せばいいんじゃない！

概算の学習では，状況に応じて，多めに見積もるべきか少なめに見積もるべきかを考えることが大切である。本時でも，代金の支払いでどう見積もればよいかに重点を据え，学習を進める。最初は，全てを足してから概数にする子がいるが，それは意味がないことを確認し，概数にしてから足すことを促す。

○月□日（△）

スーパーで買い物
牛肉　943円
しょう油　331円
キャベツ　218円
ワイン　1480円
チョコ　492円
を買おうと思います。

会計の前にサイフに入っているお金で足りるか知りたいので、

全部でだいたいいくらかの見当をつけよう!!

見積もり

どうやって見当をつけようか？

全てたしてからがい数にする。

意味ない。もうねだんが分かっている。

１品ごとにがい数にしてからたす。

↓

「がい算」という。

2 まずは四捨五入だね！

四捨五入はだめだよ

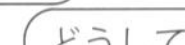

どうして？

財布のお金が足りるのか概算するのに，四捨五入だと実際の代金より少なくなるかも。そうすると，財布のお金が足りないことが出てくる

状況に応じた概算を考える場面である。丁寧に話し合いをコーディネートしながら，財布のお金が足りるかという状況で，どう概算すべきかを確実に理解させるようにする。

3 本当に四捨五入では足りないことがあるのか，確かめてみよう

十の位で四捨五入すると…

900＋300＋200＋1500＋500＝3400円

実際の金額を計算したら3464円だったから，実際より少なくなる

話で理解するだけでなく，実際に四捨五入してから計算することで，実数より少なくなることがあると実感することが確かな理解へとつながる。

本時の評価

- 概数にしてから計算するのでは意味のないことに気付き，概算の意味が理解できたか。
- 四捨五入では，下に見積もられてしまうことがあることを見出すことができたか。
- 切り上げだと上に見積もることができると判断することができたか。

がい算をしてみよう

まずは一品ずつがい数にしますよ !!

四捨五入!!

四捨五入はだめ。

実さいより足りなくなるかも。

実さいは 3464 円

たしかめてみよう

十の位で四捨五入

900＋300＋200＋1500＋500＝ 3400 円

一の位で四捨五入

940＋330＋220＋1480＋490＝ 3460 円

四捨五入では足りない。

足りるとはんだんできるようにするにはどうがい算する？

いつでも上にする。 ⇒ 切り上げする

十の位を切り上げ

943　331　220　1480　492

↓　↓　↓　↓　↓

1000＋400＋300＋1500＋500

＝3700 円

ちょっと高くしすぎ！

一の位を切り上げ

950＋340＋220＋1480＋500

＝3490 円

まとめ

いつでも四捨五入ではなく、目的によっては切り上げをする !!

4 お金が足りると判断できるようにするには，どう概算する？

943　331　220　1480　492

↓　↓　↓　↓　↓

1000＋400＋300＋1500＋500

＝3700 円

これを「切り上げ」といいます!!

いつでも上にする

「足りると判断できるように…」と問うことで，「上にみる」，すなわち「切り上げ」を引き出し，用語の指導をする。そして，実際に計算させることでその有用性を感得させる。

まとめ いつでも四捨五入ではなく，目的によっては「切り上げ」をする

「四捨五入では少なく見積もられるおそれがある」「切り上げをすれば高く見積もることができる」という本時の学びを振り返り，目的に応じて概算することの重要性を確認し，それをまとめとして板書するようにする。

本時案

適切な見積りになる概算①

6/7

本時の目標

・高く見積もらなければならないことに気付くことができる。
・それぞれの概算方法に問題点を見出し，適切な見積もり方法を見出すことができる。

授業の流れ

1 少なくともいくら持っていればいいですか?

とりあえず，概算してみましょう！
約 4940 円
約 5700 円
約 5200 円

かけ算を用いた概算の学習である。状況に応じて，多めに見積もるべきか少なめに見積もるべきかを考えること，暗算ができるような簡単な計算で行えることが大切である。本時では，まずは概算をさせ，概算方法を発表させる。そして，そのように概算するに至った思いを共有しながら，適切な概算を模索する授業構成とした。

○月□日（△）

128 円のおかしを１人１つで
38 人分買おうと思います。
少なくともいくら
持っていればいい？

がい算してみよう!!

⇓

見積もり結果
5700 円
4940 円
5200 円

2 150×38＝5700円として求めた!

150 円は上でみたんだね。どうして上でみたんだろう？
お金が足りないと困るからでしょ
でも高く見積もりすぎに感じる

計算が簡単になるようにきりよく上に見積もりをした概算である。概算に至った思いは共感しつつも，少し高く見積もりすぎな感覚を表現させ，次の概算へとつなげる。

3 じゃあ，130×38＝約4940円がよさそうだね!

ちょっと上にみて 130 円としたから金額はいい。でも，私はその式じゃ暗算はできない

次は，正しさを追求した概算である。金額としての適切さに共感しつつも，暗算が困難であるというデメリットを表現させ，次の概算へと高めていく。

本時の評価

- 問題状況から，高く見積もらなければならないことに気付くことができ，概算方法を考えることができたか。
- それぞれの概算方法に問題点を見出すことができたか。
- 見出した問題点から，適切な見積もり方法のよさを理解することができたか。

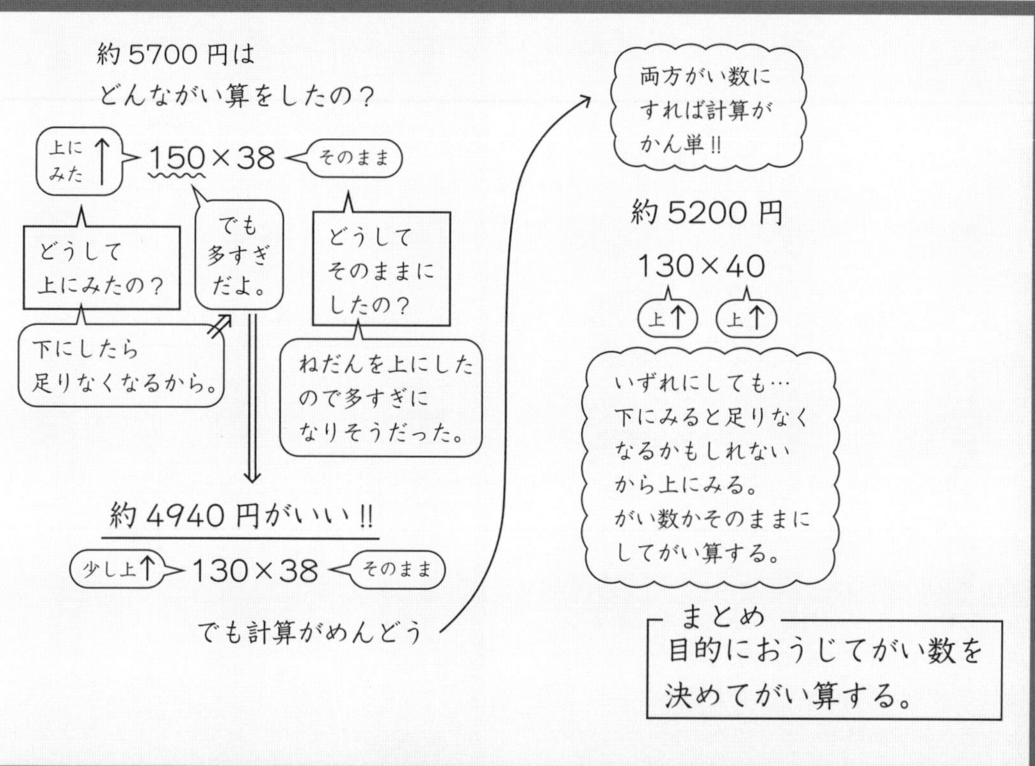

約5700円は
どんながい算をしたの？
上にみた↑
150×38
そのまま
どうして
上にみたの？
でも
多すぎ
だよ。
どうして
そのままに
したの？
下にしたら
足りなくなるから。
ねだんを上にしたので多すぎになりそうだった。
約4940円がいい!!
少し上↑
130×38
そのまま
でも計算がめんどう
両方がい数にすれば計算がかん単!!
約5200円
130×40
上↑
上↑
いずれにしても…
下にみると足りなくなるかもしれないから上にみる。
がい数かそのままにしてがい算する。
まとめ
目的におうじてがい数を決めてがい算する。

4 だったら，130×40＝約5200がいいんじゃない！

かける数も・かけられる数も切り上げた数だから足りないこともないし，計算も簡単でいい

「見積りが上がりすぎ」「計算が難しい」という2つの問題点を解決する概算方法である。このよさを味わわせるように丁寧に説明させるようにしたい。

まとめ 目的に応じて概数を決めて概算する

「見積りが高くなりすぎ」「計算が難しい」といった問題点を経てたどり着いた概算方法のよさを子どもとともに振り返り，目的に応じて概算することの重要性を確認し，それをまとめとして板書するようにする。

本時案

適切な見積りになる概算②

7/7

本時の目標

・状況に応じた見積もり方法を考える活動を通して，式の数値の概数の見方を適切に判断することができ，概算をすることができる。
・概算方法の見直しに取り組むことができる。

○月□日（△）

さいふに6270円入っています。このお金で1人1つずつ38人分のおかしを買います。おかし1つのねだんはおよそいくらのものを買えそうですか。

何算？ ＜ わり算

わり算を使ってがい算しよう。

まずはがい算をしよう。

授業の流れ

1 わり算で概算をします。まずは，式の数を概数にしてみよう

上でみて6300円
でも本当のお金より高くしたら足りなくなるかも
じゃあ下でみて6200円とか6000円
下でみておけば足りなくなることはないね

わり算を用いた概算の学習である。本時の重点は，状況に応じてどう見積もるべきかを考え，式の数値を適切な概数にして概算できることと，概算の容易さである。そこで，まずは式の数値を適切な概数にする活動を重視し，上で示したように，概数をどうするかの話し合いを丁寧に行う。

2 人数は，多くしておく分には足りるからいいね

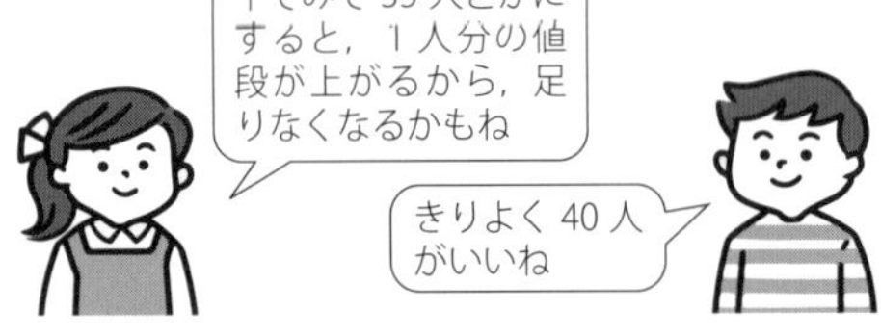
下でみて35人とかにすると，1人分の値段が上がるから，足りなくなるかもね
きりよく40人がいいね

この場面では，人数をどう概数でみるか話し合う。多くする，また少なくするとどうなるかを考えさせながら，適切な概数は何かを判断できるよう話し合いを進めさせていく。

3 そうすると，6200÷40か6000÷40がよさそうだね。確かめてみよう

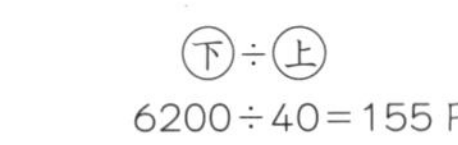
下÷上
6200÷40＝155円

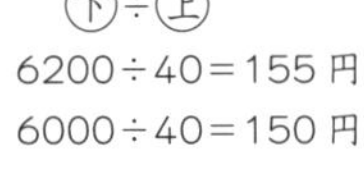
6000÷40＝150円

実際は165円だから，まだ10円，15円高いものが買えるね。慎重になりすぎたかな……

決定した概数で概算を実際にさせてみる。すると，実際に買うことが可能な金額より少なすぎることに気付く。この気付きを，次の場面への活動へとつなげていく。

本時の評価

- 状況に応じた見積もり方法を考える活動を通して，式の数値の概数の見方を適切に判断することができた。また概算をすることができたか。
- 概算方法を見直す必要性に気付き，様々なリスクを考えつつ概算方法を再考し，概算を実行することができた。また，その概算方法の妥当性も判断することができたか。

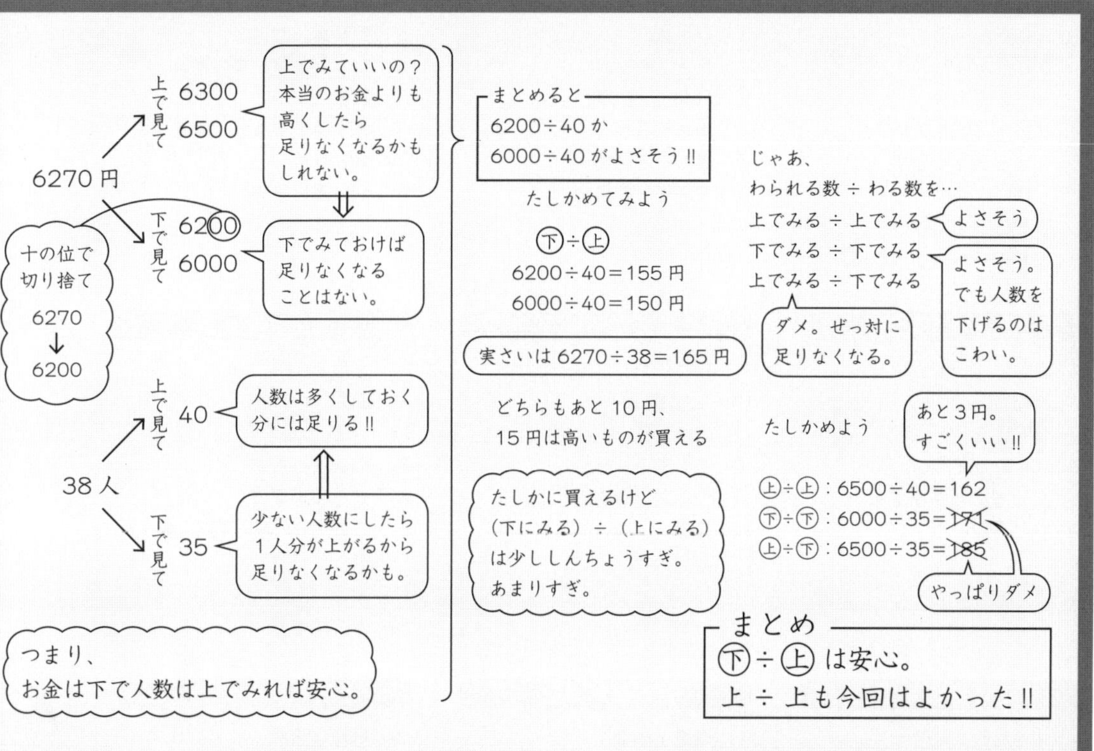
6270 円
上で見て 6300
6500
上でみていいの？
本当のお金よりも
高くしたら
足りなくなるかも
しれない。
下で見て 6200
6000
下でみておけば
足りなくなる
ことはない。
十の位で
切り捨て
6270
↓
6200
38 人
上で見て 40
人数は多くしておく
分には足りる!!
下で見て 35
少ない人数にしたら
１人分が上がるから
足りなくなるかも。
つまり、
お金は下で人数は上でみれば安心。
まとめると
6200÷40 か
6000÷40 がよさそう!!
たしかめてみよう
下÷上
6200÷40＝155 円
6000÷40＝150 円
実さいは 6270÷38＝165 円
どちらもあと 10 円、
15 円は高いものが買える
たしかに買えるけど
（下にみる）÷（上にみる）
は少ししんちょうすぎ。
あまりすぎ。
じゃあ、
わられる数 ÷ わる数を…
上でみる ÷ 上でみる
よさそう
下でみる ÷ 下でみる
よさそう。
でも人数を
下げるのは
こわい。
上でみる ÷ 下でみる
ダメ。ぜっ対に
足りなくなる。
たしかめよう
あと３円。
すごくいい!!
上÷上：6500÷40＝162
下÷下：6000÷35＝171
上÷下：6500÷35＝185
やっぱりダメ
まとめ
下÷上 は安心。
上 ÷ 上も今回はよかった!!

4

上 ÷ 上とか，下 ÷ 下で概算したらいいんじゃないかな！

上 ÷ 上はよさそう。下 ÷ 下は，人数を下げるのはこわいなぁ。でも，とりあえずやってみよう

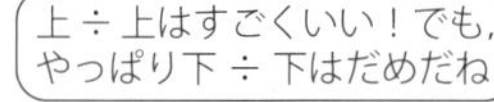
上÷上：6500÷40＝162
下÷下：6000÷35＝171

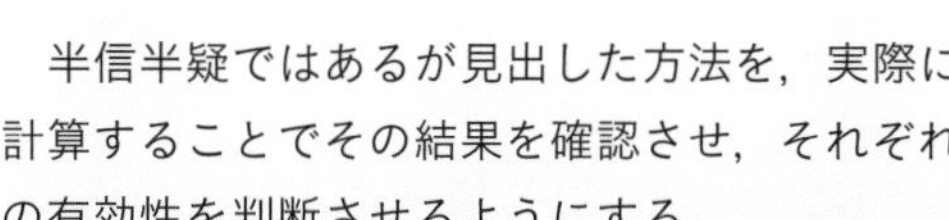
上 ÷ 上はすごくいい！でも，
やっぱり下 ÷ 下はだめだね

半信半疑ではあるが見出した方法を，実際に計算することでその結果を確認させ，それぞれの有効性を判断させるようにする。

まとめ

下 ÷ 上は安心。
上 ÷ 上も，今回はよかった

状況に応じた見積り方法から，「式の数値をどのような概数にすればよいと判断したか」「判断した概数で概算した結果」「再考し，見直した概算の妥当性」を子どもとともに振り返り，それをまとめとし，板書するようにする。

全12巻単元一覧

第1学年■上	第2学年■上	第3学年■上
1　なかまづくりとかず 2　なんばんめ 3　たしざん(1) 4　ひきざん(1) 5　ながさくらべ 6　せいり（表とグラフ） 7　10より大きいかず 8　とけい 9　３つのかずのけいさん 10　かさくらべ・ひろさくらべ	1　表とグラフ 2　たし算 3　ひき算 4　長さ 5　1000までの数 6　かさくらべ 7　時こくと時間 8　三角形と四角形	1　かけ算 2　時こくと時間 3　わり算 4　たし算とひき算の筆算 5　長さ 6　あまりのあるわり算 7　大きな数 8　かけ算の筆算 9　円と球
第1学年■下	**第2学年■下**	**第3学年■下**
11　たしざん(2) 12　かたち 13　ひきざん(2) 14　大きなかず 15　たしざんとひきざん 16　かたちづくり	9　かけ算(1) 10　かけ算(2) 11　1000より大きい数 12　長い長さ 13　たし算とひき算 14　分数 15　はこの形	10　小数 11　重さ 12　分数 13　□を使った式 14　かけ算の筆算 15　二等辺三角形・正三角形・角 16　表とグラフ 17　そろばん 18　３年のまとめ
第4学年■上	**第5学年■上**	**第6学年■上**
1　大きな数 2　折れ線グラフ・資料の整理 3　わり算の筆算 4　角 5　２桁でわるわり算 6　倍の見方 7　垂直・平行と四角形 8　概数	1　整数と小数 2　体積（直方体・立方体） 3　変わり方 4　小数のかけ算 5　小数のわり算 6　合同な図形 7　図形の角 8　整数の性質（偶数・奇数，倍数・約数） 9　分数と小数，整数の関係	1　対称な図形 2　文字と式 3　分数と整数のかけ算・わり算 4　分数と分数のかけ算 5　分数と分数のわり算 6　比とその利用 7　拡大図・縮図 8　円の面積 9　立体の体積
第4学年■下	**第5学年■下**	**第6学年■下**
9　小数，小数のたし算とひき算 10　計算のきまり 11　分数のたし算とひき算 12　変わり方 13　面積 14　小数のかけ算・わり算 15　立方体・直方体	10　分数のたし算とひき算 11　平均 12　単位量当たりの大きさ，速さ 13　面積 14　割合 15　帯グラフと円グラフ 16　正多角形と円 17　角柱と円柱	10　比例と反比例 11　場合の数 12　資料の整理 13　６年のまとめ 14　中学との接続

監修者・著者紹介

[総合企画監修]

田中　博史（たなか　ひろし）

真の授業人を育てる職人教師塾「授業・人」塾主宰。前筑波大学附属小学校副校長，前全国算数授業研究会会長，筑波大学人間学群教育学類非常勤講師，学校図書教科書「小学校算数」監修委員。主な著書に『子どもが変わる接し方』『子どもが変わる授業』『写真と対話全記録で追う！ 田中博史の算数授業実況中継』（東洋館出版社），『子どもに教えるときにほんとうに大切なこと』（キノブックス），『現場の先生がほんとうに困っていることはここにある！』（文溪堂）等がある。

[著　者]

大野　桂（おおの　けい）

筑波大学附属小学校教諭。私立高等学校，東京都公立中学校，東京学芸大学附属世田谷小学校を経て，現職。全国算数授業研究会常任理事，日本数学教育学会幹事，教育出版教科書「小学算数」編集委員，隔月刊誌『算数授業研究』編集委員。主な著書に，『すべての子どもの学力に応じるビルドアップ型算数授業』『「発想」で拓き，「題名」でまとめる算数授業』『すべての子どもの学力に応じる算数一斉授業のつくり方』（東洋館出版社）等がある。

『板書で見る全単元・全時間の授業のすべて　算数　小学校４年上』
付録 DVD ビデオについて

・付録 DVD ビデオは，大野桂先生による「単元６　倍の見方　第１時」の授業動画が収録されています。

【使用上の注意点】
・DVD ビデオは映像と音声を高密度に記録したディスクです。DVD ビデオ対応のプレイヤーで再生してください。
・ご視聴の際は周りを明るくし，画面から離れてご覧ください。
・ディスクを持つときは，再生盤面に触れないようにし，傷や汚れ等を付けないようにしてください。
・使用後は，直射日光が当たる場所等，高温・多湿になる場所を避けて保管してください。

【免責事項】
・この DVD の使用によって生じた損害，障害，被害，その他いかなる事態についても弊社は一切の責任を負いかねます。

【お問い合わせについて】
・この DVD に関するお問い合わせは，次のメールアドレスでのみ受け付けます。 tyk@toyokan.co.jp
・この DVD の破損や紛失に関わるサポートは行っておりません。
・DVD プレイヤーやパソコン等の操作方法については，各製造元にお問い合わせください。

板書で見る全単元・全時間の授業のすべて
算数 小学校 4 年上
～令和 2 年度全面実施学習指導要領対応～

2020（令和 2 ）年 4 月 1 日　初版第 1 刷発行
2024（令和 6 ）年 4 月 1 日　初版第 4 刷発行

監　　修：田中　博史
著　　者：大野　桂
企画・編集：筑波大学附属小学校算数部
発 行 者：錦織　圭之介
発 行 所：株式会社東洋館出版社
〒101-0054　東京都千代田区神田錦町 2 丁目 9 番 1 号
コンフォール安田ビル 2 階
代　　表　電話 03-6778-4343　FAX 03-5281-8091
営 業 部　電話 03-6778-7278　FAX 03-5281-8092
振　　替　00180-7-96823
U　R　L　https://www.toyokan.co.jp

印刷・製本：藤原印刷株式会社

装丁デザイン：小口翔平＋岩永香穂（tobufune）
本文デザイン：藤原印刷株式会社
イラスト：木下淑子（株式会社イオック）
DVD 制作：株式会社 企画集団 創

ISBN978-4-491-03992-3　Printed in Japan

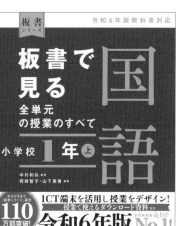